애널리스트
세상에서 제일 좋은 직업

애널리스트
세상에서 제일 좋은 직업

용대인(동부증권 리서치센터장) 지음

페이퍼로드
paperroad

자기가 하는 일을 두고 "세상에서 제일 좋은 직업"이라고 말하는 이를 보신 적이 있습니까? 저는 감히 그렇게 말할 수 있는 사람입니다. 흔히 인생역전 하면 로또나 강원랜드 카지노를 먼저 떠올립니다. 자기 직업에 집중하는 것만으로는 해결되지 않는 문제가 너무나 많기 때문이겠죠. 하지만 저는 제조업체에 다니다가 애널리스트로 전직하고 나서 인생역전을 맛보았습니다. 저는 직장생활 21년 동안 제조업체 8년과 여의도 생활 13년을 겪으면서 애널리스트라는 직업이 한국에 있는 어떤 글로벌 대기업의 일자리보다도 좋다는 점을 절실하게 느끼고 있습니다.

그러나 많은 분들이 애널리스트라는 직업이 가진 탁월한 장점을 알지 못합니다. 혹은 피상적으로나마 알고 있다 하더라도 많은 오해가 있는 것도 사실입니다. 저는 사회생활을 준비하는 젊은 후배들, 그리고 어린 자녀를 둔 학부모들에게 우리 직업의 세계를 제대로 알리고자 이 책을 쓰게 되었습니다. 강한 헝그리 정신을 가진 젊은이들이 여기로 들어와 제가 느끼는 만족감과 행복감을 공유하기 바라며, 그들로 인해 우리 애널리스트 업계가 더욱 발전하기를 바라기 때문입니다.

이 책은 각각 다른 두 기간에 걸쳐서 씌어졌습니다. 글쓰기의 첫 번째 기간은 2009년 3월부터 10월까지였습니다. 여의도에 들어온 지 만 10년을 넘기고 40대 초반으로 접어들 무렵이었죠. 당시 저는 자동차 및 타이어 업종을 담당하는 현역 애널리스트로 일하고 있었습니다. 그해 신년 벽두에 저는 그 동안의 애널리스트 경력을 활용하여 '애널리스트 이후 계획'을 준비하고 실행에 옮기려고 결심했습니다. 제 나이 50, 60에도 사회생활을 계속하고 싶었기 때문에, 30대 초반에 제조업체로부터 여의도에 들어왔던 것처럼 다시 한 번 스스로를 환골탈태시킬 필요가 있었습니다. 이 책을 쓰려고 마음을 먹은 것은 제가 현역 애널리스트 생활을 마무리하는 과정 중의 하나였습니다.

처음 원고를 쓰면서 애널리스트라는 직업에 대해서 잘못 알고 있거나 오해하고 있는 부분을 해소하려고 특히 노력했습니다. 이른바 SKY(서울대, 고려대, 연세대)처럼 좋은 대학을 나와야 한다거나 머리가 좋아야 한다는 오해가 있습니다. 매일 새벽에 나와서 밤늦게까지 일하고 토요일과 일요일에도 출근하며 휴가도 없이 죽어라 일만 하는 사람들로 생각하기도 합니다. "애널리스트 믿지 마라"고 오도하며 자신의 이익을 챙기는 사람들도 있습니다.

지금 언급한 모든 것들은 전혀 사실이 아니며 우리의 현실과 동떨어진 이야기입니다. 애널리스트 세계는 학벌과는 무관할 뿐더러 우리가 일만 하는 기계도 아닙니다. 더구나 운동선수도 아닌데 체력 운운은 웬 말입니까? 왜 이런 말도 안 되는 오해와 과장, 왜곡들이 생겼을까 자문해봤습니다. 이유야 어떻든 우리 애널리스트 업계와 일반 대중들 사이에 엄청난 벽이 있다는 점은 분명했습니다. 일에 쫓기고 글쓰기에 지칠 때마다 이런 생각들을 하면서 마음을 다잡고 이 책을 꼭 마무리해야겠다는 결심을 다지곤 했습니다.

보고서를 쓰는 애널리스트라는 직업을 갖고 있기에 글쓰기 속도가 빠른 편이지만, 바쁜 현업을 하면서 주말과 휴가기간에 틈틈이 써야 했기 때문에 초고를 쓰는 데 얼추 8개월이라는 시간이 소요되었습니다. 여름휴가 내내 방에 틀어박혀 원고와 씨름을 하면서 뒷머리에 500원짜리 동전 크기의 원형탈모가 세 군데나 생길 정도로 애를 썼던 기억이 납니다.

하지만 2009년 10월에 초고가 마무리 될 무렵, 책의 출간을 미뤄야 하는 개인적인 변화가 생겼습니다. 갑자기 현역 애널리스트를 그만두고 지금의 직장인 동부증권으로 옮겨 애널리스트들을 이끄는 일을 시작해야 했기 때문입니다. 제게 애널리스트 세계에 대한 모든 것을 가르쳐주셨다 해도 과언이 아니며 직장생활뿐만 아니라 제 인생에서도 사부님이신 동부증권 고원종 사장님이 예정에 없이 저를 호출하셨던 겁니다. 말씀드렸던 대로 당시 저는 '애널리스트 이후 계획'을 실행에 옮기기 위해 다른 준비를 하고 있었지만, 사부님이 부르셨기에 모든 것을 제쳐두고 한달음에 달려갔습니다.

출근 이후 처음 몇 개월간은 주말에도 책을 쓸 수 있는 짬을 전혀 낼 수 없을 만큼 바빴습니다. 거의 매주 토요일과 일요일에도 출근을 했던 것 같습니다. 혹시 출근을 하지 않는 주말에도 몸만 회사에 나가지 않았지 집에서 후배 애널리스트들이 쓴 보고서 초안을 검토하고 수정을 하거나 회사일로 여러 가지 검토를 해야 했습니다. 리서치센터장이라는 책임의 막중함으로 인해 업무에 온 정성을 쏟을 수밖에 없었기 때문에 개인적인 책 쓰기보다 후배들을 이끄는 것이 당연한 우선순위였기 때문입니다.

이 책의 두 번째 글쓰기는 2010년 6월부터 2011년 3월까지 10개월에 걸쳐 이루어졌습니다. 새로운 일에 웬만큼 적응이 되어 주말에 잠시라도 짬을 낼 수 있게 되자 다시 책 쓰기에 돌입했습니다. 출판사의 의뢰를 받아 선인세를 받고 쓰는 글이었다면 두 글쓰기 기간의 공백기에 마음이 상당히 쫓기고 스트레스를 받았을 겁니다. 다행히 그렇지는 않았기에 마음이 힘들지는 않았지만, 뒤에 언급할 '답답함과 마음의 빚'이 늘 부담스러웠습니다.

이 기간에 적지 않은 보강과 전체적인 수정이 이루어졌습니다. 처음에 염두에 두었던 대학생들뿐만 아니라 그보다 더 어린 학생들을 키우는 학부모들을 비롯해 우리 세계에 관심이 있을 법한 일반인들까지도 쉽게 읽을 수 있는 책을 만들려고 노력했습니다. 한편으로는 저처럼 다른 업종에 종사하다 애널리스트로의 전직을 고민하는 이들, 그리고 이제 막 우리 세계로 진입하여 애널리스트로 성장하는 후배들에게 실질적인 도움이 되었으면 하는 내용도 전체 흐름을 방해하지 않는 선에서 포함시키려고 신경을 썼습니다.

욕심만큼의 결과물이 나왔는지는 자신할 수 없지만, 이 책에 쏟은 저의 열정과 정성만은 오롯이 전달되었으면 하는 마음 간절합니다. 애널리스트라는 세계를 발견해서 가슴이 뛰었고, 직접 그 일을 하면서 커다란 행복을 누렸던 사람으로서 이 책이 누군가의 인생을 바꾸는 작은 계기가 될 수 있다면 더 이상의 보람이 없을 것 같습니다.

2011년 3월
며칠 뒤면 벚꽃이 만발할 여의도에서
용대인

차례

1장

세상에서 제일 좋은 직업

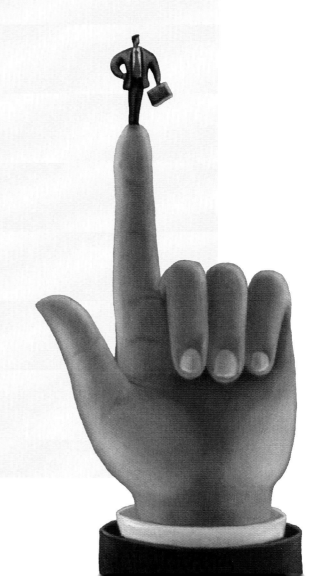

1
이 책을 쓰는 이유

답답함과 마음의 빚

현역 애널리스트 시절부터 리서치센터장인 지금까지 저는 한 해에도 여러 차례 애널리스트를 뽑기 위한 신입사원 면접에 들어 갔습니다. 그때마다 대학생들이 우리를 너무나 모르고 있다는 사실을 절감했습니다. 저는 답답했습니다. 그들이 이 직업의 장점을 잘 모른다면 애널리스트로서 대성할 수도 있는 인재들이 여기로 진출할 확률이 낮아집니다. 대학생들이 이런 사정이라면 중고생들은 두말할 나위도 없습니다.

제 주위를 둘러보면 자녀를 양육하는 학부모들 중에서도 애널리스트라는 직업 자체를 아예 모르는 사람들이 비일비재합니다. 심지어 우리 애널리스트 업계에서조차 이 직업이 '세상에서 제일 좋은 직업'임을 잘 모르고 있는 이들이 무척 많다는 사실에 저는 놀라기도 합니다. 여의도에서 애널리스트 생활밖에 해보지 않았기에 다른 직업과 비교되는 장점을 체감하지 못하는 것 같습니다. 애널리스트를 그만두고 나서야 비로소 깨닫고 그리워하는 사람들이 많습니다. 이런 답답함이 저를 이 책의 집필로 이끌었습니다.

저에게는 갚아야 할 마음의 빚이 있습니다. 뒤늦게 이 세계로 들어와 애널리스트 생활을 하면서 이 직업이 가지고 있는 장점에 무척 놀랐고 또한 그것을 마음껏 누렸습니다. 왜 진작 이 직업을 알지 못했을까 하는 아쉬움을 느낀 적도 한두 번이 아니었습니다. 한편으로는 저보다 더 잘할 수 있는 잠재력을 가진 후배들에게 이 세계에 대해 제대로 알려주지 않고 애널리스트 업계를 떠난다는 것은 '반칙'이라는 생각도 들었습니다. 혼자만 알고 누리고 가기에는 제가 이 업계에서 진 부채가 너무 많았기 때문입니다.

저는 애널리스트 생활을 하면서 사부님들과 선배님들로부터 헤아릴 수 없이 많은 지도와 조언을 받았습니다. 그분들이 길잡이 역할을 해주지 않았다면 저는 애널리스트를 시작하지도 못했을 것이고 살아남지도 못했을 겁니다. 제가 사부님들과 선배님들의 도움을 받아 이 직업의 혜택을 누렸듯, 저도 다음 세대를 도와야 한다는 생각에서 이 책을 쓰게 되었습니다.

왜 사람들이 모를까?

사람들이 이 직업의 장점, 아니 그 이전에 애널리스트 자체를 잘 모르는 이유가 무엇일까 오랫동안 생각해봤습니다. 대체로 세 가지 이유가 있는 것 같습니다.

첫째, 이 직업이 자리 잡은 지가 그리 오래되지 않았다는 것이 한 이유인 것 같습니다. 국내에 증권회사가 등장한 수십 년 전부터 조사부라는 조직이 있었습니다. 증권회사 내의 기획팀이나 인사팀처럼 회사 내의 정규 직원들이 순환보직으로 근무하는 부서 중 하나였죠. 그러나 이 조직은 애널리스트로서의 기능, 소명, 연봉, 처우, 준법규정 등의 측면에서 비교해보면 지금의 애널리스트 세계와는 상당한 거리가 있어 동질적인 집단이라고 보기 힘들 정도입니다.

한국사회에서 애널리스트라는 직업이 고소득 전문직으로 자리를 잡은 것은 10년이 채 되지 않습니다. 현장에서 경험한 제 소견으로는 2005년 이후라고 보는 것이 정확하지 않을까 싶습니다. 그해에 KOSPI(종합주가지수)가 500~1,000포인트의 박스권을 돌파하여 역사상 처음으로 1,000포인트를 돌파했습니다. 그 1,000포인트가 이후 KOSPI의 바닥이 되었습니다. 그리고 2007년에는 KOSPI가 2,000포인트를 돌파했습니다. 지금으로부터 불과 몇 년 전인데도 무척 오래 전인 것 같은 착각이 듭니다. 아마도 주식시장이 엄청나게 빨리 돌아가기 때문인 것 같습니다. 어쨌든 이 정도의 세월은 일반인들이 애널리스트라는 직업의 매력을 인지하기에는 충분한 시간이 아닌 것 같습니다.

둘째, 애널리스트 숫자가 많지 않은 점도 또 다른 이유가 될 듯합니다. 2011년 3월 현재 증권업협회에 등록된 애널리스트는 1,600명가량입니다. 한국에는 일반인들이 상식적으로 알고 있는 많은 직업들이 있습니다. 공무원, 교사, 은행원, 변호사, 의사 등은 직업으로서의 연륜이 오래 되어 우리가 흔히 접해 왔고 그 숫자도 많습니다. 그러다 보니 가족, 친지, 선배들 중에 이런 직업에 종사하는 사람들이 많기 때문에 별 다른 노력 없이도 이 직업들에 대해 알게 됩니다. 그런데 직업으로서의 연륜도 짧은 애널리스트는 그 숫자 또한 상대적으로 너무 적어서 일반인들이 생활 속에서 자연스럽게 아는 것이 쉽지 않습니다.

세 번째 이유는 애널리스트라는 직업을 제대로, 그리고 실감나게 소개한 책이 없다는 점이라고 생각합니다. 책을 통해서 일반인들이 읽고 인식할 수 있는 방법도 마땅하지 않은 겁니다. 책을 검색하고 읽는 것 외에는 별다른 취미가 없는 제가 지난 13년 동안 관찰한 바에 따르면 애널리스트라는 직업을 소개하는 책 자체가 한국에는 드문 실정입니다.

리서치센터장 계보로는 저보다 선배이신 두 분이 꽤 오래 전에 책을 쓰신 적이 있습니다. 지금은 절판된 것 같지만, 개인적으로 알고 존경하는 분들이 쓴 책들이라 출간 당시에 사서 읽어봤습니다. 그러나 일반인들이 직업 선택이라는 관점에서 실질적인 도움을 받기에는 거리가 좀 있다는 아쉬움이 제 머릿속에 남았습니다. 그 외에는 애널리스트와 관련된 책이 드문 편입니다. 그나마도 우리 세계의 외부에 있는 사람들이 피상적으로 관찰한 바를 적었거나 외국 책을 번역한 정도에 불과했습니다. 애널리스트에 대한 제대로 된 소개는커녕 실상과도 상당한 거리가 있는 책들이 애널리스트에 대한 일반인들의 오해를 확대재생산한 것 같습니다.

미화도 과장도 없다

일반 독자들에게 애널리스트 세계를 소개하기 위한 책을 내면서 한 가지만은 자신 있게 말씀드릴 수 있습니다. 이 책의 처음부터 끝까지 "우리 세계를 미화하거나 과장한 부분은 없는가?"라는 질문을 스스로에게 던졌다는 점입니다. 여의도에서 일하는 동안 신문과 잡지에서 우리의 현실을 지나치게 과장해서 표현한 기사들을 흔히 접했기 때문입니다. 그것이 우리 세계에 대한 오해를 불러일으킨 주요한 단초가 아닐까 하는 생각을 평소에 많이 했습니다.

이 책은 첫 페이지를 쓸 때부터 애널리스트 세계에 대한 생생한 이야기를 솔직하고 적나라하게 기술하는 것을 기본 목적으로 삼았기 때문에 에둘러서 표현하거나 미화하려 하지도 않았습니다. 이 책에 있는 내용의 대부분은 지금까지 그 어느 신문이나 잡지,

책에서도 언급된 적이 없고 비슷한 주제로 활자화된 적도 없는 것 같습니다.

이 책을 우연히 보게 될 현역 애널리스트들 중에서는 저와 생각이 다른 분도 있을 겁니다. 수많은 참여자가 있는 주식시장에서 특정한 현상이나 상황에 대한 인식이 모두 같다면 정상이 아닌 것과 비슷한 맥락이겠지요. 그런데 저는 저와 생각이 다른 많은 분들이 책 쓰기를 해주셨으면 하는 바람이 있습니다. 이런 책 쓰기가 우리 입장에서 보면 장기간의 노력에 비해 결코 '돈 되는 작업'이 아닌 것은 명백합니다. 그럼에도 저는 우리 세계를 다음 세대에게 제대로 이해시키는 데 많은 분들이 동참했으면 합니다. 그런 책들을 통해서 제 책이 비판받는다면 도리어 기쁠 것 같습니다. 그래야 그 과정에서 일반인들의 관심과 이해도가 높아지고, 훌륭한 후배들이 우리 세계로 진출하는 계기가 되지 않을까 하는 소망을 가져봅니다.

용대인의 인생역전

저는 경영학을 전공한 86학번입니다. 1991년 1월에 직장생활을 시작하여 8년차이던 1998년에 한국이 외환위기를 맞아 사회의 모든 패러다임이 변화를 겪을 무렵, 당시 다니고 있던 현대자동차를 그만두었습니다. 아르헨티나와 우루과이, 노르웨이와 스웨덴 등지로 자동차를 수출하러 다니며 국가 기간산업의 CEO를 목표로 삼았던 제게는 인생의 가장 큰 결단이었습니다.

평생의 진로를 금융권으로 정한 뒤 연봉을 대폭 깎고 천신만고 끝에 여의도로 들어온 것은 제 나이 서른세 살이던 1999년 1월이었습니다. 그 후 3년간 여의도에서 직장생활을 하면서 주경야독으로 CFA(Chartered Financial Analyst, 국제 재무분석사) 공부를 마치고 자격증을 딴 다음 2002년부터 애널리스트를 시작했습니다. 그 3년 간은 정말 '목숨 걸고 일하며 공부했던 시기'였습니다.

부모로부터 물려받은 것 없는 저와 아내는 그때 아이 둘과 함께 경기도 일산 근처 시골의 방 두 칸짜리 농가주택에서 보증금 3,400만 원을 내고 전세로 살았습니다. 여의도까지 버스와 지하철을 세 번 갈아타고 1시간 40분이 걸리는 출근길이었습니다.

마침내 애널리스트 생활 3년 만인 2005년에 32평 아파트에 가족을 누일 수 있었습니다. 평생 처음으로 제 명의의 집을 사게 되었던 겁니다. 지금은 식구대로 자기 방을 가지고 있으며 이 책을 쓰고 있는 서재까지도 있는 집에서 살고 있습니다. 대단한 건 아니지만 그 누구의 도움도 받지 않고 애널리스트라는 직업만을 통해서 이루어냈다는 자부심을 가지고 있습니다.

개인적으로는 한국사회의 평균적인 지출보다 비교할 수 없을 정도로 많은 돈이 아이들에게 들어가야 하는 구조적인 이유가 있었습니다. 아내와 의논했더니 책에서 밝히지 말았으면 하기에 그냥 '자녀 부양에 돈이 많이 들어갈 수밖에 없는 개인적인 사유'라고만 말씀드리겠습니다. 그 사유가 가장인 저를 제조업체에서 여의도로 발길을 돌리게 한 겁니다.

어쨌든 저는 애널리스트라는 직업에 종사하면서 아내로부터 생활비나 아이들에게 들어가는 비용이 부족하다는 소리를 한 번도 들어본 적 없이 부양을 했고 저축과 투자도 꾸준히 해 왔습니다. 주위 애널리스트들을 돌아보아도 돈이 없어서 아이들을 학원에 못 보낸다는 소리는 들어보지 못했습니다.

애널리스트라는 직업을 통해서 인생역전을 경험한 것이 물질적인 부분만은 아닙니다. 여의도로 처음 들어올 때 '돈 놓고 돈 먹기'라는 증권업계가 제조업계에 비해서 냉정하고 차가울 거라는 선입견이 있었습니다. 그러나 조직의 논리에 매몰되어 개인을 배려하지 않는 제조업계보다 오히려 이곳이 더 따뜻한 곳이라는 것을 알게 되었습니다. 노력하는 후배들을 격려하고 이끌어주는 많은 사부님들과 선배님들을 만났습니다. 저도 그런 선배가 되려고 나름대로 최선을 다해 왔습니다.

끈기와 노력만 있다면 유명 대학 나오지 않아도, 해외 유학파가 아니어도, 남자가 아니어도 차별받지 않고 얼마든지 성공한다는 것을 선후배 애널리스트들을 지켜보며 확인할 수 있었습니다. 사회에 첫발을 내디딜 때 애널리스트 업계로 곧장 진출하지 못한 것을 아쉬워한 적도 많았습니다. 그러나 한참을 돌아서 여의도로 들어왔기 때문에 오히려 애널리스트가 '세상에서 제일 좋은 직업'임을 그 누구보다 절감하는지도 모르겠습니다.

가난한 젊은이들과 여학생들에게

저는 가난한 시골에서 '딸도 없이 하나뿐인 아들'로 태어났습니다. 제가 타지에서 고등학교와 대학교를 다니는 동안 부모님은 시골에서 막노동을 하며 자식 뒷바라지를 하셨습니다. 하나뿐인 자식이 결혼할 때도 보태주신 것이 전혀 없을 만큼 가난했습니다. 물질적 기준에서 볼 때 한국사회의 중산층 부모들에 비하면 제 부모님이 제게 해주신 것은 사실 별반 없다고 해도 무방할 겁니다. 그러나 우리 부모님이 주어진 상황에서 최선의 노력을 다하셨다는 점만은 누구보다도 잘 알고 있기에 시골에 계신 칠순의 부모님들께 감사한 마음이 간절합니다.

젊은 시절의 저처럼 오로지 자신의 노력만으로 인생을 헤쳐 나갈 수밖에 없는 가정환경 때문에 오히려 강한 헝그리 정신을 가지게 된 젊은이들이 이 책을 통해 이렇게 좋은 직업이 있음을 알게 되기를 진심으로 바랍니다. 그런 젊은이들이 애널리스트 세계로 진입하기 위한 준비 과정에서나 진입한 이후 어려움을 겪을 때 되새길 만한 지침이나 힘이 될 만한 구절 몇 개만이라도 건질 수 있다면 저는 그것으로 족합니다. 진심으로 바라건대 이 책이 정말로 도움이 될 만한 단 몇 사람의 젊은이들 손에라도 전달되었으면 합니다. 이런 인연으로 그 젊은이들이 애널리스트 세계에 진입하게 되면 제가 만난 것처럼 좋은 사부님과 선배님을 많이 만나게 될 것이고 경제적인 안정과 도약을 맛보게 될 겁니다. 거기에는 지치지 않는 끈기와 헝그리 정신만이 변수가 될 뿐입니다. 오직 그것만 있으면 됩니다.

한편 저는 중학교 1학년인 제 딸이 애널리스트가 되었으면 하는 강렬한 바람을 가지고 있습니다. 고백하건대 아내가 둘째 아이로 딸을 출산했을 때 저는 하염없이 울었습니다. 한국의 자본주의 사회가 아무리 성숙해져도, 그리고 아빠인 제가 아무리 교육을 잘 시키고 배려를 해도 사회생활을 하면서 여자로서 받을 불이익을 제가 어떻게 해줄 수 없다는 것이 너무 억울해서였습니다. 여성들의 사회적 지위가 과거에 비해서 상승했다고 하지만 아직도 한국 사회 전반에는 여자들을 억누르는 '유리천장'의 존재가 너무나 분명합니다. 그간 의미 있는 개선이 있었다는 주장에 남자인 저 자신부터 흔쾌히 동의하지 않습니다.

그러나 애널리스트라는 직업에 종사하게 되면서 이 분야에서는 여자들도 남자들에 비해 불이익을 받지 않고, 남자들보다 잘해낼 수 있으며, 자신의 노력만으로 경제적 독립을 얻고도 남을 정도의 연봉을 받을 수 있다는 것을 깨달았습니다. 한마디로 제 딸이 한국사회의 유리천장을 뚫을 수 있는 기회를 본 겁니다.

저는 훌륭한 여성 애널리스트들이 멋지게 일을 해내는 것을 많이 목격했습니다. 솔직히 저보다 낫다 싶은 경우도 꽤 많았습니다. 미혼 애널리스트들은 말할 것도 없고 결혼한 여성 애널리스트들도 일과 가정을 균형 있게 유지하는 것을 보고 감탄한 적이 많습니다. 일에 대한 승부욕이나 경쟁력 면에서 남자들보다 나았으면 나았지 모자라지 않았습니다.

저는 딸아이를 키워서 그런지 '취집'이라는 표현에 대해서 아주 못마땅해 합니다. 생계를 위한 수단으로 시집을 간다는 뜻의 이 신조어는 한국사회의 가장 후진적인 인식을 대표하고 있다고 봅니다. 또한 남녀차별과 여성비하의 가장 극단적인 상징 중의 하나라고 생각합니다. 부모 입장에서 제 딸이 좋은 배우자를 만나 한평생 행복하게 살기를 바랍니다. 그러나 딸이 성인이 되어 독신으로 살든 결혼을 하든 이혼을 하든, 그것은 온전히 스스로 결정할 문제이지 아버지인 제가 어떻게 해줄 수도 개입할 수도 없는 문제입니다. 이미 그런 시대가 되었고 앞으로도 더욱 그럴 겁니다.

그러나 어떤 상황에서도 제 딸이 경제적 독립을 스스로 확보하지 못했기 때문에 어쩔 수 없이 결혼을 해야 하는 현실에 내몰리지는 않기를 간절히 바랍니다. 그래서 저는 제 딸이 아버지가 발견한 '세상에서 제일 좋은 직업'에 주목하기를 바라는 겁니다. 이와 똑같은 이유로 지금 이 책을 읽는 여학생들이 애널리스트를 직업 선택의 우선순위로 꼭 고려해보시기를 권합니다. 이 업계의 선배로서 뿐만 아니라 딸자식을 둔 아버지로서 드리는 간절한 조언입니다.

전직을 염두에 두고 있는 이들에게

독자들 가운데는 지금 다니는 직장에서 애널리스트로의 전직을 고려하시는 분도 있을 겁니다. 자신의 미래를 준비하는 학생들, 자녀의 진로를 가이드해야 하는 학부모들에 비하면 그 숫자는 미미할지도 모릅니다. 그러나 이 책에서는 이들을 위한 배려를 놓치지 않았습니다. 제가 바로 그런 경우에 해당하기 때문에 먼저 경험한 선배로서의 안타까움이 있기 때문입니다.

여의도의 시니어 애널리스트 중에서 여의도 밖에서 사회생활을 시작한 사람의 비중이 20~30퍼센트를 차지하는 것 같습니다. 진입한 나이와 경력들이 달라서 정확히 추산하기는 어렵지만 대략 그 정도가 아닌가 합니다. 그런데 이 수치는 살아남은 사람들을 기준으로 한 것이고 여의도의 문을 두드린 후 소리 소문 없이 사라져간 사람들을 감안하면 훨씬 더 많은 사람들이 애널리스트로의 전직을 시도했던 것으로 보입니다. 적지 않은 실패사례들이 있었다는 얘기입니다.

제가 여의도로 건너오기 전에 현대자동차를 다녔다는 경력이 꽤 알려져 있어서인지 제조업체에 근무하는 분들로부터 전직과 관련한 상담을 요청받을 때가 적지 않습니다. 제조업체와 여의도 사이에 놓인 '큰 강'을 힘겹게 건넜다는 동병상련이 있기에 저는 시간이 허락되는 한 이런 상담 요청에 성실히 응하는 편입니다. 저와 비슷한 경우로 전직한 주변 애널리스트들의 말을 들어보면 그들에게도 이런 요청들이 상당히 많은 것 같습니다.

그런데 놀라운 것은 이렇듯 전직을 고민하는 사람들이 사회생활을 꽤 오래 했음에도 애널리스트라는 직업을 잘 모르고 있다는 사실입니다. 취업을 준비 중인 대학생들과 별반 다르지 않다는 거죠. 전직을 고려하는 상황에서 그 동기는 중요하지 않습니다. 하지만 인생의 축을 바꾼다는 것은 보통의 의사결정이 아님은 분명합니다. 전직에 따르는 리스크에 대해서는 미지의 불안감에 휩싸여 있을 것이고 어떻게 해야 할지 감도 잡을 수 없을 겁니다. 한편으로는 이 직업이 주는 혜택도 정확히 알 수가 없을 겁니다. 막연히 죽기 살기로 열심히 할 각오만 다지면 된다고 생각할 수도 있겠습니다. 사실 저도 외환위기의 한복판이던 1999년 1월에 여의도로 건너올 결정을 할 때 마찬가지였으니까요.

저는 이런 분들이 전직을 검토하고 고민하는 데 조금이라도 도움이 되고자 이 책에서 관련되는 대목마다 그들을 떠올렸습니다. 전직을 고려하는 분들에 대한 구체적인 언급이 없는 부분에서도 그들이 이 세계가 어떤 곳인지 그림이라도 좀 그릴 수 있었으면 하는 마음에 의식적으로 가필을 하기도 했습니다. 읽는 분들은 잘 모르고 글을 쓴 저만 알지도 모르지만 말입니다.

어쨌거나 제가 여의도로 건너올 때처럼 이 세계에 대해서 머릿속에 아무런 그림이 없는 무방비 상태를 면하는 데 이 책이 도움이 되었으면 하는 바람이 있습니다. 나이, 경력, 상황 등이 다르기 때문에 선동하듯 무조건 전직하라는 말씀을 드릴 수는 없습니다. 그러나 겁먹지 말고 곰곰이 따져봐서 결정하기를 바랍니다. 저도 해냈고 여의도의 많은 시니어 애널리스트들도 해냈습니다. 선배 전직자로서, 또한 애널리스트 업계의 선배로서 전직을 고려하시는 분들에게 이 책이 조금이나마 도움이 되었으면 좋겠습니다.

2
오해와 진실

먼저 일반인들이 애널리스트에 대해 갖고 있는 몇 가지 오해들을 해소하고 넘어가고자 합니다. 젊은 학생들이 직업 선택을 할 때 의외로 잘못된 오해 때문에 큰 실수를 하게 된다는 점 때문입니다. 다른 이야기를 할 것도 없이 저 자신부터 젊은 시절에 그런 적이 많았습니다. 부끄러운 옛날이야기를 좀 들려드리겠습니다.

대학을 졸업하고 첫 직장에 들어갈 때의 일입니다. 당시에는 한국경제가 고도성장을 구가하던 시기라 기업체 채용문이 아주 넓었습니다. 기업체 인사 담당자들이 학교 앞 고깃집에서 100명도 넘는 경영학과 학생들에게 고기를 사주며 리크루트 하던 시절이었습니다. 그때 삼성과 현대 등 대기업들과 은행들로부터 합격 통지서를 9개나 받아놓고도 제게는 제대로 된 의사결정의 기준이 없었습니다. 30여 년 직장생활 할 것을 염두에 두고 미래에 대한 그림을 그려보지도 않았고, 부모로부터 물려받을 것 하나도 없는 사람이 직업 간의 급여 차이와 향후 전망 등에 대해서는 조사해보지도 않았습니다. 그냥 기업체 인사 담당자들이 갈비 사준다기에 친구들과 우르르 몰려가서 고기 먹고 합격증 받아놓고 있었을 뿐입니다.

저의 직업 선택도 무지와 오해라는 기준에서 결정되었습니다. 은행은 "째째하게 남자가 돈이나 세고 앉아 있겠냐?"며 가지 않았고, 지금 제가 제일 좋은 직업이라고 소개하는 애널리스트가 속해 있는 증권회사는 "회사 같지도 않다"고 생각해서 꿈에도 생각해보지 않았습니다. 지금 생각해보면 그때 바로 여의도로 왔어야 했는데 하고 후회되지만, 당시 저에게는 제대로 의사결정을 할 만한 관점이 없었습니다. 기껏 생각한 것이 남자로 태어나 제조업체에 가서 수출을 하면서 넓은 해외로 쏘다니고 싶다는 것이었습니다. 막연히 가장 큰 기업이 가장 좋은 직장인 줄로만 잘못 알았던 그 시절의 우둔함으로 인해서 당시 한국에서 가장 큰 기업이라는 생각만으로 삼성그룹에 공채로 들어갔습니다.

합격해놓고도 빨리 연수를 들어가 원하는 계열사로 배치 받으려는 생각은 않고, 취직하면 못 논다는 생각에 미국으로 배낭여행을 갔다가 뒤늦게 삼성그룹 31기 공채 합격자의 24차례 연수 중 23번째 연수에 들어갔습니다. 아뿔싸! 갈 만하다고 생각했던 삼성그룹 계열사는 신입사원 배치가 모두 끝난 상태였고 제가 배치된 곳은 수출과는 거의 상관이 없는 전주제지였습니다. 2년 뒤에 전주제지는 삼성그룹에서 계열 분리를 하여 한솔제지가 되었고, 저는 현대자동차에 신입사원으로 다시 들어감으로써 경력 2년을 까먹었습니다.

제가 이 책을 쓴 것도 대학생들을 보면서 드는 답답함에서 출발했다고 말씀드렸는데, 사실 돌이켜보면 제가 대학을 졸업할 때 지금의 대학생들보다 훨씬 더 세상에 대한 준비나 생각이 없었다는 것이 솔직한 반성입니다. 그 무렵을 회고해보면 인생의 중요한 의사결정을 내릴 때 사소한 오해나 편견이 크게 작용한다는 것을 뼈저리게 느낍니다. 그래서 직업 선택과 관련하여 이 책을 보시는 분들이 애널리스트에 대해 오해한다 싶은 점들에 대해서 설명을 드리고자 하는 겁니다. 젊은 시절의 저와 같은 실수를 하지 말았으면 하는 바람에서 말입니다.

좋은 대학 나와야 한다?

취업난이 심각하다 보니 신입사원을 뽑는 면접장에 들어가 보면 국내외의 좋은 졸업장 구경은 다 하게 됩니다. 그러나 기대와는 달리 애널리스트를 하겠다는 사람들이 턱없이 준비가 되어 있지 않다는 것을 확인하고 실망하는 경우도 많습니다. 애널리스트 세계에는 국내외 유수 대학의 졸업장이나 해외 MBA 졸업장을 근거로 준비가 되어 있지 않은 사람들을 RA(Research Assistant-리서치 어

시스턴트, 리서치센터에서 애널리스트를 보좌하는 신입사원. 애널리스트의 입문 단계에 해당한다)로 받았다가 본인뿐만 아니라 해당 애널리스트도 피해를 입은 시행착오의 사례가 무수히 쌓여 있습니다.

실제 사례를 하나 들어보겠습니다. 이른바 국내 유명 대학에서 경영학을 전공한 27세의 A라는 사람과 지방 대학의 금속공학과를 나오고 서울 소재 중위권 경영대학원을 졸업하면서 CFA 3차 시험을 합격한 30세의 B라는 사람이 있었습니다. 두 사람 다 애널리스트가 되겠다는 꿈을 품고 철강 업종 담당 RA를 뽑는 데 지원했습니다. 우리 애널리스트들의 면접 결과 A는 B에게 게임이 안 될 만큼 참패했습니다. 면접에 들어간 애널리스트 세 명이 이구동성으로 지방 대학 출신자인 B를 선택했습니다.

선배인 철강 담당 애널리스트 입장에서는 B에게 철강 산업에 대한 기초지식을 가르칠 필요도 없고 애널리스트의 구구단에 해당하는 회계(Accounting)와 재무(Finance), 경제학(Economics)을 가르칠 필요도 없습니다. 바로 업무에 투입해서 일만 많이 주면 되는 상황이니 정말 뽑고 싶은 겁니다. 결국 그 애널리스트는 B로부터 우수한 업무 보좌를 받게 되고, B도 엄청나게 빠른 성취를 하여 다른 RA들이 이삼 년 걸릴 수련 시기를 1년 만에 끝낼 수 있었습니다. 30세라는 늦은 나이에 시작했기 때문에 제 나이에 들어온 RA들보다 더욱 노력했던 겁니다. 그 사람은 꼭 철강 업종이 아니라도 자동차나 조선처럼 철강과 무관하지 않는 굴뚝 업종 담당 애널리스트들이 선호하는 RA가 되었을 겁니다.

물론 전공이나 준비 상태 등이 비슷하다면, 세상이 대개 그러하듯 이른바 상위권 대학의 졸업장이 유리할 수도 있다는 것은 사실입니다. 그러나 제가 '유리할 수도 있다'라는 가능성으로 표현한 부분을 놓치지 않았으면 합니다. 살아남는 자가 일류가 되는 우리 세계는 열아홉 살에 시험 한 번 본 것만을 가지고 판단하는 일반적인 한국사회와는 다릅니다. 이 점은 자동차 판매나 보험 영업의 세계에서 대학졸업장이 별로 중요하지 않은 것과 비슷합니다.

성공한 애널리스트 중에서 지방 대학과 서울 소재 중하위권 대학 출신이 의외로 많은 것을 보고 사실 저는 많이 놀랐습니다. 대기업이나 은행의 경우에는 나이가 들어갈수록 알게 모르게 괜찮은 대학졸업장이 승진에 영향을 주는 경우가 있는데 애널리스트의 세계에서는 그런 흔적을 찾아보기가 어렵습니다. 살아남아 성공한 애널리스트는 오랜 시간 자기 나름대로의 노력과 끈기로 일해 온 사람들이지 IQ가 좋거나 좋은 대학을 나왔다거나 하는 것과는 무관합니다.

우리는 모든 것을 고객인 펀드매니저에게 평가받을 뿐이지 대학졸업장의 '때깔'이나 이른바 '빽'과는 거리가 멉니다. 제가 보기에는 이른바 명문 대학을 나오지 않은 선배 애널리스트들이 각고의 노력으로 자신의 성공을 여의도에서 입증해보였기 때문에 오늘과 같은 문화가 형성되었습니다. 저는 그런 선배들과 동료들에게 개인적으로 존경심을 가지고 있으며, 한국사회의 왜곡된 대학졸업장 문화가 여의도에서는 합리적인 형태로 자리 잡은 것은 그들의 공이라고 판단합니다. 그 혜택을 후배들이 보고 있고 앞으로도 볼 것이라고 믿어 의심치 않습니다.

우리 세계의 실상이 이런데, 애널리스트들이 신입사원인 RA를 뽑을 때 대학졸업장에 연연하겠습니까? 대학교 졸업장은 RA의 성공 가능성에 대해서 아무 것도 알려주는 것이 없습니다. 오히려 많은 애널리스트들은 괜찮은 대학을 졸업한 친구들이 선배 애널리스트의 업무 지시에 뻣뻣하다는 인상을 가지고 있어서 꺼리는 경우도 적지 않습니다. 바빠 죽겠는데 여기 아니라도 딴 데 갈 곳이 있다는 자세를 가진 친구들에게 왜 연연하겠습니까? RA는 무엇이든 시키면 배우겠다는 자세와 겸손이 기본이거늘.

면접관으로 들어가는 애널리스트들은 다양한 학교 출신들입니다. 복수의 면접관들이 면접 대상자들을 만나면 RA를 시킬 만한 사람은 금방 눈에 띕니다. 면접 점수를 매기면서 자기 대학 후배라고 챙기는 한가한 애널리스트를 저는 본 적이 없습니다. 괜찮은 RA는 애널리스트들이 서로 데려가려고 합니다. 자기 대학 후배건 아니건 상관없고 학교 서열도 머릿속에 없습니다. 오로지 "저 친구 아주 인상적이군. 내가 쓰면 아주 편하겠다. 싹수 봐가면서 잘 가르치면 괜찮은 애널리스트로 키울 수도 있겠는데……"라는 생각을 할 뿐입니다.

애널리스트들이 다른 직업보다 좀 바쁘게 살고 일의 성과를 즉각적이고 개인적인 보상으로 받는 보람에 사는 사람들이지만, 그래도 '가슴'을 가진 사람들이기 때문에 적지 않은 애널리스트들이 괜찮은 재목을 골라서 훌륭한 애널리스트로 길러보고 싶은 욕심도 가지고 있습니다. 애널리스트에 따라서는 훌륭한 RA를 떡잎부터 알아보고 애널리스트로 기르는 것을 보람으로 느끼는 이들도 있습니다. 저도 리서치센터장인 지금이나 현역 애널리스트 시절에나 그런 사람 중의 한 명입니다. 솔직히 그런 애널리스트가 아주 많다고 장담하기는 어렵습니다. 힘들고 지쳐서 다른 사람에게 애정을 쏟을 여력이 없는 애널리스트들도 적지 않기 때문입니다. 그러나 RA가 도움을 요청할 만큼은 충분히 있습니다.

어쨌든 여기는 대학졸업장 팔아먹는 곳이 아닙니다. 지방 대학이나 이름 없는 대학 출신인 유명 애널리스트들을 여기서 줄줄이 열거할 수 있을 정도입니다. 혹시 제 의도와는 다르게 기분 상할 수도 있겠다 싶어 그 애널리스트들의 이름과 학교를 적었다가 다시 지웁니다. 우리 바닥은 주가와 싸우는 전쟁터이고 고객과 시장의 요구를 충족시켜야 하는 곳입니다. 한가하게 대학졸업장 타령이나 하고 있을 여유가 없습니다. 괜찮은 대학졸업장을 활용하고 싶은 사람들은 애널리스트 말고 다른 분야를 찾는 것이 더 낫다는 점을 꼭 말해주고 싶습니다.

이른바 '먹어주는 대학'을 나오지 않았거나 지방 대학을 졸업했는데도 애널리스트를 할 방법이 있냐고 묻는 한심한 대학생들에게는 한마디 대꾸도 하기 싫어집니다. 출발부터 왜곡된 사고를 가지고 있는 사람에게, 저처럼 쉽지 않은 과정을 거쳐서 애널리스트가 되어 지금까지 살아남은 사람의 이야기를 들려줘봐야 "당신은 서울대 경영학과 출신이니까 그럴 수 있는 것 아니냐?"는 한심한 소리만 돌아옵니다. 저는 도움도 되지 않을 말을 조언이랍시고 하면서 시간을 낭비할 생각이 전혀 없습니다.

언젠가 400여 명에 이르는 지원자들의 서류를 분류하여 30명 정도로 추려내고 그들 중 리서치센터의 면접에서 최종적으로 뽑은 단 두 사람이 경희대 출신 33세 여자와 아주대를 나온 28세 남자인 적도 있었습니다. 왜 뽑았냐고요? 그 두 사람이 제일 준비가 잘되어 있고 제일 잘할 것 같았기 때문입니다. 수련 기간을 잘 통과한 두 사람은 나중에 다른 증권회사의 스카우트를 받아 전직한 뒤 지금도 여의도에서 성공적인 애널리스트로 활동하고 있습니다.

2010년에 제가 리서치센터장이 되고 나서 처음 뽑은 대졸 신입 RA 세 명 중에서 이른바 SKY 등 유명 대학 졸업자는 한 명도 없습니다. 유명 대학 졸업자들도 수없이 많이 지원했는데 그들 중에는 이력서, 자기소개서, 면접 과정에서 마음에 드는 사람이 하나도 없었습니다. 마음에 드는 사람이 없으면 안 뽑으면 됩니다. 동부증권 리서치센터를 강화하는 데 도움이 되지 않으니까요. SKY라고 불이익을 주지도 않지만 특별한 혜택을 주지도 않습니다. 동부증권 리서치센터 직원들은 다들 압니다.

우리 애널리스트 바닥만큼은 대학교 졸업장에 대한 편향이 가장 약한 곳이라고 몇 번이고 강조해서 말씀드리고 싶습니다. 부정적인 생각을 하면서 자신의 진로를 제한하는 사람에게는 이 책을 읽지 말라고 말하고 싶습니다. 대학생이거나 대학을 졸업할 나이가 되었는데도, "자본주의 사회에서 남들 수준의 노력은 노력이라고 말할 수조차 없다"는 진실을 모르는 사람에게 제 책을 권하고 싶지 않습니다. 자신이 다니는 대학이 '먹어주지 않는 대학'이라고 움츠리는 사람들은 RA가 되겠다고 서류를 넣지도 말기 바랍니다. 서로 시간낭비일 뿐입니다. 용기와 의지를 가지고 세상의 모든 선입견을 자신의 노력으로 극복하고자 하는 젊은이의 이력서와 자기소개서를 읽기에도 바쁩니다.

재능이나 머리가 있어야 한다?

제가 애널리스트라는 직업을 '세상에서 제일 좋은 직업'이라고 감히 말씀드리는 또 한 가지 이유는 성공의 핵심요소가 재능보다는 끈기 있는 노력이기 때문입니다. 일반인들은 애널리스트가 머리로 분석하는 업무라고 생각해서인지 머리가 엄청나게 좋아야 한다거나 공부를 많이 해야 한다고 생각하는 것 같습니다. 또 애널리스트에게 필요한 자질이나 재능이 특별히 있는지 묻는 경우도 많습니다.

여의도 증권업계에는 애널리스트 외에도 운용, 세일즈, IB 등 여러 분야가 많습니다. 그런 분야에서 최고로 대우를 받는 분들을 보면, 나름의 전문가로 대접받는 우리 애널리스트들도 범접하기 힘든 천재성과 뚝심이 버무려져 있다는 것을 많이 느낍니다. 특히 펀드매니저나 트레이더들을 보면서 그런 것을 더욱 느낍니다. 어떤 분들은 시험 잘 보는 것과 포커나 고스톱 쳐서 돈 따는 것이 다르다는 비유를 들기도 합니다. 그리고 펀드 운용이나 트레이딩에는 운도 조금 작용하는 것 같습니다. 세일즈의 최고봉에 오른 분들을 보면 증권시장에 대한 식견이 우리 애널리스트들을 넘어서는 탁월함에 놀라기도 합니다. 그리고 대인관계와 커뮤니케이션 능력에서도 정말 타의 추종을 불허할 능력의 소유자들입니다.

반면, 애널리스트의 성공에는 '끈기 있는 노력'이 가장 중요한 요소입니다. 즉, 스스로 노력만 하면 된다는 점입니다. 주식에 천재성을 갖고 있지 않아도 되고 엄청난 행운이 따라주지 않아도 됩니다. 대인관계 능력이 좋을수록 애널리스트로서 성공 가능성도 높지만 이것은 어느 분야를 막론하고 비슷한 정도입니다. 어떤 분야건 대인관계 능력이 좋은 사람이 성공할 확률이 높지 않겠습니까? 애널리스트를 '연구원'이나 '연구위원'이라고 번역하는 신문 기사가 많을 만큼 이 직업은 '연구'를 하는 직업이지만 고객에게 자신의 의견을 전달하는 것도 중요합니다. 그러나 의사전달 능력이 중요하지 상대하기 어려운 사람들을 유들유들하게 상대해야 하는 직업은 아닙니다. 다만, 인간적인 품성만 가지면 됩니다. 사람들과 함께 일하고 지내는 데 어려움이 없는 품성만 있으면 된다는 뜻입니다. 사이코가 아니라면 특별히 추가적인 노력을 해야 할 정도라고 보기 어렵습니다.

제게 애널리스트가 뭔지를 가르쳐주신 사부님이 언젠가 우리 애널리스트들에게 이런 말씀을 하신 적이 있습니다. "애널리스트로 성공하기 위해서 대학졸업장은 필요하지 않다. 고등학교만 나와도 할 수 있는 일이다." 한국에서 유명 대학을 나오고 미국으로 유학을 가서 박사 학위까지 받으신 분이 하신 말씀이라 당시에는 이해가 잘 되지 않았습니다. 그런데 현역 애널리스트 생활을 더 하다 보니 그것이 무슨 뜻인지 분명히 알게 되었습니다. 제가 이 책에서 우리 세계가 이른바 좋은 대학졸업장이라는 것에 별 평가를 하지 않고 남녀를 구분하는 것도 실익이 없다는 이야기를 자주 할 겁니다. 우리 업계의 현실을 그대로 반영하여 말씀드리는 겁니다.

애널리스트로서 성공하려면 어떤 재능이나 자질이 필요할까요? 스스로 많이 자문해보고 성공한 선배, 동료, 후배 애널리스트의 많은 사례를 돌이켜보면서 제가 내린 결론은 단 한 가지입니다. 바로 끈기 있는 노력입니다. 성공한 애널리스트에게는 석사, 박사 학위가 필요한 것도 아니었고 든든한 '빽'이 필요하지도 않았으며 이른바 좋은 대학의 졸업장도 필요하지 않았습니다. 그들은 오로지 이 일에서 성공을 해보려는 열정을 노력으로 승화시켜 끈기 있게 일관한 사람들이었습니다. 정상급으로 성공한 애널리스트와 평균적인 애널리스트의 차이점을 아무리 분석해봐도 특별히 구분되는 경력이나 전공, 재능은 발견할 수가 없었습니다.

성공한 애널리스트들이 머리나 IQ가 나쁜 편은 아니겠지만 한국사회 평균으로 봤을 때 특별히 좋은 사람들도 아닙니다. 그런 면에서는 평범한 것 같습니다.

애널리스트라는 직업은 변화무쌍하고 예측하기도 힘든 주가를 상대하다 보니 '항상 틀리는 직업'입니다. 애널리스트들은 자신이 쓴 보고서를 시간이 꽤 지난 뒤에 다시 읽어보면 늘 탄식을 하게 됩니다. "내가 왜 그 당시에 그렇게밖에 분석하지 못하고 그렇게밖에 예측하지 못했을까?" 세상에 아무리 머리 좋고 재능이 있는 사람이 미래 주가에 대한 보고서를 발표한다 하더라도 틀릴 수밖에 없을 겁니다. 그럼에도 불구하고 애널리스트는 계속 보고서를 써야 하는 직업입니다. 끈기 있는 노력이 아니면 성공할 수 없는 이유입니다.

시장에서 성공했다는 애널리스트들의 두 가지 공통점이 있습니다. 이 직업을 통해서 자신을 세상에 일으켜보겠다는 열정, 그리고 자신의 노력만으로 자수성가해야 하겠다는 강한 헝그리 정신입니다. 이것이 바로 '틀릴 수밖에 없는 직업'에 지치지 않고 장기간의 끈질긴 노력을 가능하게 해주는 성공의 유일한 요소라는 결론을 저는 내리고 있습니다. 그런 열정과 헝그리 정신을 가진 젊은이들이 우리 세계로 많이 오기를 기대하면서 이 책을 쓰고 있습니다.

애널리스트는 밥 먹고 일만 한다?

일부 과장된 책이나 신문 기사에서 애널리스트들이 매일 야근하고 거의 잠도 자지 않고 일하며 매주 주말에도 일해야 하는 정도로 묘사됩니다. 제가 이 책에서 명백히 증언하건대 모두 다 새빨간 거짓말입니다. 젊은 애널리스트들은 연애도 하고 결혼도 하고 아이도 낳아 기릅니다. 애널리스트들도 친구나 지인들과 술도 마십니다. 다양한 취미생활도 합니다. 전반적으로 봤을 때 일반 제조업체 사람들과 비슷하게 생활합니다. 오히려 다른 직업과 비교할 수 없이 젊은 나이에 고액 연봉을 받기 때문에 한국사회 평균보다 빨리 골프를 시작하는 사람들이 훨씬 더 많습니다. 매년 휴가를 내서 가족들과 해외여행을 가는 사람들도 한국사회의 어떤 직업을 가진 사람들보다 많을 겁니다.

일반 제조업체보다 연봉이 훨씬 많을 뿐만 아니라 열심히 일한 뒤에 휴가를 내는 데도 시기의 제한을 거의 받지 않습니다. 거대한 피라미드 조직인 대기업에서는 휴가철이 아닐 때 1주일씩 휴가를 가는 것은 정말 쉽지 않습니다. 승진과 관련된 인사고과권을 가진 상사들이 일하고 있어 눈치가 보이기 때문입니다. 연봉을 많이 받는 직업이기 때문에, 힘든 주식시장을 상대해야 하기 때문에, 또 무슨 이유를 갖다 붙이든 애널리스트가 매일 야근하며 밥 먹고 일만 한다거나 매주 토요일과 일요일에도 일한다는 식으로 과장되어 활자화되는 경우에는 저를 포함한 애널리스트들은 하도 웃겨서 배꼽을 잡습니다.

매일 새벽부터 밤늦게까지 일하는 것으로 과장하며 엄청난 체력의 소유자가 아니면 해낼 수 없는 것으로 표현할 때는 너무 어처구니가 없어서 대꾸도 하기 귀찮을 정도입니다. 엄청난 체력을 필요로 하는 직업이기 때문에 여자들은 힘들 거라고 생각하는 사람들도 있는 모양입니다. 여의도에 있는 수많은 여자 애널리스트들이 기가 찰 노릇입니다.

이렇게 과장하고 왜곡해서 표현하는 사람들은 여의도에서만 일해서 삼성전자나 현대자동차 같은 대기업의 업무 강도를 모르거나, 연봉 많이 받는 여의도 생활에 대해서 일반인들의 질시를 받기 싫어서 과장을 하거나 둘 중의 하나인 것 같습니다. 아니, 둘 다인 경우가 더 맞을지도 모르겠습니다. 하여튼 새빨간 거짓말입니다. 한국사회에서 직장생활을 하기에 무리가 없는 평균적인 체력만 있으면 아무 지장이 없고 그런 면에서 남자든 여자든 상관이 없습니다.

대기업에 신입사원으로 들어가든 증권회사 리서치센터의 RA로 들어가든, 사회생활을 처음 시작하기 때문에 모두 열심히 일하는 것은 마찬가지입니다. 제가 삼성그룹에서 신입사원으로 시작했고 전직을 해서 현대차에서 다시 사원, 대리 시절을 보냈기 때문에 대기업에 다니는 사원이나 대리들이 업무나 진급을 위한 자기계발에 얼마나 노력을 해야 하는지 너무나도 잘 압니다. 여의도에 들어와 애널리스트를 하면서 RA들을 가르치면서 그들을 대기업 사원들과 비교할 수 있었습니다. 어느 쪽이 더 많이 노력한다고 단정하기 힘듭니다. 굳이 말하자면 RA가 대기업 신입사원보다 '아주 조금' 더 노력해야 하는 것 같기는 한데, '훨씬 더 많이' 노력해야 한다고 말하기는 어렵습니다. 체력이 더 필요할 정도로 격차가 있는 것은 더더구나 아닙니다.

애널리스트들은 9시에 주식시장이 열리기 전에 업무 준비를 마무리해야 하기 때문에 매일 아침 7시 30분에 모닝 미팅을 합니다. 따라서 제조업체나 증권회사 정규직의 출근시간인 8시보다 빠른 7시 20분까지 출근합니다. 그러나 출근시간이 8시인 삼성이나 현대차 그룹의 직원들은 그 시간에 출근하지 않을 것 같습니까? 7시 30분까지 출근하는 사람들의 비중이 절대 다수를 차지합니다. 애널리스트들의 출근시간과 거의 동일합니다. 회장과 사장이 7시 이전에 출근하는 경우가 많고 그에 따라 부사장, 전무, 상무, 이사들도 7시 전후에 출근을 하는데 그 밑의 직원들이 8시 정각에 맞춰서 '칼출근' 할 수 있다고 생각하십니까? 말도 안 되는 소리입니다. 애널리스트의 출근시간인 7시 20분쯤이면 대기업에서도 많은 사람들이 출근해서 하루 일과의 준비를 시작하는 경우가 대부분입니다.

동부증권 리서치센터의 경우, 입사 1~2년차인 RA 다섯 명을 주중에 하루 한 명씩 아침 6시에 출근하게 하여 미국시장 자료 등을 정리해서 펀드매니저들에게도 보내고 7시 30분 모닝 미팅에서 발표도 하게 합니다. 그 RA들이 편하게 출근할 수 있도록 집이 어디든 상관없이 회사까지 택시를 타고 올 수 있도록 리서치센터 비용으로 택시비도 지원합니다. 그런데 RA들이 일주일에 한 번 일찍 출근하는 것은 업무상의 필요도 있지만 훈련도 겸하는 겁니다. RA들은 정식 애널리스트가 아니기 때문에 자기 이름을 걸고 보고서를 쓸 자격이 주어지지 않습니다. 그래서 매일 아침 분량이 적은 해외시장 자료를 정리시키면서 글 쓰는 맵시를 평가하고 교정을 봐줍니다. 또 모닝 미팅에서 발표를 시키기도 하면서 발표 및 프레젠테이션 능력도 보고 지도도 합니다. 동부증권 리서치센터 신입사원이 업무를 배우기 위해 일주일에 한 번 6시에 회사 비용으로 택시 타고 출근하는 것이 그렇게 힘든 일로 보입니까?

애널리스트들은 보통 7시에서 7시 20분 사이에 출근해서 미국 시장을 비롯한 해외시장을 검토하고, 신문이나 인터넷의 주요 뉴스를 순식간에 검색해서 자기 업무와 관련된 것들을 점검한 뒤 7시 30분의 모닝 미팅에 들어갑니다. 여기서 그 전날 작성한 자료와 그날 아침 RA들이 만든 시장 자료 등을 같이 놓고 토론합니다. 결론적으로 보면 제조업체의 아침 출근과 거의 같은 상황으로 볼 수 있습니다. 왜 애널리스트들은 무식하게 매일 새벽에 출근해야 한다는 식으로 왜곡하여 표현하는지 정말 이유를 모르겠습니다.

애널리스트가 매일 야근을 해야 한다고 왜곡하는 경우도 참 한심하게 느껴집니다. 물론 분기실적 발표 때, 중요한 보고서를 마무리할 때, 중요한 기관투자자들을 위한 프레젠테이션을 준비할 때, 금융시장에 중요한 변화가 있을 때 야근을 하는 경우도 꽤 있습니다. 그런데 삼성전자나 현대자동차 같은 대기업의 직원들도 엄청나게 많이 야근을 하고, 심지어 밤을 새는 경우도 무척 많습니다. 제 경험과 대기업에 다니는 지인들을 보면 애널리스트들보다 야근이 더 적다고 말하기는 힘들 것 같습니다. 고시 붙어서 중앙부처 공무원을 하는 친구들이나 판결문에 치이는 판사 친구들이 오히려 애널리스트들보다 훨씬 야근을 많이 하는 것 같습니다.

애널리스트들이 주 5일 근무 규정에도 불구하고 토, 일요일에 매번 일하는 것처럼 왜곡하는 경우도 배꼽 잡는 소리일 뿐입니다. 해외시장 모니터링 업무를 담당하는 애널리스트의 경우 해외시장과의 시차 때문에 토요일에 나와서 잠깐 일하는 경우가 있습니다. 월요일 아침 펀드매니저들과의 회의 때 필요한 자료를 작성하기 위해서입니다. 그들은 금요일 오후에 누구보다도 일찍 퇴근하고 토요일에 잠깐 나와서 마무리를 하는 것뿐입니다. 정확히 말씀드리면 토요일 오전부터 일요일 오후까지 자기 일정에 맞춰 아무 시간에나 나와서 자기 업무 후다닥 정리해서 보고서를 간단히 작성한 다음 이메일로 보내고 퇴근하는 것뿐입니다. 해외시장 관련 업무가 별로 없는 업종 담당 애널리스트들은 굳이 그럴 필요도 없습니다.

만일 애널리스트나 RA가 매일 야근하고 매주 토, 일요일에 일할 정도라면, 직장생활을 하면서 3년 동안 CFA 공부를 해서 합격하는 사람들은 무슨 시간에 공부를 했단 말입니까? 저도 여의도에 온 뒤 직장생활을 하면서 꼬박 3년 동안 CFA 공부를 해봐서 알지만 그 공부에는 정말 적지 않은 시간과 노력이 들어갑니다. 그리고 주위 애널리스트들 중에서 적지 않은 사람들이 평일 저녁과 주말을 이용해서 대학원의 석사 과정과 박사 과정을 밟고 있는데, 그들은 언제 수업을 듣고 공부를 한다는 말일까요? 제 주위의 많은 애널리스트들 중에는 일요일에 하루 종일 교회에서 사는 사람들도 많은데, 그렇다면 그들은 업무를 태만히 한다는 것일까요?

제가 아는 대부분의 시니어 애널리스트들은 업무 숙련도가 높아서 주말에 일하는 경우는 예외에 속합니다. 예를 들어, 삼성전자가 대표적으로 금요일 오후 4시에 분기실적에 대한 발표를 하는 회사인데, IT 담당 애널리스트들의 경우 한국을 대표하는 기업인 삼성전자를 분석하기 위해 생각과 고민을 충분히 하면서 보고서를 작성할 필요가 있습니다. 금요일 밤늦게까지 마무리하고 주말에 쉬거나, 금요일에 일찍 퇴근하고 주말에 나와서 좀 느긋하게 분석을 하거나 그것은 모두 애널리스트가 판단하고 결정할 몫입니다. 다른 업종 담당 애널리스트들도 마찬가지입니다.

업무가 익숙하지 않거나 아직 훈련 중이라고 볼 수 있는 RA나 이제 막 주니어 애널리스트로 올라선 사람들은 시니어 애널리스트에 비해서 토요일과 일요일에 회사에 나오는 경우가 더 많습니다. 그러나 그들이 강제로 나와야 하는 것은 아닙니다. 또는 리서치센터장이나 선배 애널리스트들의 눈치를 보면서 나오는 것도 아닙니다. 그들은 더 빨리 업무를 배우고 더 빨리 높은 연봉을 받고 싶어 자기 업무의 생산성을 더 높이려는 준비를 한다고 보는 것이 정확할 겁니다. 자기 발전을 위한 노력의 일환일 뿐입니다.

모든 RA들은 전공과 상관없이 애널리스트들에 비해서 기초가 약하고 경험도 없어서 업무의 질과 생산성이란 면에서 비교할 수 없이 취약합니다. RA들이 그것을 채우기 위해 학원에 가서 기초를 보충하든 회사에 나와서 실력을 배양하든, 어떤 방법을 택하느냐는 본인들이 선택할 따름입니다. 대기업에서 대리, 과장 진급에 필요한 것들을 적시하며 직원들의 자기계발을 유도하는 것과 별로 다르지 않습니다. 그들도 평일 밤과 주말에 학원을 가기도 하고 집에서 부지런히 공부도 해야 합니다. 일이 있을 때는 회사에 나와서 일을 하기도 합니다.

애널리스트들이 엄청나게 일만 해야 하는 직업으로 잘못 알고 있은 분들이 있다면 그 생각은 교정하시기 바랍니다. 정말로 사실과는 너무나 거리가 멀기 때문입니다. 그런 잘못되고 왜곡된 기사나 책을 읽으면서 저는 분노를 느낀 적이 많았습니다. 왜들 잘 모르면서 그런 헛소리를 하는 것일까? 그런 것들 때문에 많은 훌륭한 인재들이 이 분야를 아예 직업 선택의 대상으로 삼지도 않는 것은 아닌가 하는 생각을 해본 적도 있었습니다. 애널리스트가 고액 연봉인 것도 맞고 열심히 일하는 직업인 것도 분명한 사실입니다. 그러나 매일 새벽부터 밤늦게까지 일해야 하고 매주 주말에도 나와야 할 정도로 엄청나게 일하는 직업은 절대 아닙니다. 그게 직업이겠습니까? 강제 노동이나 노예 노동일 겁니다. 그렇다면 누가 연애하고 결혼할 수 있을 것이며, 결혼해서도 부모 노릇을 하면서 살 수 있겠습니까?

애널리스트들이 매일 새벽에 출근하고 매일 야근하며 '월, 화, 수, 목, 금, 금, 금'으로 일해야 하는 것처럼 말하는 사람들은 우리 세계를 전혀 모르거나 일부러 왜곡하는 것으로 저는 판단합니다. 엄청난 강철 체력의 소유자가 아니면 안 된다는 소리도 같은 범주로 생각합니다. 제 주변의 훌륭한 애널리스트들 중에서는 이른바 '저질 체력'의 소유자들도 무지하게 많습니다. 그들도 아무 문제

없이 잘해 왔고 앞으로도 그럴 겁니다.

애널리스트 세계는 혼자 일하는 곳이 아닙니다. 강한 리서치센터일수록 전체 애널리스트들이 팀으로 일을 하기 때문입니다. 동료들이 보고서를 발표하고 프레젠테이션을 해주기 때문에 자신은 휴가도 가고 보고서에 쓸 아이디어를 가다듬을 시간을 가질 수 있는 것입니다. 애널리스트 생활의 성공과 즐거움은 좋은 동료들과 일하는 것에 비례합니다. 우리 세계는 개별 애널리스트들이 홀로 기계처럼 일만 하는 곳이 아닙니다. 그런 리서치센터라면 오히려 주목할 만한 아이디어가 없어서 고객들로부터 외면 받을 겁니다.

애널리스트 절대 믿지 마라?

아마도 "애널리스트 믿지 마라"는 문구를 한번쯤 접해보신 적이 있을 겁니다. 어느 신문 1면의 광고에도 꽤 오랫동안 실렸고, 책 제목이나 여러 가지 주장에서 이런 식의 문구가 많이 등장합니다. 주로 개인투자자를 대상으로 비즈니스를 하는 사람들이나 책을 쓰는 사람들이 애널리스트의 투자의견이나 목표주가 등을 포함한 보고서를 신뢰할 수 없다고 애널리스트를 때리면서, 애널리스트들이 하는 펀더멘털 분석보다는 자신들의 차트분석 노하우에 따른 종목 추천을 믿으라는 식입니다.

저도 주식매매에 있어서 차트분석이 가지는 효용성을 잘 알고 있으며 여의도 리서치업계에서도 차트분석을 주요 기법중의 하나로 삼고 있습니다. 또 애널리스트를 신뢰하기 어렵다는 주장에 대해 이해가 가는 측면도 분명히 있기 때문에 우리 애널리스트 업계가 반성할 점도 있다고 인정합니다.

그런데 "애널리스트 믿지 마라"는 주장에는 근본적으로 잘못된 관점도 많다는 점을 분명히 말하고 싶습니다. 가끔씩 이런 주장들이 난무할 때 애널리스트 협회 같은 것이 있어서 대표성을 가지고 이야기해주면 좋겠다고 생각할 때가 있는데 그런 조직이 없다는 것이 아쉽습니다. 어쩔 수 없이 제가 총대를 메고 개인적인 의견을 밝히도록 하겠습니다.

가끔 케이블TV의 증권방송을 보다가 애널리스트가 아닌데도 출연자를 소개하는 자막에 애널리스트라고 소개하거나 사회자가 애널리스트라고 부르는 것을 목격합니다. 참 기가 찰 노릇입니다. 우선 애널리스트에 대한 정의부터 내리는 것이 순서일 것 같습니다. 금융권이나 투자업계에 종사하는 사람들에게는 상식적인 말이지만, 애널리스트라고 지칭할 수 있는 사람은 딱 한 부류입니다. 증권회사의 리서치 조직에 근무하는 '조사분석 담당자'라는 법률적 용어로 지칭되며 금융투자협회에 등록된 사람만을 말합니다. 법적으로 허가받아 공개적으로 보고서를 쓸 수 있는 권한을 부여받고 엄격한 법적 통제기준에 따라서 일하는 집단입니다.

따라서 증권회사가 아니라 'OO주식연구소' 등 그 어떤 형태의 이름을 쓰더라도 증권회사에 소속된 애널리스트가 아니라면 케

이블TV에서 잘못 호칭하고 있다고 보시면 됩니다. 금융투자협회에 등록된 증권회사 애널리스트는 세 가지로 나눌 수 있습니다. 리서치 조직의 수장인 리서치센터장, 자기 이름을 걸고 직접 보고서를 쓰는 현역 애널리스트, 현역 애널리스트를 보좌하는 RA가 그들입니다. 주요 신문이나 방송을 통해서 볼 수 있는 실제 애널리스트들은 자기 이름으로 보고서를 쓸 역량이 안 되는 RA를 제외하고 리서치센터장과 현역 애널리스트들뿐입니다. 사이버 애널리스트든 뭐든, 무슨 이상한 이름으로 불리는 사람들은 금융투자협회에 등록된 법적으로 허가받은 애널리스트가 아니며, 이 책에서 말씀드리는 '세상에서 제일 좋은 직업'으로 고액 연봉에다 귀중한 인적 자산으로 대우받는 애널리스트와는 전혀 무관합니다.

한편 '사이버 애널리스트'라는 출처도 알 수 없는 호칭이 있는 것 같습니다. 증권정보와 관련된 인터넷 사이트나 방송 등에서 시장이나 종목을 분석하여 의견을 말하는 사람을 지칭하는 모양입니다. 투자 분야에서 수익률을 거둘 수 있는 방법이 수없이 많을 수 있기 때문에 저는 모든 형태의 시장참가자들을 인정합니다. 애널리스트나 펀드매니저가 아니어도 수많은 투자고수가 있고 엄청난 자산을 굴리는 큰손들도 많습니다. 저도 그들의 투자내공에 감탄할 때가 많습니다.

그러나 신문, 방송, 인터넷 사이트 등에서 증권시장에 대해 이야기하는 사람 중에서 증권회사의 애널리스트가 아닌 사람은 리포터나 방송인일 뿐이지 어떤 수식어를 그 앞에 붙이더라도 애널리스트는 아닙니다. 증권시장에 참여하면서 의견을 말하는 사람들이 다양한 것은 충분히 이해하겠는데 유독 애널리스트라는 이름은 아무데나 갖다 붙이는 경향이 있습니다. 자산운용사의 펀드매니저라는 용어를 아무나 쓰지 않는 것과 비교하면 더욱 그렇게 느껴집니다. 어쨌건 그들은 애널리스트 세계와는 무관한 사람들입니다. 젊은 학생들이나 일반인들이 오해하지 않았으면 합니다.

증권 분야 밖의 지인들과 사적인 모임에서 가끔씩 받는 질문 중의 하나가 증권방송의 유명한 사이버 애널리스트들이 유망종목을 제시하는데 그렇게 유망하면 자기들이 사서 수익률을 올리지 왜 남에게 가르쳐주느냐는 겁니다. 좋은 질문입니다. 저도 그 이유를 잘 모르겠고 그런 질문을 하는 사람들과 비슷한 시각을 가지고 있습니다.

소위 사이버 애널리스트와 진짜 애널리스트의 극명한 차이는 바로 컴플라이언스(Compliance, 법규 및 윤리규정 준수)에 있습니다. 우리 애널리스트들은 투자의견이나 목표주가, 특정 종목을 분석대상에서 뺄 때의 기준 등 보고서와 관련된 모든 세세한 것들에 대해서 컴플라이언스의 적용을 받습니다. 더 나아가 본인이 분석대상으로 삼아 보고서를 내는 종목이나 업종은 아예 사지도 못합니다. 같은 회사의 다른 애널리스트가 담당하는 종목에 대해서는, 그 애널리스트가 작성한 보고서 발간 이후 24시간이 지나야 매수를 할 수 있습니다. 해당 애널리스트가 매수 의견을 내고 있을 때는 최근 보고서 발간 7일 이후에야 매도할 수 있습니다. 어떤 증권회사에서는 아예 애널리스트에게 주식투자를 못하게 하면서 헌법상의 사유재산 침해 논란을 무릅쓰면서까지 컴플라이언스를 강화하고 있습니다.

차명계좌를 이용해서 그 엄격한 기준을 피해가는 것 아니냐고 물을 수도 있겠습니다. 그러나 우리나라에서 가장 성능이 좋다는 금융감독원 슈퍼컴퓨터의 성능을 몰라서 하는 말입니다. 우리 애널리스트들은 금융실명제 하에서 본인이나 아내, 자녀, 부모와 형제자매, 처가의 부모와 형제자매 등 우리와 개인적인 가족관계에 있는 모든 사람이 금융감독원의 조사대상이 될 수 있습니다.

"애널리스트 절대 믿지 마라"라고 주장하는 사람들은 우리처럼 금융투자협회에 등록된 애널리스트를 믿지 말고 자기들을 믿으라는 겁니다. 그런데 실력 문제 이전에 바로 이 컴플라이언스 때문에 그들의 주장에 동의할 수 없습니다. 과연 그들이 우리처럼 개인의 모든 주식매매가 신고되고 가족과 친척들의 계좌까지 금융감독원 슈퍼컴퓨터의 조사대상이 되어 완전히 발가벗고 나선 상태에서 일합니까? 그래서 우리처럼 사리사욕이 전혀 배제되었다는 컴플라이언스를 거쳐 추천종목을 내놓고 그것을 검증받습니까? 우리처럼 보고서를 쓸 때마다 사내의 컴플라이언스팀이 눈을 부릅뜨고 지켜보면서 위반하면 감봉이나 재계약 거부하겠다는 자세로 검증을 합니까? 이 질문에 어느 하나도 답변을 하지 못할 겁니다. 그렇다면 사이버 애널리스트나 그 어떤 사람들도 자기의 주장을 믿으라는 말을 하면서 "애널리스트 믿지 마라"는 극언을 할 수 있는 전제조건을 결여하고 있는 겁니다.

이는 실력 문제 이전에 돈을 다루는 분야에서 일하는 사람들에 대한 기본적인 신뢰의 문제입니다. 이른바 사이버 애널리스트라는 사람들 중에서 제가 아는 한 우리 제도권 애널리스트 세계를 거쳐 간 사람은 기억에 없습니다. 동료나 선후배 애널리스트가 증권회사를 그만두고 사이버 애널리스트로 일한다는 얘기를 들어본 기억도 없습니다. 혹시 모르겠습니다. 아주 오래 전에, 즉 컴플라이언스 규정이 강화되기 전인 어느 시절엔가, 우리 애널리스트들이 말하는 '고조선 시대'인 외환위기 이전에 어느 증권회사 조사부라는 곳을 잠깐 거친 사람은 있을 수 있겠습니다. 그러나 그 시절과 지금의 애널리스트 세계는 완전히 다른 세계라고 볼 수 있습니다.

우리 애널리스트 업계를 잘 모르시는 분들로부터 "그렇다면 당신네 애널리스트들은 좋은 투자정보를 사전에 활용하지 않고 그냥 날려보내는 거냐?"라는 질문을 자주 받습니다. 대답은 "그렇다"입니다. 왜냐고요? 앞에서 애널리스트들의 연봉이 한국사회의 어느 직업보다도 높다고 밝혔습니다. 바로 그 때문입니다. 제가 2002년에 애널리스트를 처음 시작할 때는 애널리스트라는 직업의 급여가 증권회사의 일반직에 비해 별로 높지 않았고 컴플라이언스 규정이나 실행이 최근처럼 이렇게 강하지 않았습니다. 그래서 애널리스트가 작전에 연루되었다는 소문이 많이 있었습니다.

그러나 2005년을 기점으로 각 증권회사들이 제대로 리서치 조직을 갖추면서 애널리스트의 중요성이 높아지고 연봉도 오르기 시작하면서 컴플라이언스는 엄청나게 강화되었습니다. 이와 더불어 그런 소문 자체도 까마득한 과거의 일처럼 느껴집니다. 지금의 애널리스트들은 증권회사의 일반 직원들이나 제조업체의 직원들보다 연봉이 많은 데다 자신의 이름을 걸고 공개 보고서를 쓰기 때문에 엄격한 법적 구속을 받는 것이 당연하다고 받아들입니다. 연봉이 높아지지 않았다면 이런 제약조건들을 감수하면서까지 애널리스트라는 직업에 종사하고 있지는 않을 겁니다.

한편, 애널리스트들은 금융시장에 관한 지식을 활용해서 컴플라이언스 규정에서 허용한 범위 내에서 주식투자도 자유롭게 할수 있습니다. 금융감독원에서 과거에 비해 규정을 완화하는 동시에 일단 위반하면 엄벌에 처하는, 즉 증권업계와 투자업계의 제도권에서 방출하다시피 하는 강력한 시스템을 도입했습니다. 다만 다른 투자자들보다 먼저 알았으니 '하루 뒤에' 행동에 들어가라는 것이 규제의 핵심인데, 주식 분야의 선수들인 애널리스트들의 투자수익률에 악영향을 줄 정도의 규정이 아닙니다. 그리고 해외투자 펀드, 원자재 펀드, 주식형 펀드, 채권형 펀드, 인덱스 펀드, 파생상품 등에 대해서 애널리스트를 하면서 배운 지식을 충분히 잘활용하는 방법을 알고 있습니다.

더구나 애널리스트들은 자신의 고객인 펀드매니저들 중 실력면에서 신뢰할 수 있을 만한 사람들을 누구보다도 잘 압니다. 여기서 밝힐 수 없지만 투자철학이 자신의 스타일과 유사하면서도 훌륭한 몇몇 펀드매니저가 운용하는 펀드는 애널리스트 입장에서 좋은 투자대상입니다. 그들 중에는 신문에 난 유명한 사람이 아니라 진짜 실력자들인데 대외적으로 별로 알려지지 않은 사람도 많습니다.

애널리스트들은 '하지 마라'고 되어 있는 컴플라이언스 규정을 지키는 한도 내에서도 자금을 운용할 수 있는 방법이 부족하다고 생각하지 않습니다. 아니 충분합니다. 등록된 애널리스트 숫자가 1,600명이나 될 정도로 많으니까 뜻밖의 예외가 나올 가능성은 언제나 있습니다. 그러나 최근 몇 년 동안 컴플라이언스 위반 사례들은 기술적인 측면에서의 규정 위반이지 전면적인 규정 위반이 아니었던 것으로 알고 있습니다. 컴플라이언스를 중대하게 위반해 가면서, 쉽게 말해서 작전까지 하는 위험을 감수하면서 어느 곳보다 연봉이 높은 이 직업에서 영원히 추방될 만한 짓을 한 정신이상자는 최근 몇 년 동안 없는 것 같습니다. 애널리스트 세계의 일원으로서 다행이라 생각합니다.

투자업계라는 곳이 제도권만의 전유물은 절대 아닙니다. 제도권의 애널리스트나 펀드매니저보다 훨씬 실력이 뛰어난 투자고수들도 많습니다. 제도권을 한 번도 거치지 않은 분도 있을 것이고, 제도권의 애널리스트나 펀드매니저를 거친 분들 중에서도 월등한 실력을 바탕으로 개인적으로 투자를 하여 엄청난 성공을 거둔 분들도 많습니다. 그런데 그런 고수들은 애널리스트 또는 애널리스트 보고서의 의미와 한계점을 알고 있기 때문에 "애널리스트 믿어라, 믿지 마라" 같은 말을 입에도 담지 않습니다. 가끔 그런 고수 또는 큰손을 만날 때 느낀 것인데 그들의 높은 내공과 독특한 투자철학에서 우리도 배울 때가 많습니다.

애널리스트 직업의 특성상 보고서를 돌이켜보면 '틀릴 수밖에 없는 직업'이라는 생각을 늘 합니다. 그래서 언론과 투자자들로부터 비판을 받을 수밖에 없는 숙명인지도 모릅니다. 그러나 고액 연봉을 받는 만큼 투자자들에게 도움이 될 만한 보고서를 발간하려고 노력합니다. 그 보고서의 목표주가, 투자의견, 글자 하나 어디에도 우리들의 사적인 이해관계가 불투명하게 얽혀 있지 않습니다. 그것에 조금이라도 저촉되는 애널리스트가 있다면 추호의 용서 없이 이 세계에서 몰아내어 발도 못 붙이게 하려는 것이 저를 비롯한 애널리스트 업계 전체의 문화입니다.

400만 명의 주식 투자자, 그리고 국민들의 재산을 공모펀드 형태로 운용하는 펀드매니저의 투자 의사결정에 도움이 되는 생각할 거리와 읽을거리를 만들어야 하는 숙제를 담당하기 때문에 우리 직업은 존재합니다. 비록 몸은 사기업인 증권회사에 속해 있지만 애널리스트의 기능과 보고서는 공공재의 성격을 가지고 있다고 저는 생각하고 있습니다.

직업의 특성상 비판받을 수밖에 없지만 일부 시장참가자들이 함부로 애널리스트라는 직업을 이상한 이름으로 오용하거나 사칭하며 불투명한 자신들의 이해관계를 우리의 이름으로 덮으려 할 때 저는 분노를 느낍니다. 인터넷 주식카페 등을 통해서 사기를 치거나 작전을 하는 사람들이 사이버 애널리스트라고 자신들을 포장할 때도 마찬가집니다. 더 나아가 일부 시장참가자들이 자신들의 비즈니스와 책장사를 위해 "애널리스트 절대 믿지 마라"는 주장으로 우리 세계를 매도할 때는 분노를 넘어 서글픔을 느낍니다.

2장

애널리스트, 왜 좋은가?

1
30대 초반의 억대 연봉자들

애널리스트가 연봉을 많이 받느냐는 질문을 많이 받습니다. 답은 "그렇다"입니다. 억대 연봉자냐고도 묻습니다. 역시 답은 "그렇다"입니다. 구체적으로 말하자면, 대한민국에서 월급쟁이를 하면서 상대적으로 가장 젊은 나이(30대 초반)에 억대 연봉자의 반열에 도달할 수 있는 거의 유일한 직업이 애널리스트가 아닌가 합니다. 군대를 가지 않는 여자들의 경우에는 20대 후반에 이 수준에 도달하는 경우도 많습니다. 30대 후반~40대 중반인 시니어 애널리스트 중에는 연봉이 2억 원 이상인 경우가 아주 흔합니다. 중요한 업종이나 경제, 전략 같은 매크로 분야를 맡고 있는 시니어 애널리스트는 연봉이 3억 원을 넘는 경우도 꽤 많습니다. 주식시장이 좋을 때나 성과가 뛰어난 애널리스트들의 경우 연봉에다 30~40퍼센트 정도의 보너스를 더 받기도 합니다.

제가 애널리스트 생활을 시작한 2002년에는 일반인들은 물론 언론에서도 직업으로서의 애널리스트에 대한 관심이 크지 않았습니다. 일반인들이 애널리스트라는 직업에 처음으로 본격적인 관심을 가지게 된 것은 주식시장이 한국사회의 화두가 된 최근 몇 년 전부터이며, 특히 2007년에 KOSPI가 2,000포인트를 돌파한 시점부터라는 것이 개인적인 체험입니다. 당시 한국 주식시장뿐만 아니라 중국 주식시장의 성장에 따른 해외펀드 열풍 등으로 온 국민의 관심사가 주식이나 펀드로 쏠아졌던 것을 기억하는 독자들도 있을 겁니다. 그 이전에는 애널리스트라는 용어 자체도 익숙하지 않았고 혹시 애널리스트를 아는 사람들도 그냥 증권회사 직원 정도로만 인식했던 것 같습니다.

대학생들은 일반인들보다 조금 더 빨랐던 것 같습니다. 신입사원 면접에서 느낀 것인데 대학생들이 애널리스트에 대한 관심이 높아진 것은 일반인들보다 이삼 년 빠른 2005년부터였던 것 같습니다. 아무래도 취업을 준비하다 보니 선배들을 통해서 적극적인 정보수집을 하기 때문인 것으로 보입니다. 면접장에서 애널리스트로 지원한 이유를 물으면 거의 모두가 고액 연봉을 들었습니다. 애널리스트가 고액 연봉자라는 걸 알게 된 계기가 뭐냐고 물으면 대부분이 신문과 잡지 등에서 기사로 읽었다고 했습니다. 그런데 정확히 어느 수준을 받고 있는지를 가늠하고 있는 지원자는 거의 없었습니다.

이런 현실을 감안해서 이 장을 연봉 이야기로 시작하게 되었습니다. 또한 애널리스트가 세상에서 제일 좋은 직업이라고 말씀드리는 이유 중의 하나도 고액 연봉이기도 합니다. 물론 돈 말고도 장점이 많지만 만일 연봉이 적다면 이렇게 책까지 쓰기는 힘들었을 겁니다.

의사, 변호사 부러워한 적 없다

한국에서 대표적인 고소득 전문직으로 분류되는 의사나 변호사와 애널리스트의 연봉을 비교하면 훨씬 실감이 날 것 같습니다. 저는 애널리스트 업계에 들어 온 이후 고등학교나 대학 동기 모임에서 의사나 변호사 친구들의 연봉을 부러워해본 적이 없습니다. 왜냐고요? 제 연봉이 훨씬 더 많았기 때문입니다. 다른 애널리스트들의 이야기를 들어봐도 비슷한 것 같습니다.

제가 제조업체를 다닐 때는 의사, 변호사 친구들의 연봉이 너무 부러웠습니다. 그러나 애널리스트로 전직을 한 이후에는 오히려 제가 그 친구들을 위로해야 합니다. 술도 주로 제가 삽니다. 술을 사는 것만으로도 모자라서 자기들 상황이 선배 세대보다 훨씬 못하다는 불평, 전문직이 아니라 의료 자영업자나 법률 자영업자가 되어 간다는 푸념도 들어줘야 합니다.

어쨌든 연봉에 관한 한 애널리스트라는 직업은 개인사업으로 엄청난 성공을 거둔 사람들을 제외하고, 가장 젊은 나이에 억대 연봉자의 반열에 올라갈 수 있는 직업입니다. 제가 20여 년간 사회생활을 하는 동안 한국에서 애널리스트 외에 이런 직업이 있다는 것은 들어보지도 못했을 뿐더러 비교할 만한 직업 자체가 없는 것 같습니다. 제가 미래를 예측할 능력은 없지만 앞으로 몇 십 년 동안에도 이런 직업이 나오리라고 상상하기가 힘듭니다.

　의사의 경우 의대 6년, 인턴 1년, 레지던트 4년을 합쳐 11년 동안 돈도 제대로 벌지 못하면서 엄청난 고생을 합니다. 남자는 군의관 근무를 마친 35세나 되어야 비로소 본격적으로 돈을 벌기 시작합니다. 만일 애널리스트 업계로 들어왔다면 28세쯤에 돈을 벌기 시작해서 35세까지 7년 동안 누적된 연봉 합계가 5~8억 원은 족히 될 겁니다.

　애널리스트로 입문하여 성장하는 7년 동안 아파트 한 채를 사고도 남는 금액을 버는 반면, 같은 기간에 의대생이 의사가 되기 위해 포기해야 하는 기회비용은 엄청납니다. 즉, 아파트 한 채만이 아니라 의료 수련을 거치는 동안 추가로 들어가는 비용을 감안하면 애널리스트 대신 의사가 되는 것의 경제학적인 비용은 적지 않습니다. 그래도 35세 의사가 35세 애널리스트보다 연봉이 많지 않으냐고요? 그것은 의사나 의사의 가족들이 의사의 연봉만 알지 애널리스트의 연봉을 몰라서 하는 말일 뿐입니다. 의사의 연봉은 애널리스트를 따라올 수 없습니다.

　변호사의 경우도 별반 다르지 않습니다. 대학 졸업과는 별도로 힘들고 어렵다는 고시공부 몇 년을 거쳐 엄청난 경쟁률을 뚫고 고시라는 관문을 통과한 다음에도 사법연수원에서 박봉을 받으며 2년을 더 공부해야 변호사 자격증을 얻을 수 있습니다. 요즘에 논란이 되는 로스쿨의 경우에도 입학을 위한 시험 준비에다 2년의 학습 기간, 그리고 변호사시험이라는 관문이 기다리고 있습니다. 더구나 요즘은 신임 변호사들이 자신을 '3백만 원짜리 월급쟁이'라고 자조적으로 부를 정도로 사정이 좋지 않습니다. 태반이 취업을 하지 못하고 있다는 보도도 있습니다.

한편, 직업으로서 의사나 변호사에 의미를 두는 사람들은 평생 일할 수 있는 자격증이라는 점에 주목하는것 같습니다. 그래서 한국에서 공부 잘하기로는 둘째 가라면 서러워할 사람들이 젊은 시절에 그토록 많은 시간과 비용을 투입하는지도 모르겠습니다. 과연 바람직한 현상일까요?

평생을 의사나 변호사 활동을 하면서 성공적으로 자영업을 꾸려온 사람들은 공부 머리, 시험 잘 보는 머리뿐만 아니라 사업 감각이나 사회생활 능력도 엄청나게 좋은 사람들입니다. 그런 사람들이 여의도로 왔다면 어떨까요? 그 좋은 머리와 사회생활 감각이라면 맨손의 월급쟁이로 시작해도 자신의 금융회사와 금융그룹을 일으켜 세울 정도의 인물들이 아닌가 합니다. 시험 잘 보는 능력과는 거리가 있는 사람들임에도 엄청난 성공 스토리를 가진 분들을 길 가다도 만날 수 있는 곳이 바로 여의도입니다.

자신의 노력만으로 자기만의 세계를 구축할 수 있는 인재들이, 평생 일할 수 있는 자격증이라는 이유만으로 특정 직업에 쏠리는 건 사회 전체로 봐서도 바람직하지 않다고 봅니다. 음악이나 미술을 좋아하는 사람들처럼, 혹은 연예인이 되고 싶은 열망을 주체할 수 없는 사람들처럼, 의료나 법률 분야에도 개인적으로 평생의 뜻을 세운 사람들이 진출해야 할 것입니다. 그렇지 않은 경우라면 제가 추천하는 애널리스트라는 직업에 대해서 좀 더 알아보시기를 권합니다. 평생 일할 수 있는 자격증이라는 것에 주목하는 분들은 애널리스트를 하면서 배운 지식을 애널리스트 이후 생활에 써먹는 사람들의 이야기에 무척 놀라게 될 겁니다.

내친 김에 조금 더 나가볼까요? 사회생활 하면서 느낀 점입니다만, 좋은 직업에는 어떤 환경에서 어떤 사람들과 생활을 해야 하는가도 중요한 것 같습니다. 이런 면에서도 애널리스트는 의사나 변호사와 차이가 꽤 많이 납니다. 의사는 몸이 아픈 사람이나 죽음과 싸워야 하는 안타까운 사람들이 고객이고, 변호사는 서로 싸우는 사람이나 범죄자가 고객입니다. 한마디로 고객 환경이 유쾌하지 않은 직업입니다.

반면 애널리스트의 고객은 돈이 많은 사람, 또는 많은 돈을 운용하는 기관투자자들입니다. 젊은이들이 여의도로 진출해서 만날 고객들과 동료들은 기본적으로 자본주의 사회에 대한 '꿈과 희망'을 가지고 있기에 아픈 이들이나 다투는 이들과는 비할 바 없이 유쾌한 사람들입니다. 지적 수준과 자기계발 노력도 무척 높은 그들과 일로 만나고 대화하면서 저 자신도 발전하는 것을 느낍니다.

특정 직업에 오랜 기간 종사하다 보면 사람의 성격이나 취향도 변합니다. 저는 제 자식이 애널리스트가 되었으면 하고 바랍니다. 아프거나 싸우는 사람들이 아니라 희망과 꿈을 가진 사람들과 오랫동안 함께 접하고 성장함으로써 그 과실을 누리게 하고 싶기 때문입니다.

애널리스트 6~8년차가 대기업 부장 연봉을 받는다

대졸 신입사원으로 리서치센터에 RA로 들어온 이후 몇 년 정도 일해야 연봉 1억 원에 도달할까요? 단도직입적으로 말씀드리면 2011년 현재 연봉 1억 원가량을 받는 애널리스트는 군대를 다녀온 남자를 기준으로 대략 33~35세에 경력 6~8년 정도인 것 같습니다. 대졸 여직원이 리서치센터에 신입사원으로 들어왔다고 하면 30~32세 정도에 해당되는 것 같습니다. 이 기간은 본인의 성과에 따라 일이 년 앞당겨지기도 합니다. 또 주식시장의 상황에 따라 자기가 맡은 업종의 애널리스트 수요가 갑자기 폭증해서 그 시기가 앞당겨지기도 합니다. 예를 들어 2010년에는 IT와 자동차 업종이 주식시장의 주도주였기 때문에 이쪽 분야에서 두각을 나타낸 주니어 애널리스트들의 경우에는 연봉 1억 원에 도달하는 시기가 훨씬 빨라졌습니다.

1년 단위로 계약하는 애널리스트의 연봉에는 1년 치 퇴직금도 포함되어 있기 때문에 애널리스트 연봉 1억 원을 일반 대기업 기준으로 따지면 약 9,200만 원에 해당합니다. 한국의 최고 대기업 그룹에 입사해서 이 정도 연봉에 도달하려면 몇 년이나 걸릴까요? 결론부터 말하면 입사한 지 18년 이상 지나서 부장으로 진급해야 도달하는 수준입니다.

2011년 현재 국내 시가총액 10대 대기업 제조업체 중에서 부장 연봉이 9,200만 원을 약간 넘는 곳도 있습니다만, 그보다 적은 곳이 더 많은 것 같습니다. 평균으로 보면 9,200만 원을 넘지 못하는 거죠. 그나마 신입사원으로 입사해서 부장까지 승진하는 사람은 전체의 5퍼센트 내외에 불과합니다. 대기업이라면 대리 정도의 경력이라고 할 주니어 애널리스트가 20여 년간의 치열한 경쟁을 뚫고 살아남은 대기업 부장과 비슷한 연봉을 받는다는 것은 어마어마한 차이가 아닐 수 없습니다.

애널리스트 6~8년차에 연봉 1억 원에 도달한 이후 10~15년을 애널리스트로 더 살아남는다면 연봉이 2억~3억 원 사이로 상승하는 국면을 맞게 됩니다. 30대 초반에 연봉 1억 원이면 가족부양을 하면서도 적지 않은 저축을 할 수 있습니다. 그 이후에도 이어지는 연봉 상승은 집 마련에 따른 대출금 상환과 가족부양, 자녀 교육비를 감당하고도 더 많은 저축을 가능하게 합니다. 뭐, 다른 사람 예를 들 것도 없이 저와 동료 애널리스트들의 사례가 바로 이것을 증명합니다.

직장생활을 통해 가족을 부양한 질과 쌓아놓은 저축의 양이라는 관점에서 보면 대기업 부장과 시니어 애널리스트의 위치는 비교 자체가 안 됩니다. 직장생활 15년 기준으로 애널리스트의 누적 연봉이 대기업 직장인보다 3~6배 수준은 될 것으로 추산됩니다.

20년을 기준으로 잡는다면 그 격차는 더욱 벌어질 것입니다.

그러면 애널리스트 업계로 들어와서 6~8년이 된 사람이 연봉 1억 원에 도달하는 확률은 얼마나 될까요? 또 대기업 부장에 해당하는 40대까지 애널리스트를 하고 있을 확률은 얼마나 될까요? 유감스럽게도 이것은 통계나 추정으로 말씀드리기가 불가능한 부분입니다. 우선, 지금과 같은 고액 연봉의 애널리스트 업계가 정착된 지 얼마 되지 않은 관계로 장기적으로 축적된 자료가 없습니다. 그리고 2000~2010년의 10년 동안 자산운용업계도 폭발적으로 성장했기 때문에 애널리스트가 자산운용사나 투자자문사의 펀드매니저로 전직을 한 경우가 많은데 이에 대한 증권회사별 통계도 없습니다. 또 30대 후반과 40대 시니어 애널리스트들 중 적지 않은 이들이 제조업체에서 전직한 사람들인 상황도 이런 목적의 통계작업을 더욱 힘들게 합니다. 과거의 데이터가 없다 보니 미래를 전망하여 조언을 드리기가 힘듭니다.

그러나 제가 여의도에서 겪은 경험에 비추어 이렇게는 말씀드릴 수 있습니다. 신입으로 들어온 RA가 6~8년차라면 대기업에서 대리 2~4년차 정도의 시기에 해당한다고 볼 수 있는데, 이곳에는 대상 인원 중에서 3분의 1만 진급시키는 대기업식 구조는 없습니다. 늘 '사람'이 모자라는 곳이 애널리스트 업계이기 때문에 중간에 펀드매니저로 전직하지 않고 이 길로 매진하는 사람이 경력 6~8년을 지나 연봉 1억 원에 도달하는 것은 너무나 흔한 경우라서 통계를 낼 필요성조차 느끼지 않습니다. 통계를 내기 어려운 상황에서 확률로 말씀드리는 것이 오해를 살까 두려워 선뜻 제시하지는 않겠습니다.

다만 끈기와 의지를 가진 사람, 헝그리 정신을 가진 사람이 6~8년이 지나서 연봉 1억 원이 되지 않는 경우를 제가 여의도에서 생활하면서 보지 못했다고 말씀드릴 수는 있습니다. 그렇지 않다면 제가 이렇게 자신 있게 책까지 쓰지는 못했을 겁니다.

제조업체에서 전직하는 경우의 연봉 상승

이왕 제조업체 대기업과 비교를 했으니 제조업체에서 전직을 하는 경우의 연봉 상승에 대해서 설명을 드리겠습니다. 최근 몇 년간의 사례를 2011년 기준으로 환산해보면, 제조업체에서 5,000만~7,000만 원 정도를 받던 고참 대리에서 차장들이 애널리스트 연봉 8,000만~1억3,000만 원 수준으로 전직한다고 정리할 수 있겠습니다. 리서치센터의 인건비 예산 기준으로 볼 때 연봉 1억5,000만원을 넘어가는 경우 산업계에서 애널리스트를 충원하기에는 무리가 있다고 보는 것이 리서치센터장들의 대체적인 반응입니다.

제조업체의 업무 스타일이 몸에 배어 있고 여의도에 고객이 전혀 없는 상태에서 전직한 사람이 애널리스트 1년차에 얼마나 성과를 낼지 뽑는 사람도 확신을 할 수가 없기 때문에 더 이상의 금액을 지불하기는 쉽지 않습니다. 그 이상의 금액이라면 다른 증권회사에서 그 업무를 잘하는 주니어 애널리스트를 뽑는 것이 더 성공확률이 높고 리서치센터에 대한 기여도 또한 훨씬 높을 겁니다.

조금 일반화해 보면, 전직을 하면서 연봉이 1.5~2배 수준에 달한다고 말할 수 있습니다. 하지만 이 책을 보시는 분들이 애널리스트로의 전직을 고려한다면 이 기준에 너무 집착해서는 안 된다고 봅니다. 그랬다가는 전직 기회만 놓칠 수도 있습니다. 애널리스트로 전직을 결심한 사람의 경우에는 일단 진입을 하고 난 다음에 자신의 노력을 바탕으로 연봉 상승을 시도하는 것이 더 바람직합니다. 제조업체에 다니던 사람이 여러 가지 이유로 애널리스트로 옮기고 싶어 자기가 먼저 여의도에 노크할 때에는 연봉 인상폭이 1.5배가 채 안 될 수도 있습니다.

전직의 경위야 어떻든, 애널리스트 생활을 2년 정도 하고 나서 고객도 좀 생기고 이쪽 업계의 업무 스타일에 적응하는 데 성공한다면 연봉 상승의 기회가 충분히 있으니 안심하시기 바랍니다. 다른 증권회사로 전직을 꼭 하지 않더라도 지금 있는 증권회사에서 다른 증권회사에 빼앗기지 않으려고 적정 가치를 부여하기 때문입니다. 문제는 초기 2년의 적응기간입니다.

반면 어느 해에 특정 업종이 주식시장에서 부각되어 증권회사들이 그 해당 업종 출신의 직원들을 뽑으려고 혈안이 되어 있을 때는 협상조건이 유리해져서 전직에 따른 연봉 상승폭은 꽤 높아집니다. 가장 최근의 예는 2007년에 KOSPI 2,000포인트 돌파의 주도 업종이 조선 업종이었을 때 조선 애널리스트 품귀 현상이 일어난 경우입니다. 그해에만 대우조선에서 한꺼번에 네 명이 여의도로 진출한 적이 있었습니다. 2010년에는 IT 업종과 자동차 업종이 주도업종이 되면서 사람이 모자라는 상황을 맞았습니다.

여의도 애널리스트 업계는 늘 '사람'이 부족한 곳이기 때문에 앞으로도 이런 일은 반복될 겁니다. 여의도로 전직할 때 주식시장 상황이나 자신의 전직 동기에 따라서 연봉 상승폭은 조금씩 달라질 수 있지만 너무 고정된 인상폭에 집착하지 말고 전직 이후 자신의 중장기 비전에 더 집중해야 한다는 것이 선배 전직자로서의 조언입니다.

노파심이기를 바라지만 애널리스트로 전직하는 것과 관련해서 여기서 꼭 언급하고 싶은 것이 있습니다. 젊은 학생들이 산업계에서 애널리스트로 전직하는 경우에 대해 과도한 기대를 할까 두려워서입니다. 최근 애널리스트를 뽑기 위한 신입사원 면접에 들어가 보면, 여의도 밖의 사회생활 경력이 일이 년밖에 안 된 사람들이 애널리스트 신입사원으로 지원하는 경우가 더러 있습니다.

대화를 나누다보면, 애널리스트를 하고 싶었는데 기회가 닿지 않아서 제조업체를 거치고 들어온다는 사람들이 있습니다. 어디서 주워들은 말인지 산업계를 다니다가 애널리스트로 전직하는 경우를 말하는 듯했습니다. 그러나 그건 말도 안 되는 소리입니다. 자기가 선택하여 다니는 직장에 대한 애착도 없이 월급만 축내면서 다른 곳으로 옮길 궁리나 하다가, 이렇게 일자리가 귀한 시대에 그 소중한 직장을 징검다리 정도로 이용했다는 점에서 조직원의 자세가 결여된 사람들이라 판단하기에 우리 면접관들은 바로 탈락시킵니다.

독자 여러분이 저 같은 리서치센터장이라면 조직에 대한 최소한의 충성심도 없는 그런 사람을 직원으로 뽑겠습니까? 프로페셔널들이 일하는 세계에 그처럼 아마추어적인 생각을 하는 사람이 발붙일 곳은 없습니다. 제가 기억하기로 그런 젊은이를 여의도 애널리스트로 뽑은 경우를 듣지도 보지도 못했습니다.

우리가 산업계에서 애널리스트를 충원할 경우, 제 경험으로 판단할 때 최소 5년 이상 근무한 사람을 대상으로 합니다. 즉, 그 직장에 잘 다닌 업종 전문가(Industry Specialist)로서 그 업종에 대한 이해가 충분한 사람을 애널리스트로 모셔 오기 위해서 현재 그 사람이 받고 있는 수준보다 상당히 높은 연봉을 지불하는 겁니다. 여기에는 기존 직장에서 쌓아 온 기득권을 포기하고 전직을 하는 위험에 대한 대가도 포함되어 있습니다.

제조업체와는 완전히 다른 업무 환경과 문화에 적응하는 데는 상당한 위험이 따릅니다. 증권업계에서 제조업체로 스카우트 제의가 많이 들어가고 그중 많은 분들이 거절합니다. 여기에 응하는 분들은 직장생활을 하면서 자신의 미래와 관련하여 변화를 도모하거나, 개인적인 사정으로 연봉을 훨씬 더 벌어야 하기 때문에 헝그리 정신으로 무장할 수밖에 없는 경우가 많습니다.

그런 분들, 즉 애널리스트로 진입하여 살아남지 않으면 안 되는 사정이 있는 분들만이 죽을 각오로 일해야 살아남을 수 있습니다. 혹시 젊은이들 중에서 세상살이에 대한 깊은 고민 없이 이것저것 집적대보는 사람들이나 사회생활에 적응하지 못해서 쉽게 포기하고 다른 생각을 하는 사람들이 얼굴을 들이밀 만큼 만만한 곳으로 애널리스트 업계를 생각하고 이 책을 들지는 말아주시기를 당부합니다. 면접에서 한심한 젊은이들을 본 날은 하루 종일 무척이나 속이 상합니다.

다양한 보너스

앞서 잠깐 말씀드린 바처럼 애널리스트의 연봉 1억 원은 일반 직장인의 연봉 1억 원과는 개념의 차이가 있습니다. 1년 단위로 계약하는 애널리스트의 연봉 1억 원에는 그 1년에 해당하는 퇴직금이 포함되어 있다는 점입니다.

계약은 1년 단위로 하지만 모든 후생복지는 정규직과 똑같이 적용을 받기 때문에 창립기념일, 노동절, 각종 명절의 기념 선물뿐만 아니라 휴가비, 의료비, 학원비, 자녀 학자금 지원 등 모든 점에서 정규직과 동일하게 받습니다. 애널리스트들도 증권회사 내에서는 경력과 나이 등을 고려하여 사원, 대리, 과장, 차장, 부장, 이사, 상무 등의 직급을 부여받습니다. 그리고 정규직의 직급 및 임금 체계에 추가되어 기본 연봉이 책정되는 구조입니다.

다만 같은 직급의 사람들보다 연봉을 훨씬 많이 받기 때문에 매년 성과에 따라 재계약을 하고 퇴직금도 매년 정산하는 것입니다. 어쨌든 연봉 1억 원에 1개월 치 월급에 해당되는 퇴직금이 포함되었기 때문에 그에 해당하는 13분의 1인 7,692,308원을 뺀

92,307,692원이 일반적인 정규직들의 연봉과 비교하는 기준이 됩니다.

왜 굳이 애널리스트 연봉에 퇴직금까지 다 포함할까 하는 의문이 생길 수도 있겠습니다. 여기에는 여러 가지 실무적인 이유가 있습니다. 우선 애널리스트의 계약은 통상 1년 단위이기 때문에 증권회사의 회계연도가 끝나는 3월 말에 재계약을 하면서 연봉 인상, 보너스 지급, 퇴직금 중도 정산 등이 동시에 이루어지게 됩니다.

애널리스트들은 보너스를 고대하면서 1년 동안 열심히 일하기 때문에 보너스가 지급되는 4월 말이 지나고 5~6월경에 전직을 하는 경우가 적지 않습니다. 또 재계약을 하면서 연봉 인상률에 대한 불만 때문에 전직을 하기도 하는데 어쨌든 연중으로 보면 봄에서 여름 직전까지가 애널리스트의 이동이 가장 잦은 시기입니다. 증권회사의 회계 결산과 애널리스트들의 이동 등의 이유 때문에 증권회사에서 전체 인건비에 대해서 연간 예산을 짤 때나 결산기 말에 비용으로 회계 처리를 할 때 리서치 부문의 경우에는 퇴직금과 보너스를 한꺼번에 처리하는 것이 실무적으로 편리한 점이 많습니다.

퇴직금뿐만 아니라 보너스까지 결산기말에 한꺼번에 회계 처리하는 것은 애널리스트들이 전직을 하면서 받게 되는 보너스 형태가 복잡하기 때문에 연간 총 현금 금액을 기준으로 하는 것이 회사나 애널리스트나 모두 이해하기가 편합니다. 그 다음 해에는 또다른 형태의 재계약을 하기 때문입니다.

퇴직금은 1년 일하면 대략 1개월 치가 적립되는 구조인데, 애널리스트들의 경우 매년 정산하고 정규직원들은 퇴직할 때 받거나 그 전에 중도 정산할 수 있다는 제도적인 차이점만 있을 뿐입니다. 애널리스트 보너스의 경우에는 정규직원과 달리 상당히 복잡한 구조를 가지는 경우가 적지 않습니다. 특히 전직할 때 그런 경우가 많습니다.

국내 증권회사 애널리스트의 보너스는 외국계 증권회사의 관행을 그대로 받아왔다고 보시면 됩니다. 그럴 수밖에 없는 것이 국내 증권회사의 리서치 시스템은 1998년 외환위기 이후 국내 증권회사들이 리서치를 강화하면서 외국 증권회사의 시스템을 모방했기 때문입니다.

애널리스트의 보너스 가운데 매년 3월 말 증권회사가 결산을 하고 나서 4∼5월 월급날에 지급하는 성과급(Performance Bonus 또는 Performance Incentive)이 가장 대표적입니다. 그런데 이 보너스는 애널리스트 업계에만 있는 것이 아니라 증권회사 정규직, 은행, 제조업체 등 모든 회사가 같은 형태이며 명칭만 조금씩 차이가 난다고 보시면 될 겁니다. 매년 1월 신문에서 결산기가 12월 말인 삼성전자, 포스코, 현대자동차 등의 직원들이 풍성한 보너스를 받는다고 하는 기사에서 보는 것과 같은 형태입니다. 다만 증권회사나 은행 같은 금융기관들은 3월 말이 결산기이기 때문에 이 보너스가 4∼5월에 지급되는 것뿐입니다.

다만 애널리스트의 연봉이 정규직이나 일반 제조업체보다 워낙 높기 때문에 성과가 좋은 애널리스트의 경우 보너스 금액이 정규직원보다 훨씬 많게 되는 겁니다. 통상 애널리스트는 이 시기에 재계약을 하면서 대폭적인 연봉 상승과 동시에 보너스를 기대하며 1년 동안 열심히 일합니다. 이날을 학수고대합니다. 애널리스트들이 2분기, 특히 5~6월에 이사를 하거나 차를 바꾸는 경우가 많은 것은 이런 구조 때문입니다.

한편 애널리스트 업계에는 다른 직업에는 없는 보너스들이 있습니다. 사이닝 보너스(Signing Bonus)와 보장 보너스(Guaranteed Bonus)가 대표적입니다. 사이닝 보너스는 전직을 할 때 계약서에 서명하고 출근하는 첫 날, 또는 첫 달 월급날에 받는 것입니다. 새로운 증권회사와 전직 계약을 하고도 기존 증권회사에서 강하게 잡으며 기존 연봉보다 올려 계약하여 주저앉히는 경우도 있기 때문에 이를 방지하기 위해 외국계 증권회사에 관행화된 제도가 국내 증권회사에도 도입되었습니다.

쉽게 말해서 계약을 지켜 출근한 데 따른 보상인데 유능한 애널리스트는 귀하고 데려가고자 하는 곳은 많아서 생긴 관행입니다. 얼핏 보면 신의 없는 사람들이나 비정상적인 관행으로 보일 수도 있지만, 애널리스트 업계가 늘 '사람'이 모자라는 곳이기 때문에 발생하는 겁니다.

보장 보너스는 전직하면서 1년 계약 기간 말에 받을 보너스를 미리 확정하여 계약서에 표기하는 것을 의미합니다. 사이닝 보너스를 1년 후에 받는다는 것을 법적인 효력이 있는 계약서에 명기하는 것인데 1년 안에 전직을 하면 받지 못하게 됩니다.

보통 사이닝 보너스와 보장 보너스는 기본 연봉에 포함시키지 않으며, 따라서 퇴직금 산정에 영향을 주지 않습니다. 나아가 다음해의 재계약과 통상적인 보너스 산정을 할 때에도 기준이 되지 않는 경우가 많습니다. 그러나 애널리스트 계약의 내용은 아무도 모르기 때문에 정확히 단정하기는 어렵습니다.

어쨌든 보너스 규정에 따라서 연간 계약에 반영되는 퇴직금도 상당히 복잡해지는 것이 사실입니다. 이런 사정이 있기 때문에 회사 입장에서나 애널리스트 입장에서나 연봉과 퇴직금, 보너스를 모두 다 포함하여 1년에 받을 총 금액을 전직할 때의 의사결정 기준으로 삼고, 회사 측은 리서치 예산을 짤 때의 주요 기준으로 보는 경향이 생겼습니다.

이런 복잡한 배경이 있기 때문에 리서치센터의 전체 보너스를 1년마다 산정할 때 퇴직금까지 포함한 기본 연봉의 합산인 총 인건비에 대한 퍼센티지로 표시하고 개별 애널리스트의 업적을 평가할 때도 동일한 기준으로 지칭하는 문화가 정착되었습니다.

예를 들어, 특정 리서치센터 연간 총 인건비 또는 애널리스트 전체 연봉의 30퍼센트가 그 해의 보너스로 3월 말에 배분되었다고 가정하겠습니다. 개별 애널리스트들은 성과 평가에 따라서 연봉의 50~100퍼센트를 받기도 하고 10퍼센트 미만을 받기도 합니다. 업무 성과가 부진한 사람은 보너스도 못 받을 뿐 아니라 연봉이 삭감되기도 합니다.

그해에 자기가 맡은 업종이나 업무가 시장에서 인기가 있거나 성과를 두드러지게 보여 연봉의 50~100퍼센트에 해당되는 금액을 보너스로 받는다고 가정해보십시오. 거기다가 상당한 폭으로 연봉이 인상된 재계약을 했다면 어떤 기분일 것 같습니까? 애널리스트의 나이나 경력과 상관없이 큰 금액일 수밖에 없습니다.

저도 애널리스트 4년차였던 2005년에 이런 경험을 했는데 완전히 돈벼락을 맞는 기분이었습니다. 돈벼락이라는 표현은 2005년 4월 21일 월급날에 보너스와 인상된 연봉이 한꺼번에 통장에 찍힌 것을 본 제 아내의 입에서 나온 말입니다. 저는 그로부터 두 달 뒤에 난생 처음으로 제 명의로 된 집을 샀습니다. 이때의 기억은 제 인생의 '첫 경험'으로 더욱 뚜렷이 남아 있습니다.

평가와 보너스의 비민주성

애널리스트 업계의 성과 평가와 보너스 지급은 극단적인 비민주성을 띕니다. 평균이라는 개념이 아예 존재하지 않는 곳입니다. 평가에 대한 민주성이나 온정주의를 기대하는 사람도 없지만 있어서도 안 되는 곳입니다. 자신의 성과에 따라서 보너스를 많이 받거나 아예 못 받거나 하는 상황을 전혀 이상하게 생각하지 않습니다.

기본 연봉이 높기 때문에 한해 보너스를 못 받았다고 생활이 쪼들리는 것도 아닙니다. 담당하는 업종의 시황이 좋지 않거나 자신이 성과를 못낸 해에 보너스를 받지 못해도 그 다음해를 기약하며 부지런히 일합니다. 2008년 9월에 리만 브라더스 부도로 금융위기가 터지고 2009년 3월 말에 보너스를 기대할 수 없었지만 다들 2010년 3월 말을 기약하며 각고의 노력을 했습니다. 그래서 대부분의 애널리스트들이 성과에 따라 비민주적인 결과로 나타난 보너스를 다시 받았습니다. 애널리스트 업계의 이런 특성은 역사 자체가 말해줍니다. 지금까지도 그래 왔고 앞으로도 그럴 겁니다.

우리 업계는 누가 열심히 하라 마라 할 필요가 없는 곳입니다. 남의 연봉이나 보너스에 관심 가질 시간에 자신이 더 노력해서 좋은 평가를 받고 연봉 인상과 보너스를 기대하는 사람들입니다. 제가 이 책에서 남녀차별, 학벌차별이 가장 없는 직업이라고 말씀드리는 이유도 바로 이런 구조 때문입니다. 사회 이념적인 정의의 관념 때문이 아닙니다.

제가 애널리스트를 '세상에서 제일 좋은 직업'이라고 말씀드리는 것은 기본 연봉이 다른 직업과 비교할 수 없이 높다는 것뿐만 아니라 보너스, 평가, 재계약에 작동하는 시스템 때문이기도 합니다. 거기에는 어떤 차별도 통하지 않고 파벌도 통하지 않습니다. 오로지 자신의 노력의 결과에 따른 평가, 그리고 그 평가의 극단적인 비민주성이 갖는 효율성 때문입니다. 이 구조가 우리 애널리스트 업계를 발전시켜 왔고 앞으로도 더 발전시킬 원동력입니다.

연봉 상승에는 평균이 없다

애널리스트 경력 6~8년차에 연봉 1억 원에 도달하고 30대 후반~40대 중반 톱클래스들의 연봉이 2억~3억 원대라고 밝혔습니다. 그런데 이 대목을 보면서 웬만큼 햇수만 채우고 나이만 차면 그 정도를 받게 되는 것으로 오해할까 두렵습니다. 우리 세계는 그런 곳이 아닙니다.

먼저, 연봉 1억 원에 도달하는 데도 경력 6~8년차보다 더 빠른 경우와 훨씬 느린 경우가 모두 존재합니다. 증권회사 리서치센터의 신입사원인 RA로 들어와 통상 이삼 년간의 도제 훈련 기간을 거치고 나면 주니어 애널리스트로 올라설 수 있는 시기를 맞게 됩니다.

이때 다른 RA보다 빠른 일이 년 만에 주니어 애널리스트로서 발탁되고 그 이후 발군의 실력을 보여서 입사 이후 사오 년 사이에 연봉 1억 원에 도달하는 경우도 적지 않습니다. 다른 증권회사의 스카우트 제의를 받고 옮기면서 그 수준의 연봉에 도달하기도 하고, 소속 증권회사에서 그 애널리스트를 놓치지 않기 위해 붙잡으면서 연봉 1억 원에 도달하기도 합니다.

반면 RA에서 주니어 애널리스트로 올라서는 데 남들보다 늦어 독자적인 주니어 애널리스트가 되는데 4~5년이 소요되는 경우도 있습니다. 시장 전체를 보는 매크로 쪽은 업종 애널리스트 쪽보다 훈련 기간이 훨씬 오래 걸립니다. 또 주니어 애널리스트가 되어 두각을 나타내는 데 오래 걸리는 사람은 당연히 다른 증권회사에서 스카우트 제의를 받을 정도로 성장하는 데 시간이 오래 걸린다는 뜻입니다.

자기가 맡은 업종의 시가총액이 너무 적어서 스카우트 수요가 많지 않은 경우에도 연봉 1억 원에 도달하는 데 걸리는 시간이 길어질 수 있습니다. 그리고 경제, 전략 등 매크로 분야의 경우에는 펀드매니저에게 독자적인 서비스를 할 수준이 되려면 상당한 경력과 내공이 필요하기 때문에 주니어 애널리스트들이 쟁쟁한 시니어 애널리스트들 사이에서 차별화된 주목을 받기가 쉽지 않을 수도 있습니다. 제가 이 책에서 연봉 1억 원에 도달하는 연차를 밝히는 것은 우리 세계를 잘 모르는 분들에게 대략의 그림을 보여드리려고 하는 것이지 구체적인 일정표를 제시하는 것이 아님을 명심해주시기 바랍니다.

앞에서 여의도 생활 15년쯤 시니어 애널리스트의 연봉이 2억~3억 원에 이른다는 말씀을 드렸습니다. 그런데 그 수준에 미달하는 시니어 애널리스트들도 분명히 존재합니다. 남자 애널리스트로서 대학을 졸업하고 바로 여의도로 와서 마흔 살이 넘었는데도 연봉 1억~1.5억 원 선에 그치는 사람들도 저는 알고 있습니다. 10년 이상 애널리스트 업계에 있었는데도 스카우트 손길이 미치지 않은 사람들입니다.

하지만 그들조차도 누적 연봉 기준으로 따지면 제조업체에 다니는 사람들보다 비교할 수 없이 많고 증권회사 정규직원보다도 상당히 많습니다. 그러나 나이나 경력이 같은 여의도 톱클래스 애널리스트보다는 꽤 적습니다. 여의도에서 같이 일하는 후배 애널리스트들이기 때문에 프라이버시를 생각해서 자세하고 길게 기술하고 싶지는 않습니다. 그러나 애널리스트라는 직업을 가지면서 톱클래스 고액 연봉자와의 거리를 좁히지 못한 채 이 직업을 마감하는 경우도 꽤 있다는 것을 유념할 필요가 있습니다.

애널리스트 업계에서 연봉 1억 원에 도달하는 시기, 2~3억 원대로 올라서는 가능성 등에 대해서는 일률적인 기준이 없고 평균이라는 개념도 없습니다. 말씀드린 것처럼, 연봉 상승과 보너스 평가에서는 극단적인 비민주성이 본질적인 특성인 곳입니다. 성과에 따른 격차만 존재하지 평균은 존재하지 않습니다. 나이와 경력을 전혀 고려하지 않는 것은 아니지만 일한 성과를 기준으로만 연봉 상승과 보너스를 평가하는 시스템이 기본 구조이기 때문입니다. 그렇다고 일이 년 반짝 잘했다고 젊은 나이에 모든 것이 주어지는 어설픈 곳은 아닙니다. 변화무쌍한 주식시장은 일하면 할수록 시장참가자들을 겸손하도록 만드는 곳입니다.

RA 시절을 지나 독립적인 애널리스트가 되고 나서 5년 이상 꽤 오랫동안 주목받을 만한 위치를 유지해야 반열에 올라선 애널리스트로 대접받습니다. 프로야구 타자가 5년이 넘도록 부상 없이 정규 시즌을 모두 소화하면서도 매년 3할대 타율을 유지하는 것이 쉽지 않은 것과 유사합니다.

애널리스트가 돈을 더 벌고 싶으면 일을 더 열심히 해서 자신의 고객을 더 많이 만들고 고객들에 대한 자신의 영향력을 극대화하기 위해 노력하면 됩니다. 연봉이 어느 수준에 올라서면 자신의 취미생활에도 관심을 기울이기도 하고 애널리스트 이후의 생활을 준비하기도 합니다. 그 틈에 주니어 애널리스트들이 치고 올라오기도 합니다. 애널리스트를 평가하는 주요 고객인 펀드매니저들은 펀드 수익률에 피 말리는 노력을 하기 때문에 자신들에게 도움이 되는 애널리스트를 철저히 가려냅니다. 애널리스트 업계는 안면 장사를 할 수 있는 곳이 아닙니다. 고객에게 실질적인 도움을 주느냐의 기준에 따라서 매년 극단적인 비민주적인 평가를 받습니다.

저는 골프를 배우지 않았습니다만 동료나 후배 애널리스트들을 보면 취미로 골프에 시간을 할애하는 사람들도 많고 또 고객과 소통하는 창구로 삼기도 합니다. 시니어 애널리스트 중에는 연봉 상승을 위한 노력보다는 애널리스트 이후를 위한 준비에 시간을 투자하는 사람들도 있습니다. 우리 업계의 이런 특성 때문에 한참 주가를 올리는 주니어 애널리스트가 시니어 애널리스트보다 연봉이 많다고 해서 시니어 애널리스트가 서운해하거나 낙담하는 일은 없습니다. 특정 해의 연봉보다는 장기적인 상승 트렌드와 그것을 유지하는 것이 더 중요하다는 말씀을 드리고 싶습니다.

2
굵고 오래 간다

자동차 업종 담당 애널리스트를 하는 동안 저는 공중파 TV에 나간 적이 꽤 많았습니다. 자동차라는 아이템이 누구나 관심을 가지는 소비재일 뿐만 아니라 고용과 관련한 중요 산업이라서 세계 각지에서 중요한 이슈가 끊이지 않습니다. 또한 자동차 업종이 주식시장에서 차지하는 비중이 상대적으로 높기 때문에 자동차 애널리스트들이 방송 인터뷰를 많이 합니다. 주요 일간신문이나 경제신문에서 제 보고서나 의견이 실린 경우는 셀 수 없이 많았습니다.

눈치 채신 분들도 있겠지만 제 이름이 좀 독특합니다. '용대인'이란 이름은 대한민국에 단 하나밖에 없습니다. 저를 아는 그 누구라도 인터넷에서 검색해보면 금방 제가 애널리스트로 밥을 먹고 있다는 것을 알게 됩니다. 오랫동안 소식이 끊어졌던 학교 친구들은 물론이고 시골에 있는 고향 친구들도 이런 식으로 제게 연락을 해오기도 했고 직접 만나기도 했습니다. 애널리스트 생활을 하면서 얻을 수 있는 부수입 가운데 하나가 퍼스널 브랜드(Personal Brand), 즉 이름값이 생기는 것이라는 선배님들의 말씀이 가슴에 와 닿았습니다.

이렇게 만난 친구들뿐만 아니라 제가 사는 아파트의 이웃들이나 슈퍼 아저씨, 아이들 학교의 담임선생님이나 같은 반 학부모들도 제 직업이 애널리스트라는 것을 알고 묻곤 합니다. "주식시장이 어떻게 될 것 같아요?", "좋은 종목 없어요?" 그리고 그 다음에 빠지지 않고 이어지는 질문이 있습니다. "신문 보니까 애널리스트들 연봉이 꽤 높은 것 같더군요. 그런데 계약직이라서 언제 잘릴지 모른다면서요?"

그들의 말투에서 일종의 부러움을 읽을 수 있는 한편, 제 직업의 불안정성을 확인함으로써 자신들의 '얇지만 길게 가는' 직업에 대한 안도감을 확인하려는 의도도 엿보입니다. 이 책을 읽는 분들 중에서도 비슷한 의문을 떠올리는 분들이 있을 것 같습니다. 그 동안엔 지인들의 이런 질문에 길게 답변하지 않았습니다만, 여기서 그 질문에 대한 설명을 자세히 드리려고 합니다.

20년 이상 현역으로 뛴다, 그리고 수명이 더 길어진다

앞서 말씀드린 대로 증권회사의 리서치 업계는 2005년 이후 무척 많은 변화가 있었습니다. 그중에서도 애널리스트의 연봉이 대폭 올라갔고 그 수명이 길어졌다는 점이 중요한 변화라고 할 수 있겠습니다. 연봉 이야기는 앞에서 했으니 여기서는 수명 이야기를 하겠습니다.

제가 애널리스트를 시작한 2002년만 해도 현역 애널리스트의 수명은 40대 초반이면 끝나는 분위기였습니다. 그러나 2007년부터 최근까지의 동향은 40대 중후반까지 연장되었으며 50대 초반의 현역 애널리스트도 생겨나고 있습니다. 제가 아는 어떤 분은 50대 중반인데도 현역 애널리스트로 일하고 있습니다. 2011년에는 애널리스트로서 정년퇴임을 하신 분도 나왔습니다. 한국에서는 처음 있는 일입니다. 그분은 관리직 임원으로의 승진보다는 애널리스트가 더 적성에 맞아서 직장생활의 전부를 리서치센터에서만 보낸 것입니다.

어쨌든 지난 10년간 애널리스트의 수명이 10년 이상 늘어난 겁니다. 대학을 졸업하고 입문하는 남자라면 20년 이상 현역 애널리스트 생활을 하게 되는 겁니다. 여자 애널리스트들도 40대 중반까지 연령대가 확장되고 있습니다. 여자들이 애널리스트 업계로 진출한 것이 상대적으로 늦었기 때문에 50대 여자 애널리스트는 아직까지 없는 것으로 파악됩니다. 어쨌든 여자들도 20년 이상 할 수 있다는 말이 됩니다.

현재 선진국 애널리스트들의 수명이 한국 애널리스트들의 수명보다 훨씬 길다는 점도 긍정적인 요소입니다. 한국 경제가 앞으로도 계속 성장한다고 가정할 때, 최근 몇 년간 애널리스트의 수명이 길어지는 경향이 향후에도 지속될 것이라는 점을 시사하고 있기 때문입니다.

외환위기 이후 지난 10여 년간 한국사회는 엄청나게 변했습니다. 2010년 어느 신문에서 한국의 전후 베이비붐 세대인 1955년~1963년 출생자들에 대한 조사를 했는데 '인생에서 가장 충격적인 사건'으로 절대 다수가 1998년의 외환위기를 꼽았습니다. 1960년 중후반에 태어난 저희 세대도 마찬가지입니다. 1998년 이후로 한국사회는 모든 것이 그 이전과 완전히 달라졌습니다. 제 아버지 세대가 누렸던 평생직장을 보장하는 직업은 이제 없다고 해도 과언이 아닙니다. 정년이 있다는 직업들도 그 정년이 지켜지지 않고 있으며, 어떻게든 정년까지 채우려들면 후배들의 눈총을 받는 굴욕을 감수해야 합니다.

그러나 애널리스트들에겐 오로지 개인의 노력과 능력만이 본인의 거취에 거의 유일하게 영향을 주며, 자신의 직업적 안정성을 확보하는 것도 자신의 노력에 달려 있습니다. 그리고 한국에 애널리스트 업계가 정립된 지 얼마 되지 않아서 '현역 애널리스트 이후의 경력'에 대해서는 이제야 사례들이 만들어지고 가시화되고 있는 형편입니다. 이런 흐름은 더욱 다양해질 것으로 보입니다. 이 이야기는 뒤에 다시 설명 드리겠습니다. 일단 여기서는 늘어난 수명과 신분의 안정성에 초점을 맞추겠습니다.

계약직이라서 함부로 잘린다? — 말도 안 되는 소리

애널리스트가 정규직인 아닌 계약직이라서 신분이 불안하다고 요? 그렇다면 한국사회에서 이른바 정규직의 상황은 어떨까요? 1998년 한국이 외환위기에 빠졌을 때 제조업체와 금융권에서 잘려 나간 헤아릴 수 없이 많은 사람들 모두 정규직이었습니다. 그 이후 지금까지도 상황은 크게 달라지지 않았습니다. 통신업계, 정부, 공사, 은행, 제조업체 그 어느 곳을 가릴 것 없이 한 직장에서 시도 때도 없이 수백 명, 수천 명씩 뭉텅이로 '희망퇴직' 당하는 정규직들을 흔하게 볼 수 있습니다. 뿐만 아니라, 대학을 졸업하고 제조업체에 입사해서 과장이 되는 10여 년 사이에 입사 동기들의 3분의 2 이상이 승진에서 누락하여 사실상 잘려나가고 3분의 1도 안 되는 숫자만이 살아남습니다. 잘려나간 그들도 모두 정규직입니다.

반면 늘 '사람'이 모자라는 국내 애널리스트 업계에서는 제가 여의도에 온 1999년 이래 한 번도 구조조정이라는 것이 없었습니다. 희망퇴직이라는 것도 없었습니다. 앞으로도 그런 일이 있을 것 같지 않다고 전망하는데, 그 이유도 뒷부분에서 설명 드리겠습니다. 어쨌든 애널리스트들은 일반 제조업체에서 정규직과 같은 일을 하고도 훨씬 낮은 임금을 받는 비정규직과 같은 의미에서의 '계약직'이 아닙니다. 오히려 제조업체보다 급여수준이 높은 증권업계에서도 애널리스트들에게 정규직 사원들보다 훨씬 더 많은 급여를 줘야 하는 특수한 상황이기 때문에 이들을 '전문 계약직'으로 고용하는 겁니다.

참고로 외국계 증권회사 애널리스트는 국내 증권회사 애널리스트와는 상황이 완전히 다릅니다. 외부 상황이 힘들어질 때 사전에 아무런 예고 없이 바로 잘리는 경우를 자주 목격합니다. 리만 브라더스 부도로부터 3개월이 지난 2008년 12월 말의 어느 날이었습니다. 저는 외국계 증권회사에서 일하던 후배 애널리스트로부터 황당한 전화 한 통을 받았습니다. 주식시장이 끝난 오후 3시 30분에 갑자기 인사명령이 떨어져서 바로 그날 오후 6시까지 짐을 싸서 사무실을 나가라는 통보를 받았다고 했습니다. 그날 오후 3시 30분 이전까지는 어떤 낌새나 언질도 받지 못했다는 겁니다.

그러나 국내 증권회사에서는 이런 일이 없습니다. 제가 여의도에서 생활한 지난 13년간 한 번도 들어본 적이 없습니다. 제 후배가 단 두 시간 만에 짐을 싸야 했던 그 시기에 우리는 어땠을까요? 국내 증권회사에서는 연봉이 많은 시니어 애널리스트들이 증권회사 정규직원이나 임원과 같은 비율로 연봉을 소폭 삭감했습니다. 연봉이 상대적으로 낮은 주니어 애널리스트들은 대부분 동결을 했을 뿐입니다. 그리고 2010년 초에는 정규직들과 시니어 애널리스트들의 연봉도 다시 원상회복 되었습니다. 물론 평가에 따라서 원상복구 이상으로 연봉이 상승한 애널리스트들도 상당히 많습니다. 미국 발 글로벌 금융위기로 1930년대의 대공황이 다시 올지도 모른다고 걱정하던 그 무시무시한 2009년 초에도 국내 애널리스트 업계는 애널리스트들을 구조조정하지 않았던 거죠. 이 책을 좀 더 읽으면 그 이유를 아시게 될 겁니다.

그러나 철밥통은 아니다

그럼 국내 증권회사 애널리스트들은 연봉이 많은 데다 철밥통이기까지 하냐고요? 당연히 그렇지 않고 그래서도 안 됩니다. 성과가 나쁜 애널리스트와 재계약을 하지 않는 경우가 더러 있습니다. 성과로 평가 받는 프로페셔널의 세계이기 때문에 당연한 현상입니다. 그렇기 때문에 애널리스트들이 열심히 일해서 성과를 내고 정규직원들보다 연봉을 더 받고 보너스도 받는 겁니다. 국내 증권회사가 애널리스트와 재계약을 하지 않는 경우를 설명 드리겠습니다.

어느 애널리스트가 그 직전 1년간의 성과가 좋지 않았다고 가정해봅시다. 이런 경우 국내 증권회사의 리서치센터장들은 해당 애널리스트에게 연봉 동결이라는 조건을 제시하는데, 이것은 회사와 애널리스트 사이에 서로 1차적으로 경고를 주고받는 것으로 해석합니다. 해마다 3~4퍼센트씩 물가가 상승하기 때문에 연봉이 동결만 되어도 애널리스트들은 경고로 받아들입니다. 애널리스트가 몇 년에 걸쳐서 업무를 하다 보면, 추천 종목의 주가 상승과 하락 시점에 대한 전망이 틀릴 때도 있고 전체 시장을 잘못 예측할 때도 있습니다.

그런데 2년째도 성과가 나지 않는 경우가 발생하면 연봉을 상당히 삭감하거나 재계약 자체를 하지 않는 것도 검토합니다. 그러나 상당한 기간의 수련을 거치고 경험이 축적된 애널리스트들이 2년이나 성과를 내지 못하는 경우는 일을 못한 것이 아니라 일을 하지 않은 것으로서, 아주 예외적인 일에 속합니다. 이런 경우는 대부분 첫 번째 해에 업무적인 슬럼프가 왔거나 자신이 맡은 업종의 시황이 좋지 않았는데 두 번째 해에 공교롭게도 건강이나 이혼 등의 개인 사정으로 업무에 집중할 수 없는 상황이 겹치는 경우입니다. 즉, 두 번째 해에 업무에 집중할 수 없는 사유가 발생하는 경우가 발생되면 회사와의 재계약이 불투명해집니다. 불투명하다는 것은 리서치센터장이 고민을 한다는 의미이지 바로 재계약 불가 통보를 한다는 의미가 아닙니다. 어쨌든 이런 경우에는 여러 가지 상황에 따라서 재계약이 안 되는 경우가 발생하기도 합니다.

그러나 국내 증권회사는 애널리스트와 재계약을 하지 않기로 결정하고서도 외국계 증권회사처럼 사전 통보 없이 하루 만에 짐 싸라고 독촉하며 쫓아내는 것은 상상도 할 수 없습니다. 대략적인 관행은 이렇습니다. 계약 종료기한인 3월 말을 두세 달 앞둔 연말연초에 리서치센터장들이 해당 애널리스트를 조용히 불러서 사전에 말해줍니다. 그러면 해당 애널리스트는 그 기간 동안 자신의 다음 직장을 찾습니다. 게다가 연말연초에 재계약이 어렵다는 이야기를 하는 경우에도 그 이전에 한두 차례 언질을 주는 경우가 대부분입니다.

여의도 주식회사

왜 재계약을 하지 않게 될 때 이토록 신중하게 통보하면서 다른 직장을 찾을 시간적 여유를 주냐고요? 우선 한국적인 정서가 작용하는 부분도 있어 동고동락한 세월을 고려하기 때문입니다. 그리고 무엇보다 중요한 이유는 애널리스트 업계 자체가 갖는 '여의도 주식회사'라는 특성 때문입니다.

애널리스트를 내보낼 때 너무 야박하게 하면 그 회사의 후진 리서치 문화, 또는 그 리서치센터장의 야박한 스타일이 여의도에 알려지게 됩니다. 애널리스트들 사이에서는 '가서는 안 될 증권회사' 또는 '피해야 하는 리서치센터장'이라는 인식이 퍼져 외부 애널리스트 스카우트에 애로를 겪습니다. 야박한 리서치센터장이라는 평판이 나면 많은 돈을 주고도 좋은 애널리스트를 데리고 올 수 없으며, 있던 애널리스트들도 남의 일이라고 생각하지 않아서 보따리를 싸는 경향이 있습니다. 다시 말해 조직관리를 제대로 할 수 없는 지경이 되어버립니다. 한 나라의 대통령이나 한 회사의 대표이사가 권한 자체로만 보면 절대적이지만 모든 것을 마음대로 할 수 없듯, 리서치센터장도 리서치센터에서의 위치는 절대적이지만 자기 마음대로 할 수 없는 부분도 많습니다.

여의도 주식회사라는 표현은 우리 애널리스트 업계의 애널리스트들이 소속된 증권회사는 각각 다르지만 하나의 동질적인 집단이며, 서로 수많은 네트워크로 그물처럼 짜여 있음을 말해줍니다. 지난 10년간 선배 리서치센터장들 중에서 야박한 분들은 거의 모두 끝이 좋지 않았고 애널리스트 업계에서 선배 대접조차도 받지 못하는 경우를 많이 보았습니다. 여기서 적시할 수는 없지만 현재 여의도 애널리스트 사이에서는 '가서는 안 될 증권회사' 또는 '피해야 하는 리서치센터장'에 대한 인식의 공감대가 존재합니다. 개인적으로는 동부증권 리서치센터가 그런 곳이 아니라는 점을 분명히 밝힐 수 있어서 다행입니다.

어쨌든 곧 취업을 준비하는 대학생이라면 수소문을 통해 애널리스트들 사이에서 '가서는 안 될 증권회사'가 어디인지 금방 파악할 수 있을 겁니다. 그런 곳을 피하는 것도, 모두가 기피하는 곳으로 들어가 진입장벽을 뚫은 뒤 다음 기회를 보는 것도 나름의 이유가 있는 선택이라고 할 수 있겠습니다. 다만 선택을 위한 충분한 정보는 수집하고 덤벼들어야 한다는 취지로 드리는 말씀입니다.

정리를 하자면, 국내 증권회사 전체적으로 볼 때 한 해 업무적으로 좀 부진했다고 해서 바로 재계약을 못하겠다고 나서지는 않습니다. 해당 애널리스트의 연봉을 동결하고 그 대신 성과를 낸 다른 애널리스트에게 충분한 보상을 하는 형태를 취합니다. 각 리서치센터의 애널리스트 전원이 동시에 아주 좋은 성과를 올리는 경우는 거의 없습니다. 주식시장이 아주 좋아서 전원이 두둑한 보너스를 받는 해도 있지만, 특정 해에 성과를 낸 애널리스트는 많이 보상을 하고 그렇지 않은 애널리스트에게는 박한 보상을 하는 것이 오히려 상례입니다. 앞에서 말씀드렸듯 연봉 동결 조건의 재계약도 기본적으로 연봉 수준이 높은 편이라 회사나 해당 애널리스트나 그것을 지나치게 심각하게 받아들이지는 않습니다.

애널리스트가 회사를 자르는 경우가 훨씬 더 많다

애널리스트들이 계약직이라고 해서 함부로 잘린다는 생각은 국내 증권회사에 관한 한 완전히 잘못된 생각입니다. 앞에서 예를 든 것처럼 애널리스트가 2년 연속 성과가 좋지 않다고 생각될 경우에도 여의도는 애널리스트의 수요가 공급을 늘 초과하기 때문에 전직 자체가 어렵지 않은 것이 현실입니다. 애널리스트 한 명을 양성하기가 얼마나 힘들고 오랜 시간이 걸리는지 외부에서는 상상하기 힘들 겁니다.

개인적인 슬럼프, 건강, 이혼 등 어떤 이유이든지 몇 개월간의 여행과 휴식을 통해서 극복하고 다시 괜찮은 조건으로 애널리스트로 복귀하는 경우를 흔하게 발견합니다. 이것은 제조업체 출신인 제가 보기에는 상당히 놀랍고 이색적이라고 느꼈던 애널리스트 세계의 독특한 문화입니다. 애널리스트 업계가 가진 여의도 주식회사라는 특성이 직업의 안정성으로 연결되는 독특한 구조입니다. 그러니 1년 단위 계약직이니까 말 그대로 재계약을 하지 않을 수도 있다는 '가능성'을 "함부로 잘린다"는 식으로 오해하지 않았으면 합니다.

오히려 애널리스트가 전직이나 애널리스트 이후의 계획 때문에 계약 기간 중간에도 아무 때나 일방적으로 재계약 해지 통보를 하는 경우가 훨씬 많습니다. 회사가 계약 기간 말에 조심스럽게 재계약 불가를 통보하는 것과는 비교할 수 없을 정도로 빈도의 차이가 큽니다. 좀 거칠게 표현하면 애널리스트 업계는 회사가 애널리스트를 함부로 자르는 문화가 아니라 애널리스트가 회사를 함부로 자르는 문화라고 하는 편이 더 정확할 겁니다. 다시 말해 애널리스트가 회사보다 더 유리한 위치에 서 있습니다.

한두 해의 슬럼프나 개인사정이 있더라도 그 다음 해에 노력하면 즉각적으로 추가 보상을 받을 수 있을 뿐만 아니라, 애널리스트 수요가 공급보다 많아 휴식 이후 재진입이 용이하다는 것이 애널리스트 세계의 직업적인 안정성입니다. 이것이 제가 애널리스트가 '세상에서 제일 좋은 직업'이라고 주장하는 또 하나의 근거입니다.

장기근속 애널리스트의 직업 안정성

1년 단위의 계약직인 애널리스트들도 한 회사에 오래 근무할수록 직업적 안정성이 훨씬 높아집니다. 유능한 애널리스트라 하더라도 장기적으로 보면 업무 성과에는 부침이 있기 마련입니다. 또 능력의 문제가 아니라 자기가 맡은 업무 환경의 부침이 클 수도 있습니다.

예를 들면 2007년 KOSPI가 사상 최초로 2,000포인트를 돌파하고 나서 2년 동안 철강, 조선 업종의 담당 애널리스트들은 엄청난 주목을 받았고 산업계에서 여의도로 많이 건너왔지만, 그 당시 반도체와 자동차 업종은 쉬는 업종이어서 담당 애널리스트들은 완전히 죽을 맛이었습니다. 그러나 2010년에는 삼성전자를 비롯한 IT업종과 현대자동차를 위시한 자동차 업종의 담당 애널리스트들이 살 맛 나는 반면, 철강과 조선 업종의 담당 애널리스트들이 죽을 쑤게 되는 주가 흐름을 보입니다.

이런 경우는 애널리스트의 능력이 문제가 아니라 담당 업종의 시황이 문제입니다. 이런 사이클은 우리 애널리스트 업계에는 항상 있는 일입니다. 특정 시기에 인기 업종은 충원을 하려고 하지만 비인기 업종은 애널리스트가 나가도 충원하지 않은 채 시가총액이 작은 다른 업종의 주니어 애널리스트에게 맡기기도 합니다. 일시적으로 인기가 떨어진 업종을 담당하고 있는 애널리스트는 다음 사이클에서 그 업종이 주도 업종이 되기를 기다리며 내공을 축적하여 다가올 축제를 고대합니다. 우리 업계는 매년 이런 일이 일어납니다.

앞에서 2년 연속 성과가 좋지 않은 애널리스트의 경우 재계약이 불투명해진다고 말씀드린 바 있습니다. 그런데 자기가 맡은 업종의 시황이 별로 좋지 않을 때는 나름대로 열심히 하는데도 3~4년 동안이나 회사에 대한 기여도가 아주 떨어지는 상황도 발생합니다.

예를 들어보겠습니다. 경력 10년차인 두 애널리스트가 있다고 합시다. A는 그 회사에 10년째 근속 중이고 B는 입사한 지 이제 1년이 되었습니다. A의 업종은 2년째 쉬었는데 올해도 쉴 것 같고 B의 업종은 작년에 화려한 피날레를 보였기 때문에 올해는 쉴 것이 분명해보이는 상황이어서 두 사람 모두 기여도는 별 신통치 않을 것으로 전망됩니다. 두 애널리스트의 업무 능력이 거의 동일한 조건이라고 가정하겠습니다. 만일 불가피하게 한 사람을 내보내야 한다면 어떤 사람이 나가게 될 것 같습니까? 물론 근속 경력이 1년밖에 되지 않는 B가 회사를 떠나 다른 회사를 찾아봐야 합니다.

오해하지 마십시오. 스카우트한 지 1년밖에 되지 않은 애널리스트를 그 업종의 시황이 꺾였다고 재계약하지 않는 국내 증권회사는 아무데도 없다고 자신 있게 말씀드릴 수 있습니다. 여의도가 그렇게 돌아가지는 않습니다. 다만 장기근속이 주는 애널리스트의 직업적 안정성에 대해서 설명을 드리려고 가정에 가정을 더한 것뿐입니다.

애널리스트가 1년 단위로 계약을 하는데 장기근속 애널리스트를 우대한다는 것이 이해하기 힘들 수도 있습니다. 그러나 다음과 같은 근거가 있습니다.

첫째, 장기근속 애널리스트는 회사에 대한 로열티와 주인의식이 강합니다. 상대적으로 이동이 잦은 우리 업계이다 보니 개인주의적인 경향이 강해서 회사의 방침에 소극적인 애널리스트들이 존재하는 것이 사실입니다. 그러나 장기근속 애널리스트들은 회사가 어떤 형태로든 회사의 방침에 솔선수범하는 경향을 보입니다. 2009년 초처럼 글로벌 금융위기로 증권회사 내 모든 사업부의 인건비 예산을 줄이자고 할 때도 장기근속 애널리스트들은 시니어 애널리스트로서 자신의 연봉을 줄이되 연봉이 낮은 주니어 애널리스트와 RA의 연봉은 손대지 말자는 주장을 합니다. "깎아봐야 후배들 사기만 꺾이고 예산 절감도 얼마 되지 않는다"는 논리를 폅니다. 저는 이런 모습을 보면서 애널리스트가 '세상에서 제일 좋은 직업'이라는 생각을 더욱 굳히게 되었습니다.

둘째, 장기근속 애널리스트는 후배 애널리스트를 지도하고 육성하는 데 상당한 의욕을 보이는 귀중한 '회사 자산'입니다. 증권회사 리서치센터는 예산상의 문제 때문에 유능한 애널리스트를 비싼 돈 주고 스카우트만 해서는 꾸려갈 수가 없습니다. 현재의 장사도 해야 하지만 미래의 준비도 소홀히 해서는 안 되는 곳이기 때문입니다. 신입사원을 RA로 받아 주니어 애널리스트로 양성하고 나아가 시니어 애널리스트로 양성하지 않으면 좋은 리서치하우스가 될 수 없습니다. 좋은 리서치하우스는 시니어 애널리스트가 주니어 애널리스트와 RA를 가르치고 주니어 애널리스트는 RA를 가르치는 문화가 정착되어야 가능합니다. 장기근속 애널리스트는 이런 문화를 실천해 왔기 때문에 리서치센터장이 일일이 말하거나 지시하지 않아도 리서치센터가 원활하게 돌아가게 하는 중추적인 역할을 합니다.

종합해보면 장기근속 애널리스트의 이런 역할 때문에 그들의 연봉 수준에는 그것이 이미 녹아들어 있습니다. 한 해의 장사를 마무리하면서 개별 애널리스트의 보너스를 평가할 때나 연봉 상승률을 책정할 때는 장기근속을 고려하지 못합니다. 그렇게 되면 평가의 공정성이 흐트러지고 성과지향적인 효율성을 추구하기 어렵습니다. 그러나 애널리스트의 일시적인 개인 사유, 슬럼프 같은 문제를 평가할 때는 장기 근속자들이 유리한 것은 분명합니다. 첫 번째 해에 업무 슬럼프가 있고 두 번째 해에 건강상의 이유로 2년 연속 성과가 좋지 않았다고 할 때 재계약이 불투명해질 수 있고 리서치센터장은 고민하게 된다고 말씀드렸습니다. 이럴 때 장기근속 애널리스트에 대해서는 별로 고민하지 않습니다. 재계약을 할 뿐만 아니라 오히려 격려하기 위해서 연봉을 올려주는 경우도 다반사입니다. 그 애널리스트는 고마워하며 더욱 분발하여 기대에 부응하는 경우가 대부분입니다. 리서치센터라는 조직은 이렇게 돌아갑니다.

3
앞으로도 세상에서 제일 좋을 직업

지금까지 애널리스트의 연봉과 수명, 직업적 안정성 등에 대해서 이야기했습니다. 이제 애널리스트라는 직업의 향후 전망에 대해서 말씀드릴 차례인 것 같습니다. 제가 애널리스트를 두고 '세상에서 제일 좋은 직업'이라는 책을 쓸 정도라면 당연히 전망이 밝기 때문이지 않겠습니까? 이렇게 생각하는 근거를 하나씩 들어보겠습니다.

'돈 시장'은 지속적으로 성장할 수밖에 없다

이 대목에 대해서는 조금만 생각을 가다듬어보면 모든 분들이 동의를 하실 겁니다. 한국경제가 선진국으로 나아간다면 지금의 선진국이 걸어왔던 역사처럼 '굴려야 하는 자금'이 증가하리라는 것은 변하지 않을 흐름입니다. 각종 TV나 신문에 나오는 광고의 변화만 보아도 실감하실 겁니다. 펀드나 증권 광고의 비중이 과거와는 비교할 수 없을 정도로 높아졌고 앞으로도 더 커질 겁니다. 물론 한국 제조업의 모든 분야가 과거에 비해 저성장 국면으로 접어들었고, 그 어떤 업종이나 대기업도 5년, 10년 뒤의 상황을 예측하기 힘듭니다. 그러나 돈 시장은 지금까지처럼 앞으로도 훨씬 커질 것이라는 것은 분명히 예측할 수 있습니다.

제가 1986년에 대학에 입학한 이후 26년 동안, 그리고 직장 생활을 한 지난 21년간 지켜본 결과 시장규모가 지속적으로 확대된 것은 돈 시장밖에 없습니다. 산업계의 어떤 업종, 어떤 시장도 큰 변동과 함께 부침을 겪어 왔습니다. 10~20년 전에 유망했던 기업 중 지금껏 유망한 기업은 소수에 불과합니다. 유망 업종, 좋은 직장의 리스트는 시간의 흐름과 더불어 상전벽해처럼 변해 왔습니다. 앞으로 산업계의 지형은 수십 년 동안 또 다시 커다란 변동을 겪을 겁니다. 제조업계 또는 산업계는 어떤 미래학자도 10~20년 뒤를 예측하기 힘듭니다.

그럼에도 미래학자가 아닌 제가 감히 단언할 수 있는 부분이 있습니다. 돈 시장만큼은 40대 중반인 제가 이 세상을 하직할 때까지 확대되리라는 점입니다. 더 나아가 지금 중학교 1학년인 제 딸이 생을 마감하는 그날까지도 돈 시장은 확대될 겁니다. 선진국의 경로를 보건대 훗날 제 손자손녀가 세상을 떠나는 날까지도 마찬가지일 겁니다. 이런 단언은 직장생활 21년의 경험과 여의도 생활 13년 동안 공부한 세계 금융시장의 구조와 역사, 한국경제의 미래 전망 등에 근거합니다.

수백 년에 이르는 세계 자본주의의 역사는 경기 변동과 경제 위기를 겪었고 그에 따라 산업계의 지각은 엄청나게 변했지만, 딱 하나 변하지 않은 것이 있습니다. 바로 돈 시장이 실질적이고 지속적으로 확대되어 왔다는 사실입니다. 자본주의가 계속되는 한, 산업계의 어떤 유망 업종도 결국은 라이프 사이클에 따라서 성숙기나 상대적 쇠퇴기를 맞게 됩니다. 그러나 시대에 따라 산업계의 유망 업종이 변하더라도 그 이익은 모두 화폐로 환원되어 돈 시장으로 흘러들어가게 되어 있으며 이에 따라 돈 시장은 지속적으로 성장하게 됩니다. 한국이 자본주의를 포기하지 않는 한, 전 세계 자본주의의 역사가 보여준 돈 시장의 끊임없는 성장세는 한국의 미래에도 적용될 겁니다. 지금은 비록 저성장 국면으로 접어든 선진국에서도 돈 시장은 여전히 성장하고 있다는 사실이 그것을 증명합니다.

제가 제조업체를 그만 두고 여의도로 진입한 1999년에 막연하게나마 이런 생각을 했기에 한국이 외환위기로 몸살을 앓는 그 와중에 남들이 번듯한 직장이라던 현대자동차를 그만두고 인생의 전체 계획을 바꾸었습니다. 여의도 생활을 하는 내내 그때 그 판단이 맞았고 앞으로는 더 맞을 것이라는 생각이 강화되었습니다.

여러분이 학생이라면 직업 선택을 하기에 앞서 대학졸업 이후

환갑 때까지 자기가 일할 30여 년 동안 지속적으로 성장할 산업이 무엇인가라는 관점에서 저의 이런 판단을 검토해보시기 바랍니다. 자녀를 둔 학부모이거나 이미 사회생활을 경험한 사람이라면 거의 대부분 제 말에 이미 동의하고 있을 겁니다. 돈 시장이 지속적으로 성장할 것이라는 점에 대한 나름의 판단이 '세상에서 제일 좋은 직업'이라는 애널리스트를 선택하는 전제조건이 될 것입니다.

조금만 공부를 해보거나 과거 역사를 돌이켜보고 생각을 정리해보면 제 생각에 쉽게 동의하리라 믿습니다. 지속적으로 성장하는 산업에는 새로운 기회도 증가합니다. 이것은 동일한 노력을 투입하더라도 훨씬 더 높은 보상을 받게 된다는 것을 의미합니다. 미래에 어떻게 될지 모르는 산업은 자신의 노력이 보상받지 못할수도 있다는 것을 의미하고, 시장이 성장하지 않는 산업은 자신의 노력이 상대적으로 적게 보상받는다는 것을 의미합니다. 젊은이라면 몇 년 뒤가 아니라 30년 이상을 보고 직업을 선택해야 합니다. 제가 애널리스트를 '세상에서 제일 좋은 직업'이라고 주장하는 또 하나의 근거는, 시기에 따라 속도에는 차이가 있겠지만 끊임없이 지속될 돈 시장의 성장성 때문입니다.

증권시장은 더 중요해지고
애널리스트는 더 필요하다

 돈 시장이 커질수록 주식과 채권으로 굴려야 할 자금은 지속적으로 증가하며, 그에 따라 주식과 채권을 거래하는 증권시장의 중요성은 훨씬 더 커질 수밖에 없습니다. 이것은 KOSPI가 언제 3,000포인트 또는 4,000포인트가 되느냐 하는 것과는 다른 차원의 문제이며, 이미 그 방향성이 우상향으로 정해져 있습니다.

 우리는 2007년에 15년 동안 KOSPI의 상단이었던 1,000포인트가 돌파되고 2,000포인트를 기록한 것을 목격했으며, 그 와중에 많은 투자자들이 월급으로는 달성할 수 없는 막대한 수익을 올리는 것도 보았습니다. 이른바 전 국민 주식 시대, 펀드 시대를 목격했습니다. 그리고 그 이후 주식시장이 조정을 받으면서 투자자들이 시들해지는 것도 보았습니다. 2010년에서 2011년 사이에 KOSPI는 다시 2,000포인트를 넘나들고 있으며 시간이 좀 더 지나고 나면 2,000포인트는 KOSPI의 저점이 될 것입니다. KOSPI 1,000포인트가 그랬던 것처럼 말입니다.

 지금 우리나라에서는 약 400백만 명이 주식투자에 참가하고 있습니다. 그 가족과 펀드 등을 통한 간접투자자까지 합하면 1,000만 명 이상의 한국인들이 자금을 축적하고 투자 실력을 쌓아가고 있습니다. 그들에게 주식과 채권이라는 투자대상에 대해서 검토할 만한 보고서를 제공하는 사람들이 바로 애널리스트들입니다.

 애널리스트들이 얼마나 잘 맞히는지는 논점이 아닙니다. 예측할 수 없는 미래의 주식과 채권이라는 투자대상에 대해 누구도 확신할 수 없는 상태에서도 애널리스트는 어떤 형태로든 '말을 해야 하는' 직업입니다. 그러므로 그 발언이 틀릴 수밖에 없는 직업입니다. 투자자들이 이런 애널리스트의 한계에 대해서 모르지는 않습니다. 그러나 투자자들도 미래에 대한 대비를 해야 하기 때문에 근거 있는 뭔가를 읽고서 검토하고 생각할 거리를 찾을 수밖에 없습니다. 그 지점에 우리 애널리스트들이 있는 것입니다.

우리는 지난 몇 년간 국민연금의 규모가 지속적으로 커지고 펀드가 은행적금을 침식하는 것도 보았습니다. 또한 증권회사 CMA가 은행예금을 침식하는 것도 보았습니다. 금융시장의 제도 변화와 투자심리에 따라 각 시점마다 정도나 속도에는 차이가 있겠지만, 지금까지처럼 앞으로도 돈은 주식과 채권 등의 투자시장으로 꾸역꾸역 흘러들 겁니다. 더 나아가 돈의 증가에 따라 투자대상도 증가하게 되면서 파생상품, 펀드, 원자재, 환율, 해외투자 등에 대해서도 누군가 보고서를 써주어야 합니다. 따라서 애널리스트의 업무 영역은 더욱 넓어질 수밖에 없습니다. 한국사회 전체가 굴려야 할 돈이 많아질수록 기관투자자들에게 투자수익률 1퍼센트, 아니 0.1퍼센트나 0.01퍼센트도 엄청나게 중요해집니다. 투자수익률을 조금이라도 더 높이기 위한 투자수단인 주식과 채권의 가치와 가격을 분석하여 기관투자자들에게 제공하며 그들과 머리를 맞대야 하는 애널리스트의 역할은 더욱 커질 수밖에 없습니다.

애널리스트의 연봉 상승은
어떤 직업보다 빠를 것이다

애널리스트의 연봉은 평균적으로 한국사회의 어떤 직업보다 빠르게 상승할 것이고, 또한 자신의 노력으로 유능한 애널리스트의 반열에 오른 사람들의 연봉은 지금도 높지만 앞으로도 더욱 가파른 속도로 상승할 겁니다. 이런 흐름을 막을 수 있는 것이 뭐가 있을까요? 농담처럼 이런 생각을 할 수도 있겠습니다. 애널리스트들이 돈 많이 받는다고 자랑하는데 다른 사람들이 배 아파서 견제하면 어쩌나 하고 말입니다. 그러나 제도적 규제, 증권업계의 결의, 애널리스트 외부 업계의 견제 그 어떤 것으로도 그 흐름은 막을 수 없을 겁니다.

지금 한국 투자업계는 더욱 발전하지 않으면 안 될 상황에 있습니다. 굴려야 할 돈은 지속적으로 늘어나고 투자해야 할 대상과 지역은 많아지고 있는데 국내 자산운용 업계나 애널리스트 업계 모두 전문가들이 너무나도 부족한 상태입니다. 정부나 금융 당국에서도 외국에 비하면 턱 없이 낮은 국내 애널리스트 연봉에 메스를 들이댈 수 있는 상황이 못 됩니다.

2008년 미국 발 금융위기가 세계를 휩감자 미국에서는 월스트리트의 엄청난 보너스를 문제 삼고 있기는 합니다. 그러나 이에 비하면 한국 투자업계의 연봉과 보너스 수준은 정말 '새 발의 피'도 안 되는 수준입니다. 한국의 미래를 위해서 더욱 발전시켜야 할 분야에 손을 댄다는 것은 글로벌 투자업계와 한국 투자업계의 실정과 격차를 모르는 사람들의 막연한 생각일 뿐입니다. 더욱 발전시켜야 할 곳이기 때문에 인재도 더 모여야 하고 연봉도 더 높아져야 하는 구조입니다.

2005년~2007년의 활황기에 증권회사 사장단들이 전문 인력 스카우트를 하지 말자는 결의를 수없이 했지만 지켜지지 않았습니다. 사람이 자산인 증권회사의 CEO들이 자기 회사가 경쟁에서 도태되기를 바라지 않는다면, 유능한 인력에 대한 욕심을 없애자는 말은 사람에게 기본적인 식욕을 없애자는 것처럼 지켜질 수 없는 약속입니다. 오히려 그런 논의들과는 반대로 되는 경향이 더 많습니다.

트레이딩(Trading) 부문이 대표적입니다. 각 증권회사의 트레이딩 부문은 과거에 있던 보너스의 상한 규정이 없어졌습니다. 보너스 상한 규정이 있는 증권회사의 유능한 트레이더들은 상한 규정을 철폐한 증권회사로 전직을 해버렸고 유능한 트레이더를 확보하기 위해서는 상한 규정을 없애야만 다시 스카우트를 할 수가 있었습니다. 이런 물 밑의 흐름은 신문에 기사 한 줄 나지 않았습니다. 그래서 일반인들은 거의 모를 수밖에 없습니다. 이와 비슷한 흐름이 애널리스트 연봉에도 적용되었습니다. 이처럼 제도적 측면이나 증권업계 내부의 메커니즘은 애널리스트 세계의 연봉 상승에 발목을 잡기보다는 오히려 촉진하는 쪽으로 방향을 잡을 겁니다.

한편 2008년 미국발 금융위기를 겪고 나서, 이익에는 지나치게 보상하고 손실에는 불이익이 적은 보너스 시스템의 시정, 보너스의 장기 이연 지급 등을 고안함으로써 극단적으로 리스크를 추구하는 성향을 규제하려는 움직임이 있습니다. 그러나 이것은 금융산업을 더욱 합리적으로 발전시키려는 움직일 뿐 금융산업을 사양 산업으로 만들자는 것이 아닙니다. 금융 선진국과 한국의 금융 격차를 감안하지 않고 국내외 언론 보도를 피상적으로 읽으면 상황을 오판하게 된다는 점을 유념하시면 좋겠습니다.

미국에서는 연봉만 100만~200만 달러를 훨씬 넘게 받는 애널리스트가 수두룩하다고 합니다. 몇 백만 달러를 받는 애널리스트 대가들도 있습니다. 한국에서는 상상도 하기 힘든 보너스는 별도로 하더라도 말입니다. 유능한 시니어 애널리스트가 경력 5년 미만인 신참 수백 명의 연봉을 받는 것이 흔한 일입니다. 그래서 미국에서 천재적인 수학자, 물리학자, 변호사, 의사, 경제학 박사, 경영학 박사, 아이비리그 MBA들이 월스트리트로 건너가는 흐름이 물밀 듯했다가 금융위기에는 좀 주춤하고 지금 다시 그 흐름이 이어지는 겁니다.

한국 애널리스트 업계의 발전 방향도 선진국의 사례와 비슷한 경향으로 갈 것으로 봅니다. 정확한 속도는 금융산업의 발전 속도에 따라 달라질 겁니다. 10년 전인 2000년대 초반만 해도 사실 한국 증권업계 리서치센터의 애널리스트들은 증권회사 정규직원들과 월급이 똑같았습니다. 그 이후 10년간 연봉이 지속적으로 상승했던 거죠. 그 핵심은 무엇보다도 돈 시장이 지속적으로 확대되고 유능한 애널리스트가 귀해져서 평범한 여러 사람들에게 비슷한 연봉을 주는 것보다 유능한 한 명에게 훨씬 많이 주는 것이 남는 장사라는 것을 알아 가고 있기 때문입니다.

이런 상황인데 과연 한국 애널리스트의 연봉 상승이 미국이나 영국처럼 되지 않고 지금의 수준에서 멈추겠습니까? 만일 그렇다면 저는 이 책을 쓰지도 않았을 겁니다. 제가 답변하지 않아도 될 만큼 여러분도 답을 얻었을 겁니다.

현역 애널리스트 이후의 다양한 진로

애널리스트 생활을 기반으로 다른 일을 해보고 싶은 사람이 적지 않습니다. 그리고 최근 몇 년 사이에 애널리스트 업계 바깥의 여러 분야로부터 애널리스트에 대한 스카우트 수요가 다양해졌습니다. 이러한 스카우트의 움직임들은 애널리스트라는 직업의 안정성을 훼손하는 것이 아니라, 이 직업의 매력을 더욱 높여주는 것으로 보입니다.

대표적인 외부의 스카우트는 기업체들의 IR 담당 임원이나 팀장으로의 전직입니다. 두산그룹처럼 주요 계열사의 IR 담당 임원이나 팀장이 대부분 애널리스트 출신인 곳도 있고, 아예 LG디스플레이처럼 IR 팀장과 그 위의 임원 전원이 애널리스트 출신인 곳도 있습니다. 그 외에도 열거하기 힘들 정도로 많은 대기업과 중견기업에서 애널리스트들을 소리 소문 없이 스카우트해 갑니다.

애널리스트 가운데는 변화무쌍한 주가를 대상으로 보고서를 쓰는 것처럼 개인적인 역량에 주로 의존하는 일이 아니라, 조직 전체가 유기적으로 움직여 뭔가를 산출하고 이루어내는 제조업의 다이내믹한 실물성에 매력을 느끼는 사람도 있습니다. 애널리스트를 하는 동안 고액 연봉을 받으면서 벌 만큼 벌었기 때문에 돈에 대한 집착이 덜할 수도 있습니다. 최근에는 대기업과 중견기업들도 '비밀을 유지해야 할 정도'로 연봉 차등이 큰 계약직 문화로 바뀌는 상황이라서 애널리스트 연봉 수준과 별 차이가 나지 않는 수준의 제의를 받습니다.

상장업체 입장에서는 애널리스트들을 스카우트하면 그들의 고객이었던 펀드매니저 네트워크에 쉽게 접근할 수 있어 시장과 소통하기도 훨씬 편합니다. 제가 제조업체와 여의도 양쪽을 모두 경험해보니, 제조업체 사람들은 전혀 이해할 수 없는 마인드와 정서가 여의도에 존재하는 것이 사실입니다. 애널리스트 스카우트를 통해 '선수는 선수끼리' 붙여주는 것이 효과나 효율 면에서 훨씬 유리하다는 점은 두말할 필요도 없습니다. 제가 보기에 앞으로도 이런 흐름은 더욱 확대될 것으로 보이고 현역 애널리스트 이후의 사회생활의 중요한 축이 될 것입니다. 선진국에서도 그런 것처럼 IR로 제조업체에 진입한 애널리스트들이 그 회사의 최고경영진에 올라가는 것도 시간의 문제일 뿐이라고 보고 있습니다.

현역 애널리스트 이후의 또 다른 사회생활 패턴은 펀드매니저로의 전업입니다. 50대 중반인 대표적 애널리스트 한 분이 2010년에 주도적으로 설립에 참여한 투자자문사가 시장과 언론의 주목과 기대를 한 몸에 받았습니다. 이분뿐만 아니라 많은 애널리스트들이 자산운용사나 투자자문사로 자리를 옮깁니다. 애널리스트 생활을 누릴 만큼 누리다가 40대에 가는 이들도 있고, 애널리스트로 한참 두각을 나타내는 30대에 옮기는 이들도 많습니다.

자산운용 업계와 애널리스트 업계에서는 한국에도 어떤 형태로는 선진국처럼 헤지펀드가 탄생할 여건이 조만간 마련될 것이며, 그 시발을 투자자문사의 자문형 랩으로 보는 사람들도 있습니다. 금융당국의 움직임도 한국에서 헤지펀드로의 길을 터주겠다는 의지를 분명히 하고 있습니다. 한국 금융산업의 경쟁력을 높인다는 차원에서 보면 이것은 시간의 문제일 뿐이라고 전망합니다.

재미있는 현상 중의 하나는 2005년 이후부터 펀드매니저와 애널리스트를 번갈아 하는 사람들이 생겨났고 이런 추세가 한 가지 패턴으로 자리 잡는 분위기라는 점입니다. 애널리스트를 하다가 펀드매니저로 전직하고 다시 몇 년 뒤에 애널리스트로 복귀하는 경우도 있습니다. 반대로 펀드매니저를 하다 애널리스트를 한 뒤 다시 펀드매니저로 돌아가기도 합니다. 애널리스트가 보고서를 '쓰는' 직업이고 펀드매니저가 보고서를 '읽는' 직업이라는 차이점이 있지만, 양자가 투자라는 접점에서 함께 일을 한다는 것을 새삼 실감합니다. 펀드매니저보다 애널리스트가 상대적으로 고액 연봉이다 보니 돈 때문에 전직을 활용하려는 분도 있습니다. 애널리스트 입장에서는 실제 펀드 운용의 현장을 경험해보고 싶어 하는 경우도 있기 때문에 발생하는 현상인 것으로 저는 분석하고 있습니다.

신용평가 업계로의 진출도 가시적으로 나타나고 있습니다. 제 대학 동기 한 명은 금융 담당 애널리스트를 하다가 신용평가회사로 건너갔습니다. 그리고 후배 여자 애널리스트 한 명은 자동차 담당 애널리스트를 하다가 연봉은 애널리스트와 별 차이가 없는 유리한 조건이지만 업무 강도는 더 수월한 신용평가 업계로 옮겼습니다.

업종 담당 애널리스트는 주가 때문에, 은행의 신용평가 담당자는 대출 때문에, 그리고 신용평가회사의 담당자는 회사채 발행가격 때문에 기업분석을 한다는 차이가 있습니다. 하지만 기업을 분석한다는 측면에서는 사촌지간으로 볼 수 있습니다. 업무 특성이 비슷한 기업분석이라는 요소가 전직의 매개체가 되는 겁니다.

아직은 사례가 없지만 제가 예상하고 있는 또 하나의 흐름이 하나 있습니다. 선진국처럼 애널리스트 출신의 프라이빗 뱅커 (Private Banker)들이 은행과 증권회사 양쪽에서 나올 것으로 보고 있습니다. 고액 자산가를 상대하는 프라이빗 뱅킹 분야에서 시장과 종목 분석에 전문성이 있는 애널리스트 출신을 놓칠 리가 없습니다. 한국사회에서 프라이빗 뱅킹 시장이 급속도로 커지고 있지만 아직 전문가들이 많이 배출되지 못한 상태입니다.

애널리스트는 외부에 자기 이름을 걸고 보고서를 쓰는 직업이다 보니 인지도나 지명도, 혹은 퍼스널 브랜드 같은 것이 부수입처럼 생깁니다. 투자 분야에 대한 실력이나 인지도를 기반으로 프라이빗 뱅커로의 스카우트 제의에 응하는 경우도 시간이 지나면서 발생될 것으로 보고 있습니다. 제가 그간의 경험으로 알게 된 사실이 있습니다. 금융 분야에는 미국, 영국, 독일에는 있는데 한국에는 없는 것은 얼마 지나지 않아 곧 생긴다는 겁니다. 지난 13년 동안 거의 예외가 없었던 같습니다.

현역 애널리스트 생활 이후의 분야에서는 실로 이 책에서 다 소개하지 못하는 여러 가지 경우들이 만들어지고 있습니다. 실제 사례 하나를 들어보겠습니다. 마흔 넘어서까지 애널리스트 생활을 하다가 M&A 본능을 유감없이 발휘한 분이 있습니다. 여의도에서 처음 만나 저와 절친한 관계가 된 다섯 살 위의 형이며 저를 애널리스트 세계로 유도해준 웅솔그룹의 구자균 회장입니다. 집안에서 물려받은 것 없는 처지의 평범한 애널리스트 생활을 하다가 41세이던 2002년에 M&A를 하기 시작했습니다. 지금은 계열사 여덟 개의 매출액 합계가 연간 4,000억 원이 넘고 그룹 공채로 해마다 직원을 100명 이상씩 뽑은 지도 3년째가 되었습니다. 월급쟁이 애널리스트에서 그 노하우를 살려 견실한 기업군을 거느린 오너가 된 경우인데 저는 그분의 재산이 얼마인지 짐작도 하지 못합니다.

여의도 애널리스트들의 현역 이후 사회생활의 다양성은 저로서도 일부분밖에 모를 만큼 너무나도 가짓수가 많은 것 같습니다.

그리고 앞으로도 더욱 더 다양해질 것으로 봅니다. 애널리스트라는 직업을 하다보면 상당한 적극성과 역동성이 배양되기 때문에 애널리스트 스카우트 물결에서 이미 구조화된 곳과 단초가 보이는 곳 말고도 미래에 다양한 현상들이 나타날 것입니다. 제가 애널리스트라는 직업의 안정성에 대해서 별로 염려하지 않는 것은 이런 점 때문이기도 합니다. 본인만 노력하면 남녀차별, 대학 졸업장 차별 같은 것도 없이 효율성만을 추구하는 세계에서 살아남는 데는 문제가 없습니다. 그 생활을 20년쯤 하면 주식이라는 것이 '돈을 잃을 수 없는 게임'이라는 것을 알게 해주는 지식을 체득하게 됩니다. 그 실력과 애널리스트로서의 업무 경력, 네트워크 등을 활용하면 다른 분야에서 다시 일할 준비가 충분히 되고도 남습니다.

4
주식, 돈을 잃을 수 없는 게임

이 소제목이 좀 의외다 싶을 겁니다. 주식에 투자해서 돈 잃은 사람들이 얼마나 많은데 주식이 "돈을 잃을 수 없는 게임"이라니……. 애널리스트가 주식시장의 첨단에서 활동하는 전문가라는 것은 알겠는데 너무 건방진 소리를 하는 것은 아니냐고 생각하실 수도 있겠습니다. 그런데 솔직히 말씀드리면 저는 이 소제목을 '주식, 돈을 딸 수밖에 없는 게임'으로 하려다 수위를 좀 낮췄습니다. 소제목 타령은 그만하고 본론으로 들어가겠습니다.

아는 만큼 먹는다

오래 전에 읽은 『문화유산답사기』란 책에 이런 문구가 있었습니다. "아는 만큼 보인다"는 것입니다. 사회생활을 하면서, 특히 주식시장에서 일하면서 이 표현만큼 투자수익률을 잘 설명할 수 있는 말이 없는 것 같다는 생각을 하곤 합니다. 주식투자에 관한 한 '아는 만큼 먹는다'는 표현이 가장 적절할 것 같습니다.

한국에서 수백만 명이 직접 투자와 펀드 가입을 통해서 주식시장에 참여하고 있습니다. 방송이나 언론의 기사들은 주기적으로 "개미투자자들이 깡통 찬다"고 보도합니다. "주식투자 실패로 인한 비관 자살" 같은 살벌한 보도까지 접하게 됩니다. 서점에 가보면 주식투자에 관한 수많은 책들이 널려 있는데도 왜 이런 일이 생길까요? 워런 버핏을 비롯한 외국의 투자 대가들에 관한 번역서, 주식으로 돈을 벌었다는 국내 투자자들의 성공담이 넘쳐나는데 말입니다.

주식투자를 통해서 부를 이룬 사람들이 적지 않습니다. 현장에서 경험한 바로는 그들은 모두 자신만의 투자기법을 가지고 있습니다. 그들은 상당한 기간 동안 엄청난 공부와 숱한 시행착오를 통해서 자신만의 투자기법을 정립한 사람들입니다. 정말 '목숨 걸고 공부한 사람'이라는 생각을 하지 않을 수 없습니다. 그들이 펀드매니저든 개인 투자를 하는 큰손이든 마찬가지입니다. 주식 또는 주식시장이라는 존재의 정의를 학문적으로 또는 이론적으로 정리하기는 쉽지만, 주식투자를 통해서 수익률을 내는 일반화된 방법은 정립하기 어렵습니다. 사실상 불가능합니다. 주식 투자는 이론이나 과학이 아니라 '아트(Art)'라고 많이들 표현하는 이유가

다 있습니다. 기술이라고 번역하든 예술이라고 번역하든, 그만큼 성공의 노하우가 주관적이라는 점을 강조한 것입니다.

여의도 생활 13년 동안 서점에 가서 주식에 관한 책들을 보며 느낀 점 중에서 여기서 단언할 수 있는 부분이 있습니다. 주식투자의 진정한 노하우를 알려주는 책은 지금까지 한 권도 없었고 앞으로도 존재하지 않을 거라는 점입니다. 단행본 책 한권을 독자가 사면 저자에게 권당 1,000원 정도의 인세수입이 돌아간다고 들었습니다. 여러분이 엄청난 양의 공부를 통해서 주식으로 돈을 벌수 있는 상당한 노하우를 정립했다고 가정해보시죠. 얼굴도 모르는 사람에게 1인당 1,000원씩 받고 공개하겠습니까? 더 나아가 공개하고 싶어도 상황마다 대처 방법이 다르고 종목 선별 및 매매 방법도 상이한 주관적인 노하우를 책이라는 매체를 통해서 '통째로' 쓸 수 있는 방법도 없습니다. 강의나 강연회 같은 것으로도 불가능하기는 마찬가지입니다. 주식 투자 노하우를 알려준다는 과장된 제목을 단 책들을 보면 현장에 있는 전문가의 한 사람으로서의 그 저자와 출판사가 일반인을 상대로 '사기를 친다'는 생각이 들 정도입니다.

오해는 하지 마시기 바랍니다. 주식시장에 관한 책이나 강연들이 무용하다고 말씀드리는 것이 아닙니다. 저도 이 책을 쓰면서 느낀 점인데, 자기 홍보용으로 쓴 책이 아니라면 거의 모든 저자들은 독자들을 위한 진정성을 바탕에 깔고 상당한 시간과 노력을 들입니다. 출판사들도 마찬가지일 겁니다. 저도 서점에서 책을 사서 읽으면서 '생각할 만한 점'이 있는 책들을 보면서 제 '생각하는 힘'을 배양하는데 도움을 받은 적이 많았습니다. 그러나 주식투자에 관한 책이나 강연들은 저자나 강연자들이 자신의 생각을 주식시장 참여자들과 '의사소통'하는 정도로 참고하시는 데 그쳐야 합니다. 문제는 일반인들이 이런 책에서 몇 가지 좋은 점을 참고하는 것이 아니라 지나치게 과도한 기대를 한다는 점입니다.

주식투자에 입문하는 거의 모든 사람들이 거치는 시행착오가 있습니다. 단기간에 주식투자에 관한 책 몇 권을 읽고 주식으로 큰돈을 벌 수 있을 것 같은 노하우를 정립했다는 흥분에 빠지는 것입니다. 불행하게도 이것은 선무당이 사람 잡는 소리입니다. 시장의 상투를 잡고 몇 년간 마음고생을 하거나 '좋은 정보'랍시고 미확인 루머에 매달리다가 씁쓸한 결과를 보게 됩니다. 그러면서 "내가 다시는 주식 하나 봐라!"는 식으로 주식의 '주'자도 싫어하다가 주식시장이 다시 활황이 되면 마음이 변해서 뛰어들어 실수를 반복하거나 아니면 남이 수익을 낼 때 배만 아파합니다.

제가 대학 시절에 들었던 은사님의 강의 중 한 대목을 제조업체에 다닐 동안에는 잊었다가 여의도 생활을 하면서 되새기게 된 것이 있습니다. 투자론을 강의하시는 교수님께서 말씀하신 것인데, "주식시장은 자본주의 사회가 개인들에게 제공하는 매력적인 투자의 기회다"라는 대목입니다. 저는 이 말씀에 전적으로 동의합니다. 다만 이 말씀과 함께요. 주식은 '아는 만큼 먹는다'는 진리 말입니다.

귀중한 주식 스터디그룹 — 모닝 미팅

애널리스트가 투자의 대가라고 할 수는 없지만 일반인에 비하면 주식전문가인 것은 분명합니다. 그런데 애널리스트는 어떻게 주식전문가가 되는 과정을 거칠까요? 대학시절의 투자론이나 CFA, FRM, 증권분석사 등 각종 금융관련 자격증 공부를 하면서 주식전문가가 되는 것이 아닙니다. 그런 자격증 공부를 포함하여 경제, 금융, 투자론, 재무관리, 회계, 기업분석, 기업가치산정(Valuation), 파생상품, 차트분석 등에 관한 기본 지식을 배우는 과정만도 여러 해가 필요합니다. RA 시절부터 주니어 애널리스트 시절까지 업무 경험뿐만 아니라 선배 애널리스트의 애정 어린 도제식 지도, 부단한 자기계발 등이 수반되어야 합니다.

그러나 이런 것들은 그냥 '기본'일 뿐입니다. 만약 애널리스트들이 그 기본만 가지고 보고서를 작성하는 데 그친다면 애널리스트로서 살아남을 수 없습니다. 즉, 주식시장의 선수들끼리 서로 다 아는 기본을 가지고서는 전문투자자들인 펀드매니저들이 읽어볼 만한 내용을 만들어낼 수가 없습니다. 금융 관련 자격증 자체가 중요한 것이 아닙니다. 무슨 자격증을 땄든 아니든 기본이 되지 않았다면 애널리스트를 시작하지도 못합니다.

어쨌든 이 기본 때문에 애널리스트를 주식전문가라고 말하지는 않습니다. 제가 대학생이나 젊은이들을 만날 때 무슨 자격증을 따면 되느냐는 질문을 많이 받는데, 저는 구체적인 자격증을 언급하지 하지 않습니다. 모든 공부가 도움이 되기는 하지만 특정 자격증과 기본이 되는 지식을 성급히 결부시키려는 오류를 범할까봐 그런 것입니다.

애널리스트들은 기본 지식을 바탕으로 자신만의 노하우를 쌓는 과정을 거치고 그것을 펀드수익률에 생업이 달려 있는 프로투자자인 펀드매니저들의 검증을 통해서 비로소 주식전문가로 성장하는 것입니다. 리서치센터장이나 선배 애널리스트라고 해서 어떤 스타일을 강요하지는 않습니다. 기본만 되었다면 각자 자기 나름대로의 '투자 아이디어'를 만들어내는 노하우를 닦아야 합니다. 그런데 이 과정은 어떤 책에서도 강의에서도 배울 수 없는 수련 과정을 거칩니다.

그 대표적인 수련 과정 중의 하나가 매일 아침의 모닝 미팅입니다. 애널리스트들은 매일 아침 7시 30분에 열리는 모닝 미팅에 참석합니다. 제가 경험한 바로는 이것이 하루 이틀일 때는 잘 몰랐지만, 1년 2년이 쌓이고 난 뒤에는 제 주식 실력이 늘어가는 것을 체감적으로 알 수 있었습니다. 리서치센터는 주식, 채권, 파생상품 등 모든 투자대상을 분석하는 사람들이 있는 곳이기 때문에 언제라도 질문을 하면 답을 줄 전문가들이 포진하고 있습니다. 매일 밥 먹고 주식 공부만 하는 것이 애널리스트의 업무라고 생각하시면 됩니다. 그런데 그 주식 공부를 한국의 어떤 직업보다도 높은 연봉을 받아가면서 하는 겁니다.

아침에 출근해서 7시 30분에 모닝 미팅에 들어갈 때마다 저는 깨닫습니다. 제가 출근시간에 맞춰 억지로 의미 없는 회의를 하러

들어가는 것이 아니라 '돈을 잃을 수 없는 게임'에 대한 저만의 능력을 더욱 세련되게 만들러 간다는 것을 말입니다. 돈을 딸 수밖에 없게 해주는 '생각하는 힘'을 키우려고 그 시간에 출근하는 것입니다.

10년 동안 매일 아침 7시 30분에 모여 각 분야에서 엄청나게 노력하는 주식전문가들과 회의를 하고, 투자내공이 높은 고수들인 펀드매니저들과 전화 통화나 프레젠테이션을 통해 매일 주식과 관련한 대화를 나누면 그 투자 실력이 얼마나 올라갈지 상상이 가십니까?

신입사원을 뽑기 위한 과정에서 대학의 투자동아리 활동에 대해서 많이 듣습니다. 일반인들의 투자클럽 같은 것도 있다고 들었습니다. 제가 생각하기에는 한국의 어떤 투자 관련 동아리나 클럽도 매일 아침 증권회사 모닝 미팅에서의 30분을 질적으로나 양적으로 따라올 수가 없습니다. 사실 비교하는 것 자체가 어불성설일 것 같습니다.

이런 모닝 미팅만 하는 것이 아니라 하루 종일 애널리스트끼리, 그리고 펀드매니저와 함께 주식과 관련된 토론을 합니다. 그것이 바로 우리의 일입니다. 자기만의 노하우를 찾기 위한 오랜 자기계발, 선배 애널리스트의 지도, 고객인 펀드매니저의 비판과 격려 등의 과정을 거치며 주식전문가로 성장하게 되는 겁니다. 한국에 있는 어떤 월급쟁이보다도 연봉을 많이 받으면서 말입니다.

애널리스트가 주식정보를
가장 빨리 접하는 사람이다

애널리스트 생활을 하다 보면 주식과 관련된 경제와 금융시장의 메커니즘에 대해서 나름대로의 식견을 가지게 되고 온갖 정보를 가장 빠르게 알게 됩니다. 주식이 채권, 부동산, 원자재, 환율, 파생상품 등과 긴밀하게 연결되어 있다는 점, 그리고 국내와 해외의 모든 경제 상황에 관심을 가지고 이런 메커니즘에 대한 체계적인 지식을 쌓아갑니다. 뿐만 아니라 애널리스트들에게는 국내에 상장 등록된 모든 기업들의 정보가 기자들보다 훨씬 더 빨리 전달됩니다. 일반인들이 인터넷 기사로 보는 증권 기사의 정보원이 바로 애널리스트입니다. 일반인의 귀에 들어갈 정도의 '좋은 정보'라면 우리 애널리스트들에게는 벌써 몇 번이나 돈 이야기일 겁니다. 애널리스트들이 소속 리서치센터의 보고서가 발간된 24시간 뒤에야 개인적인 주식 매매를 하도록 법규를 만들어 놓은 것도 이런 이유입니다.

그래도 이런 규제가 별 장애가 되지 않는 것은 애널리스트들의 주식투자가 대부분 단기 트레이딩이 아니기 때문입니다. 주식시장과 금융시장의 메커니즘에 대한 나름대로의 틀을 가지고 있는 애널리스트들이 정보를 해석해서 투자에 관한 모든 판단을 다 내린 후에 24시간 기다리는 것은 투자 결과에 별다른 영향을 주지 않습니다. 시장 참여와 현금화 타이밍의 결정, 관련 산업과 기업에 대한 분석, 특정 정보가 주가에 영향을 미칠 정도와 기간 등에 대해서 모든 판단을 내리고 나서 자기가 소속한 증권회사 애널리스트가 보고서를 발간한 이후 24시간 기다리는 것은 아무 일도 아닙니다.

이런 훈련이 된 애널리스트들은 언론 보도를 활용하는 방법 자체가 일반인들과 다릅니다. "소문에 사서 뉴스에 팔아라"는 격언은 스트레이트 기사에 관한 것일 뿐입니다. 스트레이트 기사가 아닌 기사를 읽으면서 주가에 영향을 줄 변수를 골라내는 작업이 머릿속에서 자동적으로 일어납니다. 다가올 상황을 예측하고 점검해야 할 포인트를 골라내며 주가에 미칠 영향력과 기간을 계산해내는 훈련을 하게 됩니다. 그런 훈련이 되지 않으면 펀드매니저를 위한 투자 아이디어를 담은 보고서를 만들 수가 없습니다. 애널리스트는 단순히 정보를 가장 빨리 접하는 사람일 뿐 아니라 더 본질적인 것은 정보를 처리할 능력을 체득한 사람이라는 점입니다. 그래서 '주식, 잃을 수가 없는 게임'이라고 말씀드리는 것입니다.

모든 성과가 애널리스트의 머릿속에 고스란히 남는다

보통 월급쟁이 생활을 하는 직장인들은 개인적인 노력의 성과가 그 조직에 쌓입니다. 그리고 그 조직을 떠나면 그 회사에서 배웠던 노하우는 개인적으로 별로 소용이 없습니다. 그래서 월급쟁이들이 기존 조직에서 벗어나는 것을 그렇게 두려워하게 되는 것입니다. 그러나 애널리스트는 다른 데서는 배울 수 없는 소중한 지식과 노하우가 일반 직장인들처럼 조직에 남는 것이 아니라 모두 본인의 머릿속에 고스란히 남게 됩니다. 한번 체득한 자전거 타는 기술을 잊지 않는 것처럼 '돈을 잃을 수 없는 게임'에 대한 노하우도 마찬가지입니다. 증권회사의 컴퓨터나 서버가 아니라 우리 애널리스트의 머릿속에 고스란히 쌓이게 됩니다. 회사가 빼앗아 올 수도 없고 그럴 방법도 없습니다.

금융권에서 근무하지 않으면 남자들은 회사일에 집중하느라, 여자들은 가사와 육아 부담에 시간과 에너지를 많이 쏟기 때문에 금융시장이나 세상 돌아가는 것에 대해서 잘 모르기가 쉽습니다. 제가 제조업체에서 근무하는 동안 저희 부부가 그랬습니다. 같은 금융권에서 근무를 하더라도 은행이나 증권회사의 일반 직원들은 애널리스트에 비해서 금융시장과 자산시장의 흐름과 사이클에 대한 지식의 전문성에서 상당한 격차가 납니다.

저희 집에서 일어난 에피소드를 이야기하면 실감이 나실지도 모르겠습니다. 2007년의 주식시장 활황을 기억하실 겁니다. KOSPI는 사상 처음으로 2,000포인트를 찍었고 그 해 내내 펀드 가입 열풍이 불었습니다. 온 나라가 펀드 이야기로 떠들썩했습니다. 그때 아내는 제게 펀드에 가입하자고 꽤나 오랫동안 졸라댔습니다. 저는 당시 시장을 버블 또는 정점이라고 판단하고 2007년 8월에 투자를 모두 현금화했던 상황이었습니다. 그 이후에도 제 아내는 은행에만 가면 은행원들이 해외펀드에 가입하라고 한다며 다시 저를 졸라대는 겁니다.

저는 그때 아내에게 이렇게 말했습니다. "내가 은행이나 증권회사의 펀드 판매 직원들에게 자문하는 사람이고 지금이 꼭지이기 때문에 현금화할 때라고 이야기하는데, 당신은 판매 캠페인에 시달리는 판매직원들의 이야기만 듣고 와서 펀드에 가입하자고 조르면 어떻게 해?" 그 뒤 2008년을 거치면서 지수가 급락하는 것을 보고 나서부터 아내는 자산관리 문제를 제게 전적으로 맡기고 있습니다. 2007년 하반기에 펀드에 가입한 많은 분들은 원금을 회복하는 데 '속 쓰린 3년'을 견뎌내야 했음을 잘 기억하고 계실 겁니다.

저는 원래 제조업체에 근무할 때는 자산관리에는 전혀 관심이 없어서 주식과 금융시장 메커니즘 자체를 알지도 못했습니다. 그렇게 복잡한 메커니즘은커녕 주식이라는 것 자체에 관심도 없었습니다. 그런 상태이다 보니 우리 집안의 돈 관리는 아내가 도맡았습니다. 우리 집안의 자산관리 수준은 투자 실력 면에서 결코 경쟁력이 없는 제 아내가 전담했던 겁니다.

그런데 여의도 생활 13년을 거치는 동안 주식, 채권, 부동산 등 자산시장의 메커니즘과 사이클을 이해하고 정보를 해석하는 능력이 생기면서 자산관리에 충분히 활용하게 되었습니다. 주식이나 펀드만이 아니라 집을 두 번 사고파는 등 자산관리와 매매의 타이밍에 대해서는 전적으로 제가 결정했습니다. 아내의 역할은 어떤 지역에 어떤 스타일의 집을 구매할 것이냐를 결정하는 것이었고 저는 여기에 전혀 관여하지 않았습니다. 전업주부인 아내에게 집은 직장에 해당한다고 보기 때문에 완전히 아내의 재량을 인정하는 겁니다. 제가 제조업체 다니던 시절에 아마추어 '개미'였던 아내와 지난 몇 년간 제가 발휘한 자산관리 실력은 비교 자체가 안 됩니다. 그 성과의 차이는 제 아내가 가장 알 겁니다.

제가 애널리스트를 하면서 자본주의와 자산시장의 메커니즘에 눈을 뜬 이후 우리 부부는 부동산과 주식시장을 활용을 하기는 했지만 '시장에 당한' 경우는 한 번도 없었습니다. 시장을 100퍼센트 활용했다고 자신할 수 없지만 상당히 많이 활용했다고는 말씀드릴 수 있습니다. 남들 따라 다니면서, 또는 신문이나 방송을 보면서 휩쓸리지 않고 제가 독자적으로 메커니즘과 사이클을 판단하고 우리 부부가 떠안을 수 있는 리스크에 대해서 사전에 정해놓고 있었기 때문이라고 자평합니다.

저는 제 또래 애널리스트들 중 대학 졸업 이후 여의도로 곧장 들어온 사람들과 비교를 해볼 때가 있습니다. 저는 일산에 있는 집에 사는데 그들은 강남이나 목동의 집에 사는 경우가 많습니다. 그들이 애널리스트 생활을 먼저 시작해서 고액 연봉의 혜택을 먼저 누렸기 때문에 투자 자금을 빨리 마련했을 뿐만 아니라, '주식, 돈을 잃을 수 없는 게임'의 노하우를 저보다 먼저 체득하고 활용했기 때문입니다.

애널리스트를 하면 평생 써먹을 수 있는 지식을 쌓을 수 있습니다. 미래를 장담할 수는 없지만, 제가 여태까지 상대적으로 높은 연봉을 받으면서도 제 머릿속에 평생 써먹을 수 있는 소중한 자산을 축적해 왔다는 점은 분명합니다. 어쩌면 제가 직장을 다니며 받은 그 모든 현금보다 훨씬 가치가 높은 자산이라고 할 수도 있겠습니다.

애널리스트 업계를 떠나더라도, 아무리 나이를 먹는다 하더라도 애널리스트로서 오랫동안 훈련을 받은 사람들은 주식시장이 존재하는 한 마르지 않을 샘을 하나씩 가지고 있는 셈입니다. 저는 개인적으로 이보다 더 든든한 노후대책은 없다고 생각합니다. 워런 버핏이 세월이 흐를수록 더욱 훌륭한 투자자가 되어 가는 것처럼, 사람이 나이를 먹으면 근력과 암기력은 떨어지지만 투자 능력은 더욱 높아집니다.

5
유리천장 없는 여자들의 천국

저는 1998년생인 딸에게 꼭 애널리스트를 시키고 싶다는 희망을 가지고 있습니다. 지금부터 써내려가는 글은 여학생 독자들을 중심으로 쓴 글이지만 남학생들도 유심히 볼 대목이 많을 겁니다. 여자 애널리스트를 설명하는 와중에 애널리스트 세계의 본질적인 부분이 상당히 많이 언급되기 때문입니다.

가끔 신문에서 각 분야에서 두각을 나타낸 여성 임원들 기사를 보면서 상반된 생각을 동시에 하게 됩니다. 한편으로는 한국사회에서 여성들이 과거에 비해서 사회적으로 많은 분야에 진출하여 탁월한 업적을 내는 경우가 많아졌다는 점, 또 한편으로는 이렇게 신문에서 시리즈 기사를 실어서 여성들을 격려해야 할 정도로 아직까지 한국사회에 차별의 벽이 엄청나게 높다는 점을 절감합니다. 저도 딸을 둔 아버지로서 무심결에 그 신문기사들에게 눈이 가고 "내 딸에게는 어떤 직업이 좋을까?"하는 생각에 잠겨본 적이 많습니다. 아버지가 강제할 수 없는 노릇이지만 아버지로서 어떤 쪽으로 유도를 해줄까 하는 생각을 하는 겁니다.

남녀차별이 없는 직업─지극히 효율적인 세상

한국사회에서 직장생활을 하면서 면접관으로 들어가 본 사람들이 이구동성으로 하는 말이 있습니다. 여자들이 남자들보다 사회 진출을 위한 준비가 훨씬 잘 되어 있고 유능해 보인다는 겁니다. 우리 애널리스트들만 이런 이야기를 하는 것이 아니라 제 친구들 이야기를 들어보면 많은 분야의 사람들이 공통적으로 느끼는 것 같습니다. 그런데도 여자들을 압도적으로 더 많이 뽑을 수가 없습니다. 세상의 반이 남자라는 점 때문이기도 하지만 사회와 경제 구조 전체가 남자들 위주로 짜여 있기 때문입니다. 한국과 일본 등 아시아권뿐만 아니라 미국이나 영국 같은 서구권에서도 여자들의 유리천장 이야기가 나오는 것을 보면 사회경제 구조가 남성 편향인 것은 경제가 좀 더 발전해도 마찬가지라는 생각이 듭니다.

제가 겪은 실례를 하나 들어보겠습니다. 2008년에 저를 찾아온 마흔 살가량의 여자 분이 있었습니다. 그분은 우리나라에서 손꼽히는 글로벌 기업에서 15년째 근무하고 있었습니다. 애널리스트를 하고 싶다고 하더군요. 왜 그러냐고 했더니, 당시 자신이 근무하는 직장에서는 여자로서 현실적으로 진급할 수 있는 만큼 다해서 더 올라갈 수도 없고, 회사 구조 자체가 남성 위주여서 더 다닐 의미도 없다고 말하는 겁니다. 대학을 졸업하고 처음 취직했던 시절에는 생각도 해보지 않은 문제였다고 합니다. 자신은 평생 사회생활을 하고 싶다고도 했습니다. 그래서 애널리스트 생활을 5년 정도 하고 그것을 통해 다른 직업으로도 진출하고 싶다는 것이었습니다. 애널리스트들을 유심히 지켜보았는데 연봉도 많은 데다가 여자들도 꽤 잘해내는 것을 보고 도전을 해보고 싶었다는 겁니다. 이 여자 분이 저를 찾아서 애널리스트를 해보고 싶다고 의논을 해올 만큼 우리 애널리스트 세계는 한국사회의 다른 회사나 조직에 비해서 남녀차별 요소가 이슈가 되지 않는 곳입니다. 이 여자 분은 현재 여의도에서 애널리스트 생활을 잘하고 있는데 저도 한 사람의 인생에 어느 정도 역할을 한 것 같아서 보람을 느낍니다.

현역 애널리스트 관점에서 놓고 보면, 보고서를 통해서 기관투자자들의 투자 의사결정에 도움을 주는 본업만 잘한다면 연봉과 보너스 평가에서 남녀 구분이라는 것은 있을 수가 없습니다. 야근이 많고 주말에 일하는 것 때문에 여자들이 결혼해서 하기 힘든 것 아니냐는 질문을 자주 받습니다. 애널리스트 생활을 해 나가면서 고객 기반도 생기고 경험과 노하우도 생겨 생산성이 워낙 높아지기 때문에 야근과 주말 근무는 본질적인 문제라고 보기 어렵습니다. 경력이 쌓여 시니어 애널리스트가 되면 RA가 보조를 하기 때문에 더 문제가 되지 않습니다. 같이 일해본 경험으로는 여성의 업무 스타일이 깔끔하고 날카로운 점이 있어서 빠른 판단과 순발력이 필요한 애널리스트라는 직업에 잘 맞는다는 생각을 할 때가 많았습니다.

저보다 세 살 연하로 두 아이의 엄마인 또 다른 여자 분이 애널리스트 생활을 아주 잘해내는 것을 보면서 제 딸에게 애널리스트를 시키고 싶다는 생각을 처음 하게 되었습니다. 지금은 한국 IT산업의 대표적인 기업체로 전직하여 IR팀장을 맡고 있는 분입니다. 국내 증권회사에서 아주 잘하다가 외국계 증권회사에서도 이름을 날렸는데 한국의 대표적인 대기업그룹에서 스카우트한 겁니다. 평생 애널리스트만 하며 기업을 외부에서만 바라보다가 지금은 내부에서 지켜보니 배우는 점이 아주 많다고 합니다. 제가 애널리스트로 복귀시키고 싶어서 직접 찾아가 면담을 한 적이 있었는데, 본인은 현재의 생활에 아주 만족하고 있는 것 같아서 덕담만 건네고 왔습니다. 본인이 원하기만 한다면 언제라도 여의도 애널리스트 세계로 복귀할 수 있을 겁니다.

지금 여의도에서 주위를 돌아보면 아줌마 애널리스트들이 무척 많습니다. 동부증권의 퀀트 애널리스트인 양해정 차장의 부인은 다른 증권회사의 건설 업종 애널리스트로 아주 날리는 분입니다. 두 사람은 여의도에서 점심시간이나 저녁시간에 다정히 걸어가는 모습이 무척 자주 눈에 띄는데 동료 애널리스트들이 모두 부러운 눈으로 바라봅니다. 최근 여의도에는 부부 애널리스트가 아주 많아졌습니다.

다시 한 번 힘주어 말씀드리지만 애널리스트 업계는 여자들이 40대가 되었다고, 아이의 엄마라고 해서 힘들어지는 일이 결코 없는 동네입니다. 어떻게 이런 직업이 있을 수 있나 싶으실 겁니다. 저도 이 세계를 접하고 나서야 알았으니까요. 저만큼 사회생활을 했더라도 애널리스트 세계를 모르면 이런 사실을 알 수가 없습니다.

왜 애널리스트 세계에는 남녀차별이 없을까요? 다른 직종들은 여자들이 유능해도 나이가 들수록 입지가 급속히 좁아지는데 왜 이곳에서는 여자 애널리스트들의 입지가 경력이 높아질수록 탄탄해질까요? 그 해답은 애널리스트의 일이 기본적으로 조직을 동원해서 하는 일이 아니라 개인적인 능력에 절대적으로 의존하기 때문입니다. 물론 애널리스트가 유능하다고 혼자서 북 치고 장구 치고 할 수는 없습니다. 고객인 펀드매니저가 주식시장의 일부 종목에 국한된 서비스에 만족하지 못하기 때문에 팀을 이뤄서 서비스를 해야 전체적인 고객 만족도를 높일 수 있습니다. 그러나 그 팀 구성원들의 개인 역량이 우수하지 못하면 팀을 이루더라도 머릿수만 많지 오합지졸에 불과하게 됩니다. 성과 극대화를 위해서는 개인 역량의 유능함이 필요조건이며 팀워크는 충분조건입니다.

개인 역량이 우수한 애널리스트는 하루아침에 양성되지 않습니다. 대졸 사원이 최소 5년의 경력 정도는 되어야 주니어 애널리스트로서 겨우 진입할 수 있습니다. 각 증권회사에서 1년에 한 명의 괜찮은 주니어 애널리스트를 배출하기도 쉽지 않은 것이 현실입니다. 30대 중반을 넘어 유능한 시니어 애널리스트 정도가 되면 정말 '대체 불가능한 인력'이 되어버립니다. 대한민국 어디에서도 아무리 돈을 많이 주어도 대체할 방법이 없습니다. 애널리스트 업계가 전직과 채용에서 실패 가능성이 있음에도 불구하고 여의도 밖에 있는 분들에게 스카우트 손길을 지속적으로 보낼 수밖에 없는 것은 이처럼 사람이 귀하기 때문입니다. 얼마나 사람이 귀하면 애 낳으러 출산휴가 간 아줌마 애널리스트들에게 전화해서 출근을 빨리 하라고 독촉까지 하겠습니까? 출산휴가 간 여자직원들이 내심 돌아오지 않았으면 하는 분위기가 있는 여의도 밖과는 완전히 다른 세상입니다.

남성 중심인 제조업체에서는 여자들이 다양한 불이익을 경험합니다. 현실적으로 한국사회에서 남자 부하직원들이 여자 상사 밑에서 일하는 것이 흔한 장면은 아닙니다. 그러나 애널리스트 세계에서는 진급이라는 개념이 없습니다. 관리직 임원인 리서치센터장을 제외하면 모두가 현역 애널리스트라는 지위 한 가지뿐입니다. 팀장이나 본부장 같은 보직을 맡고 있더라도 편제상일 뿐, 보고서 쓰고 기업 방문하고 펀드매니저에게 전화하고 프레젠테이션을 하는 현역 애널리스트이기는 마찬가지입니다. 애널리스트들은 경력과 나이가 붙어가면서 형식상으로는 과장, 차장, 부장이라는 직함을 달게 됩니다. 그러나 한국사회의 통상적인 직급 문화에 맞추어 호칭의 형평을 맞출 뿐이지 진급을 한다는 개념이 거의 없습니다. 동갑내기 애널리스트끼리는 동료가 자신보다 직급이 높든 낮든 관심을 가지지 않습니다. 직급이 돈이 되는 것이 아니기 때문입니다. 오로지 재계약과 그 조건만 이슈가 될 뿐입니다. 보너스 평가와 연봉 재계약은 남자, 여자 구분의 문제가 아니라 보고서를 읽어주는 고객이 있느냐 없느냐, 또는 많으냐 적으냐의 문제일 뿐입니다.

제조업체 같은 형태의 인사고과가 있는 것도 아닙니다. 1년 단위로 계약하고 연봉을 책정하고 보너스를 받는 직업에 몇 년씩 인사고과를 누적해서 승진하는 시스템을 어떻게 적용할 수 있겠습니까? 자기 보고서를 봐주고 자기 전화를 받아줄 고객만 있다면 여대생이 대학 졸업 이후 24세에 입사해서 40대 중반에 그만둔다고 하더라도 20년 동안 개인적인 능력만을 가지고 일할 수 있습니다. 제조업체들처럼 남자들과 경쟁하고, 인사고과를 의식해 회식이니 뭐니 하면서 못 먹는 술까지 억지로 마실 필요가 아예 없는 것입니다.

자기만 잘하면 베스트 애널리스트에 선정돼서 유명해지기도 하고, 리서치센터장이 자기 노력을 제대로 보상해주지 않아 서로 잘 맞지 않으면 다른 증권회사의 스카우트 제의를 받고 연봉 올려가면서 옮기면 됩니다. 한 증권회사에서 상사인 리서치센터장과 일시적으로 잘 맞지 않는다고 크게 고민할 필요도 없습니다. 물론 리서치 조직의 보스인 리서치센터장에게 일부러 삐딱하게 굴어도 좋다는 말은 아닙니다. 근본적인 문제는 애널리스트가 밥 먹고 사는 것은 고객의 평가가 1차적이고 핵심적이라는 것이며, 제조업체처럼 상사의 인사고과가 핵심적인 점과 대비된다는 겁니다. 자기를 찾는 고객이 있는 애널리스트가 리서치센터장이나 해당 증권회사와 맞지 않다면, 애써 맞추려고 눈치 볼 필요도 없고 아부할 이유도 없습니다. 애널리스트가 조용히 우아하게 옮기면 될 뿐이지 얼굴 붉히며 따지고 자시고 할 이유가 없는 겁니다.

몇 년 전에 어려운 환경에서 열심히 공부하여 좋은 대학에 입학한 사람이 쓴 수기의 제목이 "공부가 제일 쉬웠어요!"라는 것을 본 적이 있습니다. 사회생활을 하다보면 조직에서의 인간관계 때문에 "일이 제일 쉽다"는 것을 느낄 때가 많습니다. 일만 제대로 하면 되는 애널리스트 세계에서 남녀차별을 둘 이유가 없다는 것은 당위론이 아니라 바로 이 바닥의 객관적인 현실입니다. "일이 제일 쉬워요!"라고 생각할 수 있는 여자 분들에게 애널리스트라는 직업은 상당히 매력적입니다.

주위에서 많은 여자 시니어 애널리스트들이 성과를 내고 있고 또 많은 여자 RA들이 주니어 애널리스트로 올라서서 두각을 나타내는 것을 보면서 제 딸에게 애널리스트를 시키고 싶은 생각이 더 커져 갑니다. 훌륭한 선배 여자 애널리스트들이 크게 두각을 나타내고 점차 애널리스트 세계에서 숫자나 영향력 면에서 비중을 높여 가게 되면 그 덕을 미래의 여자 후배들이 볼 것임을 믿습니다. 제 딸이 지금으로부터 10년 후에 대학을 졸업하고 그 덕을 보기를 간절히 기원합니다. 저는 여의도 애널리스트 세계의 효율성이 과거에도 유감없이 발휘되었듯 미래에도 불변할 것임을 추호도 믿어 의심치 않습니다.

여자들에게 완전한 경제적 독립을 가져다준다

한국사회가 발전하면서 여성의 사회참여 비율이 높아지면서 남자들의 군대 경력을 인정하여 남녀차별이 생기는 경우는 점차 줄어들고 있습니다. 그러나 직장에서 경력이 붙어갈수록 남자들의 군대 경력이 진급에서 손해가 되지 않도록 눈에 보이지 않게 여자들과 맞춰준다는 혐의가 강하게 있는 것도 사실입니다. 이 말은 여자들의 입장에서 보면 시간이 지날수록 평가나 승진, 금전적인 면에서 손해 볼 가능성을 의미하는 겁니다. 제가 여기서 일반화하는 것이 아니라 그런 경향이 있음을 지적하는 것이니 확대해석하지는 마시기 바랍니다. 어쨌든 애널리스트 세계에는 이런 경향이 없습니다.

앞에서 경력 6~8년차의 애널리스트가 퇴직금 포함한 연봉 1억 원을 받을 수 있고 그것이 제조업체의 연봉 9,200만원 수준에 해당한다고 설명했습니다. 그런데 경력 6~8년차라는 것에는 당연히 군대 경력은 들어가지 않습니다. 남자건 여자건 이쪽 세계의 밥을 먹은 세월과 경력을 의미할 뿐입니다. 우리나라에서 24세에 대학을 졸업한 여자가 일반 사무직으로 제조업체에 들어가 아무리 일을 잘해서 날고 긴다고 해도 6~8년 뒤인 30~32세에 연봉 1억 원 수준에 도달한다는 것은 불가능한 일입니다. 제조업체의 대리 중고참에 해당하는 여자 사무직 직원은 2011년 기준으로 잘해야 6,000만 원대가 아닐까 합니다. 연봉 1억 원이 되기 전에도 비슷한 비율로 큰 차이가 나지만, 연봉 1억 원의 애널리스트가 된 이후에는 상대적인 격차가 비교하기조차 어려울 만큼 더욱 크게 벌어집니다. 이제는 승용차가 아니라 아파트 한 채 이상의 격차가 나고도 남습니다.

증권회사 RA 연봉이 제조업체보다 상당히 높고 그 이후 주니어 애널리스트로 올라서서 스카우트 대상이 될 정도가 되면 회사를 옮기든 옮기지 않든 연봉이 급증하여 연봉 1억 원 수준을 받는 사람들이 꽤나 생겨납니다. 사실 경력 6~8년차 주니어 애널리스트들의 연봉을 모두 알 수는 없지만, 이른바 시장에 제대로 진입한 주니어 애널리스트들의 경우에는 거의 우리가 말하는 '한 장짜리' 즉, 연봉 1억 원의 애널리스트의 반열에 올랐다고 판단됩니다. 현역 애널리스트 누구에게 물어도 비슷하게 이야기할 겁니다.

RA 시절부터 고달프게 선배 애널리스트를 보좌하는 동시에 자기계발 노력을 쌓고 그것을 바탕으로 선배 애널리스트의 인정을 받아 독자적인 보고서를 쓰는 어엿한 애널리스트로 올라서는 그 과정은 공군에서 비행기 조종사를 양성하는 것만큼이나 어려운 과정입니다. 일반인들도 아는 상식 하나는 공군에서는 비싼 비행기보다도 비행기 조종사가 더 귀한 대우를 받는다는 겁니다. 비행기가 추락하면 비행기는 아까워하지 않는데 양성에 많은 시간과 비용이 들어가는 비행기 조종사는 구출하려고 안간힘을 쓴다는 겁니다. 돈도 돈이지만 엄청난 시간 비용은 감당하기 어렵습니다. 공군에 여자 전투기 조종사가 있다는 이야기는 들어본 적이 없지만, 애널리스트 업계에는 억대 연봉을 받는 젊은 여자 애널리스트들이 즐비합니다. 그 애널리스트들이 고객에게 서비스할 수 있는 능력과 자세를 갖추고 열심히 일하는 것을 볼 때 '한 장짜리', 더 나아가 '두 장짜리' 이상의 자격이 있다고 생각합니다.

요즘 젊은 여대생들은 결혼이 필수가 아니라고 생각하는 사람이 적지 않다고 합니다. 제가 신입사원 면접에서 만나 본 여대생들에게서도 여실히 확인할 수 있었습니다. 세대차이가 나는 제가 가타부타 여기서 더 언급할 이야기는 아닌 것 같습니다. 그런데 저는 제 딸이 우리 부부처럼 자신이 사랑하는 사람을 만나서 결혼하기를 바랍니다. 최근에 한국사회에 이혼이 급증했지만 우리 딸은 이혼하지 않고 행복하게 살았으면 좋겠습니다.

한편 저의 어머니 세대는 전적으로 남편의 경제적 능력에 의존했고 한 세대 이후인 제 아내 세대는 많이 나아졌다고는 하지만 여전히 남편의 경제적 능력에 의존하는 경우가 큰 비중을 차지하는 것이 현실입니다. 여성의 경제적 독립이라는 측면에서 선진국인 미국과 유럽이 우리보다 조금 나은 것 같다는 말을 듣기는 했는데 사실 별반 다르지 않다는 이야기가 체감적으로는 더 맞는 것 같습니다.

저는 제 딸이 자기 직업을 통해서 경제적 독립을 확보하기를 강력히 희망하는 아버지입니다. 그래서 저는 경제적인 이유 때문에 결혼을 한다는 '취집'이라는 단어가 싫습니다. 저는 제 딸이 좋은 사람을 만난 인연 때문에 결혼하기를 원하지 나이가 차서 어쩔 수 없이 결혼하기를 원하지 않습니다. 그리고 결혼한 후에도 출산 때문에 눈치 보며 직장생활을 하거나 떠밀려 나오는 경우도 상상하고 싶지 않습니다. 더 나아가 경제적인 독립을 할 수 없어 같이 살고 싶지 않은 남편과 억지로 사는 윗세대 여성들의 비극이 재연된다면 아버지로서 정말 죽고 싶은 생각이 들 것 같습니다.

저는 둘째가 딸로 태어났을 때 펑펑 울었습니다. 아내가 저를 달래며 "여자로서 사는 행복과 만족도 있다"며 위로했습니다. 물론 남자인 저는 모르는 그런 면도 있을 겁니다. 그러나 이 사회가 남녀평등 관점에서 많이 발전했고 또 발전할 것이지만 그럼에도 불구하고 자본주의 세상에서 여성으로 한 세상 살아내는 데 얼마나 어려움이 많을지를 알기 때문에 크게 위로가 되지 않았습니다.

그러나 제 딸이 애널리스트라는 직업을 할 수 있다는 가능성을 보면서 비로소 희망이 생겼습니다. 자본주의가 계속되는 한, 돈은 계속 불어날 것이고 주식시장의 규모도 커질 것이어서 애널리스트라는 직업이 더욱 중요해질 겁니다. 사람이 귀한 이 직업의 특성도 변할 수가 없습니다. 그 구조 속에서 제 딸이 여자로서 경제적 독립과 자유를 획득하는 데 애널리스트라는 직업이 가장 적합하다는 것을 인식하게 되었습니다. 제 딸이 자신의 노력만으로 경제적 독립을 성취하는 동시에 여자로서 느낄 수 있는 행복도 누릴 가능성을 발견했습니다. 인류의 역사와 자본주의라는 체제가 동시에 누르고 있다고 생각했던 남녀불평등의 문제를 제 딸이 자신의 노력으로 최소한 경제적인 면에서는 극복할 수 있겠다는 가능성을 확인하고 딸을 낳은 아버지로서의 죄책감에서 벗어날 수 있었습니다.

　이 글은 현재의 젊은이들을 위해서 쓴 글이기도 하지만, 미래에 제 딸이 대학에 들어갔을 때 아버지로서 할 이야기를 지금부터 미리 다듬어 나간다는 심정으로 썼습니다. 그래서 현역 애널리스트 시절의 마지막 해와 리서치센터장으로 보낸 첫 해의 그 바쁜 와중에서도 매 주말마다 피곤함을 뒤로 하고 이 책을 쓸 수 있었습니다. 제 딸의 선배 애널리스트들이 될 수도 있는 지금의 여대생 독자들에게 도움이 되었으면 하는 마음 간절합니다. 그렇게 되면 제 딸 같은 여러분의 후배들이 더 쉽게 이 길을 갈 수 있을 것이기 때문입니다. 최근 몇 년간 애널리스트 업계의 여성 파워가 급신장하는 것을 보면서 미래에 대한 저의 믿음도 한층 굳어졌습니다.

애널리스트, 누구인가?

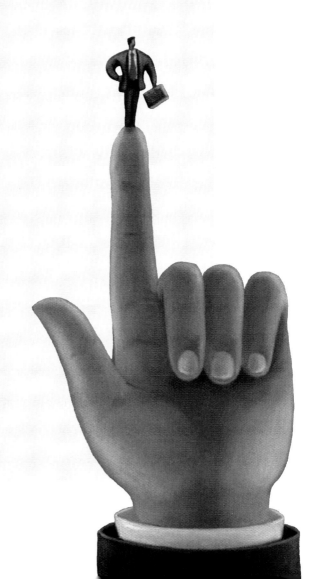

1
리서치센터

증권회사 리서치 조직이 과거에는 상이한 이름들로 불렸지만 2005년 이후에는 '리서치센터'라는 이름으로 거의 통일되었습니다. 간혹 리서치본부로 불리는 곳도 있긴 합니다. 이 조직이 바로 애널리스트들이 소속된 곳입니다. 소형 증권회사의 경우에는 리서치팀으로 편제되어 팀장급이 총괄하기도 합니다.

외부에서 봤을 때 리서치센터라는 명칭을 가진 리서치 조직은 리서치 역량이 약하든 강하든, 증권회사 규모가 크든 작든, 증권회사의 업무 영역 중 하나로 리서치를 하겠다는 의사표시를 한 것으로 이해하면 됩니다. 리서치센터라고 불리는 조직 정도라면 나름대로 체계를 가지고 전체 인원도 최소 20~30명 이상입니다. 국제 영업도 하는 대형 증권회사 몇 곳은 애널리스트와 RA 외에 번역 인원, 보고서 편집 인원 등을 포함하여 70~80명을 넘기도 합니다. 제가 근무하고 있는 동부증권 리서치센터는 50명 정도입니다.

센터장, 애널리스트, RA

리서치센터의 조직을 수직적으로 보면 리서치센터장 밑에 시니어 애널리스트, 주니어 애널리스트, RA가 있습니다. 리서치센터장와 함께 이 세 계층의 사람들이 모두 금융투자협회에 애널리스트로 등록되어 법적으로 인정된 제도권 애널리스트입니다. RA라는 개념은 명확한데 시니어 애널리스트와 주니어 애널리스트라는 개념은 구분은 좀 모호할 때가 있습니다.

리서치센터장은 리서치 조직의 최고책임자이며 애널리스트, RA, 기타 지원 직원을 총괄하는 임원으로 이해하시면 될 것 같습니다. 애널리스트들끼리는 리서치헤드(Research Head) 또는 줄여서 헤드라고 부르기도 하는데 그냥 센터장이라고 호칭되기도 합니다.

리서치센터장은 매크로 애널리스트 출신과 업종 애널리스트 출신이 양분하는 구조 속에서, 소수파이지만 애널리스트 경력이 많지 않은 관리형과 자산운용사 출신이 한 축을 형성하고 있습니다. 향후 몇 년간도 비율은 조금씩 달라지겠지만 전체적인 구조는 지금과 비슷할 것으로 전망합니다. 현재 리서치센터장들의

80~90퍼센트가 현역 애널리스트 출신인데, 현역 애널리스트 시절의 성과가 좋았다고 꼭 훌륭한 리서치센터장이 되지는 않습니다. 운동에 비유하면 좋을 것 같습니다. 리서치센터장은 감독, 애널리스트는 선수와 유사합니다. 훌륭한 선수가 훌륭한 감독이 되지 못하는 경우도 많고, 선수 시절 별 두각을 나타내지 못한 선수가 훌륭한 감독이 되는 경우도 적지 않은 것과 같은 이치로 보시면 됩니다.

RA는 애널리스트를 보좌하는 사람으로 학부를 졸업했건 대학원을 졸업했건 입사 이후 1~3년차에 해당하는 경우를 말합니다. 매크로 또는 기업분석 분야에서 독자적인 업무나 업종을 맡는 주니어 애널리스트로 아직 승격하지 못한 사람입니다. 따라서 자기 이름을 걸고 보고서를 써서 펀드매니저에게 서비스를 하는 애널리스트가 되기 이전의 훈련사원으로 이해하시면 됩니다.

주니어 애널리스트는 리서치센터에서 대리나 과장 직급으로 불리는 사람인데 이들의 배경은 두 가지로 나뉩니다. 첫째는 RA에서 승격한 사람이고, 둘째는 여의도 밖에서 근무하다가 전직하여 애널리스트로 전직한 사람입니다. 증권회사에서 시작했든 증권회사 밖에서 출발했든 상관없이 포괄적인 의미에서 사회생활 경력 4~8년 정도 범위의 30대 중반을 넘지 않은 사람을 주니어 애널리스트로 통칭합니다. 제조업체로 치면 과장 진급하기 전의 대리급 직원들에 해당한다고 볼 수 있을 것 같습니다.

시니어 애널리스트는 30대 후반~40대 중반의 애널리스트를 지칭하는 경우가 많습니다. 작성한 보고서에 대해 따로 승인 또는 품질 통제(Quality Control)를 받지 않을 정도로 경력과 스타일을 인정받은 경우에 해당합니다. 사실 주니어 애널리스트와 시니어 애널리스트는 30대 중반을 기준으로 구분하는 경우가 대부분이지만 좀 애매할 때도 있습니다. 예를 들어 제조업체에서 과장으로 근무하다가 전직하여 여의도에서 30대 후반에 차장, 부장의 호칭으로 애널리스트를 시작하는 경우에는 나이로 볼 때 시니어 애널리스트로 분류되지만, 애널리스트로서 경력과 스타일을 인정받아 독자성을 띤다는 의미의 시니어 애널리스트는 아닙니다.

애널리스트의 고객은 펀드매니저

리서치 조직은 기본적으로 펀드매니저라고 불리는 기관투자자를 대상으로 한 리서치 서비스를 제공하는 것이 비즈니스 모델의 중심축입니다. 리서치센터 전체 인원의 인건비, 데이터 처리 비용, 자료 인쇄비, 국내외 출장 교통비 등 모든 비용의 3분의 1~3분의 2를 기관투자자를 대상으로 주식 매매 주문을 담당하는 법인영업팀이 부담합니다. 그 비율은 각 증권회사마다 기업문화나 리서치조직의 태동 환경에 따라서 조금씩 차이가 납니다. 최근에 와서는 최소 2분의 1에서 3분의 2 수준까지 법인영업팀이 부담하는 형태가 일반적입니다. 나머지 비용은 지점영업, 채권영업, IB,

자산운용부서 등이 부담합니다. 일반화하기는 어렵지만 이해의 편의를 위해 거칠게 단순화해보면, 리서치센터 비용 부담의 전형적인 비율은 법인영업팀 50퍼센트, 지점 30퍼센트, 자산운용팀 등이 나머지 20퍼센트를 부담한다는 정도로 보면 될 것 같습니다.

리서치 조직의 예산 부담 기준에 따라 펀드매니저를 대상으로 영업하는 법인영업팀과 리서치센터의 관계가 가장 밀접합니다. 이 책에서 세일즈맨(Salesman) 또는 브로커(Broker)로 불리는 사람들은 이 법인영업팀의 팀원을 말합니다. 세일즈맨이라는 개념은 애널리스트의 보고서를 판매한다는 개념에서 나온 겁니다.

애널리스트들의 보너스는 거의 대부분 법인영업팀의 영업 실적에 좌우됩니다. 법인영업팀이 담당하는 펀드매니저들의 주식 매수, 매도로부터 연간 벌어들인 주식 매매 수수료 중에서 브로커들의 기본 연봉과 리서치센터에 대한 비용 분담분을 제외한 금액이 법인영업팀과 리서치센터의 보너스 풀(Pool)이 되고 일정한 기준에 따라서 서로 나누게 됩니다. 브로커들에게는 매월 또는 분기마다 보너스가 지급되고 애널리스트들에게는 3월 말 결산이 끝난 다음 4~5월에 1년에 한 번 지급되는 차이가 있습니다. 애널리스트 보너스에서 개인투자자에 대한 영업을 담당하는 지점에서 부담하는 부분은 거의 없습니다. IB 쪽도 마찬가지고요. 간혹 채권 영업팀과 자산운용팀으로부터 조금 넘어오는 경우가 있습니다.

애널리스트 업계의 비즈니스 구조를 잘 모르는 분들로부터 왜 애널리스트 보고서는 펀드매니저 위주이고 개인투자자를 위한 성향이 아닌지, 개인투자자들이 주로 관심을 가지는 시가총액이 아주 작은 종목들에 대한 보고서가 없는지 등에 대한 질문을 받을 때가 있습니다. 그 이유는 제가 방금 설명 드린 대로 리서치센터의 예산과 보너스에서 펀드매니저들을 고객으로 하는 법인영업팀의 부담이 절대적인 비중을 차지하기 때문입니다. 여기에다 펀드매니저들이 베스트 애널리스트 순위를 평가하는 투표자들이라는 점도 함께 작용합니다.

자신이 맡은 펀드의 수익률이 자기 주머니에 들어오는 수입과 직결되기 때문에 '생업을 건 진검 승부'를 하는 펀드매니저들이 애널리스트의 고객입니다. 치열한 투자수익률 게임을 벌이는 펀드매니저의 투자 내공은 우리 애널리스트도 감당하기 쉽지 않을 만큼 높습니다. 10년, 20년, 심지어 30년 가까운 세월 동안 치열한 생존게임에서 살아남은 펀드매니저들의 내공 수준을 감안할 때 그들이 읽을 만한 보고서를 만들고 그들을 설득할 수 있는 프레젠테이션을 해내는 것이 쉬운 일은 아닙니다. 사실 우리도 펀드매니저가 부탁한 숙제를 하면서 많은 아이디어를 얻을 때가 상당히 많습니다.

RA는 서러운 신세, 그러나 충분히 이겨낼 수 있는 과정

진로를 염두에 둔 대학생 독자층을 위해서 RA에 대해 설명을 자세히 할 필요가 있을 것 같습니다. 신입사원으로 애널리스트가 되겠다고 지원하는 것은 바로 리서치센터의 RA가 되겠다고 문을 두드리는 것이기 때문입니다.

RA 시기에는 일을 통해서 교육을 받고 그 성과를 평가받아서 주니어 애널리스트로 승격될지 여부가 판가름 납니다. 제가 전 직장에 근무할 때의 일입니다. 어느 RA가 입사한지 1년이 채 안되어 출신 대학교의 주식동아리 후배들에게 술을 사주러 갔는데, "현역 애널리스트 OOO 선배님을 환영합니다!"라는 플래카드가 동아리 방에 걸려 있어서 무척 쑥스러웠다고 합니다. 그럴 만합니다. RA는 애널리스트가 아닙니다. 여의도에서 애널리스트라고 부르는 사람은 RA가 아닌 주니어 애널리스트와 시니어 애널리스트이기 때문입니다. 폭을 더 좁혀서, 다른 증권회사의 스카우트 제의를 받을 만한 대상이어서 각 증권회사에서 빼앗기지 않으려고 하는 주니어 애널리스트 중의 일부와 시니어 애널리스트를 일컬을 때가 많습니다. 그들이 '세상에서 제일 좋은 직업'을 가진 사람들입니다.

RA는 힘든 과정을 겪습니다. 그러나 충분히 이겨낼 수 있고 우리 선배들도 모두 그렇게 해왔습니다. 어느 분야의 신입사원이든 그것은 마찬가지인 것 같습니다. 아직 자기만의 일하는 스타일이나 패턴이 만들어지지 않았기 때문에 일의 방향성을 제대로 잡지 못하고 생산성도 선배들에 비해서 많이 떨어지기 때문에 힘든 상황인 거죠.

외국계 증권회사의 RA는 국내 증권회사에 비해서 힘든 정도가 너무 심하다는 인상을 받습니다. 국내 증권회사에서 애널리스트를 시작했다가 외국계 증권회사에서 오래 근무한 선배 애널리스트이며 지금은 외국계 증권회사 한국 지점 대표를 맡고 계신 분의 말씀을 빌리면, 외국계 증권회사에서 고생하는 RA를 보면 거의 '노예' 수준이 아닌가 생각된다고 합니다. 급여는 쥐꼬리만 하고 일은 엄청나게 많아서 의무만 있고 권리는 제한적이라는 것을 빗댄 겁니다. 국내 증권회사에 비할 수도 없이 애널리스트 인원이 적어서 RA가 애널리스트로 올라설 수 있는 티켓도 엄청나게 적은데도 말입니다. 제 조카가 있다면 외국계 증권회사 RA는 시키지 않겠다는 생각을 한 적도 있습니다. 사람을 쓰고 버리는 부품처럼 여기는 것 아닌가 생각한 적도 있었습니다. 하지만 제 경험으로는 국내 증권회사는 어디를 막론하고 RA의 상황이 외국계와는 완전히 다릅니다. 대기업 신입사원들이 군기 바짝 들어서 일하는 것과 유사한 수준에 불과합니다.

그러나 아무리 국내 증권회사라도 RA는 "오냐오냐" 하는 대접을 받지는 않습니다. 리서치센터의 주전 선수들인 애널리스트의 업무를 보조하는 RA는 리서치센터에의 직접적인 기여도가 높지 않기 때문입니다. 리서치센터로 입사하면 애널리스트가 하든 RA가 하든 생산성이 똑같은 단순 업무부터 일을 하면서 배우기 시작합니다. RA가 애널리스트의 일을 제대로 보좌하지 못하거나 바쁠 때 심기를 거슬릴 때는 그 RA 자리마저 박탈당합니다.

애널리스트로서 성장해가는 것은 RA가 혼자 공부한다고 되는 것이 아닙니다. 애널리스트로부터 일을 통해 도제식으로 교육을 받지 않으면 애널리스트로 올리설 수 없습니다. 만일 애널리스트가 독학으로 할 수 있는 일이라면 대학의 주식 동아리 학생들이나 여의도 밖에서 독자적으로 주식을 분석하는 사람들도 모두 애널리스트를 할 수 있을 겁니다. 그러나 그것은 불가능한 일입니다.

대학 주식 동아리 출신의 RA를 밑에 두어본 적이 있는데, 1년쯤 지난 다음의 소회를 물으니 이렇게 말하더군요. "입사하기 전에는 투자 동아리에서 회장도 하고 투자 수익률도 꽤 좋아서 자신감이 있었는데, 1년쯤 RA를 하고 나니 제가 애널리스트들과 얼마나 격차가 나는지도 솔직히 잘 모르겠습니다. 더 나아가 제가 얼마나 아는지 모르는지조차도 잘 모르겠습니다." 그 RA는 한국에서 제일 좋다는 대학을 나왔고 입사 전에 준비도 적지 않게 했으며 주식 투자 경험도 꽤 훌륭했지만, 학교에서 또는 애널리스트 외부 세계에서 아마추어적으로 배운 것과는 확연하게 차이가 난다는 것을 토로했던 겁니다. 직접 입사해서 일을 해보면 실감이 날 겁니다.

만일 학교에서 배워서 가능한 것이라면 대학에서 박사를 딴 사람이나 유명한 해외 MBA 출신을 시키면 될 겁니다. 그러나 불가능합니다. 학교와 시장은 완전히 다른 곳임을 수많은 실패 사례가 말해줍니다. 대학교수와 애널리스트는 무술 이론 선생과 격투기 선수만큼이나 차이가 있습니다.

　바쁜 현역 애널리스트들의 업무는 교육이 아닙니다. 다른 증권회사에서 자신과 똑같은 일을 하는 수십 명의 애널리스트들과 경쟁을 하면서 고객인 펀드매니저에게 도움이 되는 보고서와 투자 아이디어를 제공하는 것입니다. 치열한 경쟁 속에서 변덕스러운 주가를 대상으로 하기 때문에 늘 바쁩니다. 여의도 애널리스트 업계의 실정을 말씀드리자면, 제대로 보조를 못하는 RA는 갈아치우고 수많은 RA 후보 중 하나를 다시 고르면 되는 상황입니다. 갈아치우지 않더라도 방치하고 있다가 다음 RA가 들어올 때까지 정말로 보조 업무만 시키는 영악한 애널리스트들도 있는 것이 현실입니다. 현업이 돌아가야 하기 때문에 그 애널리스트를 탓할 수가 없습니다.

　여의도가 워낙 좁은 바닥이어서 어떤 애널리스트 밑에 있던 RA가 "잘렸다"고 하면 다른 회사 RA로 전직하기도 어렵습니다. 전직하려는 증권회사에서 지금 몸담고 있는 증권회사의 애널리스트에게 그 RA를 왜 잘랐는지를 묻는 신분조회(Reference Check) 과정이 있기 때문에 전직에 성공할 확률은 희박합니다. 애널리스트 세계는 전직을 통해서 예전에 같은 직장에서 근무했던 사람들이 전 증권회사에 퍼져 있기 때문에 인터넷 메신저로 거의 연결되어 있다고 보시면 됩니다. 전화를 걸어볼 필요도 없이 즉각적인 의사교환이 이루어지는 것이 주식시장에 관한 정보만은 아닙니다. 내쳐진 RA는 거의 대부분의 경우 다른 애널리스트들도 받지 않으려고 합니다. 다른 증권회사에서 그 RA에 대해서 물을 때 "그 친구? 노 코멘트!" 한마디면 그걸로 전직은 수포로 돌아갑니다. 어느 증권 회사에서나 '폭탄'을 받고 싶지는 않기 때문입니다. 들어오려는 사람도 많은데 말입니다. 애널리스트는 자기 밑의 유능한 RA를 다른 사람에게는 절대 빼앗기지 않으려고 하지만 별 도움이 안 되는 RA를 붙잡고 있지도 않습니다.

애널리스트 중에서도 RA의 성장을 위해서는 전혀 노력을 할애하지 않는 극단적인 이기주의자로 알려진 사람도 간혹 있고 또 꼴통이라고 소문난 경우도 간혹 있습니다. 그런 예외적인 경우라면 주위의 선배 애널리스트들이 나서서 도와줄 겁니다. 그러나 그런 경우가 아니라면 특정 애널리스트에게서 내쳐진 RA는 그 회사 안이건 밖이건 다시 자리를 잡기가 어렵습니다. 그러나 RA가 받는 서러움은 한국의 어느 직장을 가더라도 신입사원 시절에 겪는 상황과 비슷합니다. 여의도나 여의도 밖에서나 모든 사람들이 거치는 '사회화' 과정일 뿐이라고 보시면 됩니다.

애널리스트가 뭐 그리 대단한 존재라고 우수한 재목이라며 RA로 뽑힌 사람들을 이렇게 대접하는가 하는 생각이 들 수도 있겠습니다. 그러나 증권회사 리서치센터는 변화무쌍한 주가를 상대로 하는 정말 쉽지 않는 업무입니다. 펀드매니저의 모든 요청에 응해야 하는 실전 업무를 하고 있는데 기본 실력이 모자라고 게다가 고분고분하지 않은 RA에게 시간낭비를 할 틈이 없다는 점은 분명히 알아야 합니다. 기본 실력이 있고 태도가 좋은 RA 지망생들이 충분하기 때문이기도 하지만, 증권회사 리서치 조직은 실전에 쓰일 애널리스트를 중심으로 하는 현장조직이지 교육기관이 아닙니다. RA를 잘 가르친다고 애널리스트의 직업적 안정성이 보장되는 것도 아닙니다. 애널리스트의 계약서에는 'RA를 가르치는 것'과 관련된 조항은 아예 없습니다. 더 정확히 말하면 'RA'라는 단어는 어디에도 들어가 있지도 않습니다. 냉정하게 들릴지도 모르지만 애널리스트의 연봉과 보너스는 RA를 잘 키우든 RA가 적응을 못해서 탈락하든 그런 것과는 아무 상관이 없습니다.

그러나 미리부터 겁먹을 필요는 없습니다. 애널리스트 세계에서 성공해보겠다는 RA가 배움을 요청할 만한 선배 애널리스트들, 아무리 바쁘더라도 후배에게 관심의 손길을 거두지 않는 선배 애널리스트들이 대부분이라는 점은 자신 있게 말씀드릴 수 있습니다. 뒤늦게 여의도에 들어온 저도 그렇게 살아남았습니다.

대학을 졸업하고 리서치센터로 들어오면 처음 접하는 사회생활이라 매사에 서툴고 어려우며, 어떨 때는 자존심 상하고 서러울 때도 있습니다. 그러나 그것은 대한민국의 모든 직장에서 '초짜'들이 겪는 일반적인 어려움일 뿐이며 누구나 이겨내는 과정에 불과하다는 것을 염두에 두었으면 합니다.

2
애널리스트의 분류

매크로 애널리스트와 기업분석 애널리스트

통상 광의의 애널리스트라고 할 때는 리서치센터에서 근무하는 조사 분석 담당자를 모두 일컫습니다. 세부적인 업무 특성으로 보면, 크게 특정 산업 업종을 담당하는 기업분석 애널리스트와 주식시장 전체를 포괄적으로 보는 매크로 애널리스트로 대별됩니다. 협의의 애널리스트라고 할 때는 기업분석 애널리스트(업종 애널리스트라고 부르기도 합니다)만 지칭하는 경우도 있습니다. 왜냐하면 매크로 애널리스트는 애널리스트라는 명칭 이외에 그 업무에 따라서 좀 더 세분하여 불릴 때도 있기 때문입니다.

매크로 분야에서는 경제 전체를 전망하는 이코노미스트(Economist), KOSPI의 수준과 방향, 그리고 업종 투자 우선순위에 집중하는 스트래티지스트(Strategist), KOSPI나 개별 기업 주가를 차트를 중심으로 기술적으로 분석하는 차티스트(Chartist), 매일 매일의 시황을 따라 잡는 데일리 마켓 애널리스트(Daily Market Analyst), 파생상품을 전담하는 디리버티브 애널리스트(Derivative Analyst), 주식시장 전체나 업종 배분, 종목 발굴 등을 계량적으로 분석하는 퀀트 애널리스트(Quant Analyst), 채권 금리를 중심으로 분석하는 픽스트 인컴 애널리스트(Fixed Income Analyst) 등 7가지로 대별합니다.

최근에 국내 투자자들의 해외투자가 주목을 받으면서 이코노미스트와 스트래티지스트 분야에서 파생된 글로벌 전략이라는 분야가 있습니다. 그리고 증권회사의 펀드 판매 부분이 있기 때문에 리서치센터 내에 펀드 애널리스트가 있는 경우도 있습니다.

한편 회사채 등급 또는 가격을 분석하는 애널리스트로 해석할 수 있는 크레딧 애널리스트(Credit Analyst)가 있어서 픽스트 인컴 애널리스트와 팀을 이루어 채권팀으로 편제되고, 언론사의 베스트 애널리스트 폴(Best Analyst Poll)에서 채권팀으로 평가받기도 합니다. 크레딧 애널리스트는 주가를 분석하는 기업분석 애널리스트와는 차별화되는데 조직 편제상 리서치센터에 있을 수도 있고 채권영업본부나 리스크관리본부에 편제되기도 합니다. 크레딧 애널리스트는 여의도 전체적으로 볼 때 인원이 아주 적어서 필요한 증권회사에서 정작 스카우트하려고 할 때는 찾기 힘든 경우도 있습니다. 이런 점들 때문에 애널리스트를 광의로 통칭할 때도 기업분석 애널리스트와 매크로 애널리스트만 포함하고 크레딧 애널리스트는 포함하지 않는 경우도 있습니다.

　한편, 리서치센터의 조직 편제를 업무적인 측면에서 살펴보면 리서치센터장 휘하에 기업/산업 분석 파트와 매크로 분석 파트 두 개로 나뉘고, 이를 다시 세부 소팀으로 나눕니다. 기업분석 파트는 담당 산업의 유관성에 따라서 IT팀, 금융팀, 내수팀, 중공업팀 등의 소팀으로 분류되는 경우가 많으며 투자전략 파트는 거시경제팀, 주식전략팀, 채권팀, 계량분석팀 등의 소팀으로 세분되는 경우가 많습니다. 이런 세부 소팀들은 시니어 애널리스트를 중심으로 한 워킹 그룹(Working Group)으로서 리서치센터 내의 역할 분담이지 공식적인 조직 편제상의 팀 조직이 아닌 경우도 많습니다.

　각 증권회사마다 리서치센터의 내부 조직과 편제는 다양하지만 일반인들이 애널리스트 세계를 개략적으로 파악할 때나 직업 선택의 목적으로 이해할 때는 세부적인 명칭은 몰라도 좋습니다. 다만 애널리스트를 떠올릴 때 주식 쪽이냐 채권 쪽이냐, 주식 쪽이라면 매크로냐 기업분석이냐, 채권이라면 채권금리냐 회사채의 신용분석이냐 등을 구분하면 될 것 같습니다.

베스트 애널리스트 폴에 따른 분류

베스트 애널리스트 폴(Best Analyst Poll)에서 구분하는 애널리스트 분류는 주요 언론사마다 조금씩 차이가 있지만 대략 33개 정도로 구분됩니다. 앞에서 분류한 매크로 분야 7개와 기업분석의 업종 26개로 나뉩니다. 26개 업종 중에서 일반적인 산업분류 하에서 24개의 크고 작은 분류로 나누어지고 업종과 관련 없이 스몰캡(Small Cap)과 지주회사가 추가된 형태입니다. 특정 업종 및 기업들의 시가총액 변화에 따라서 또는 주식시장의 관심도에 따라 폴의 분류 기준들이 새로 생기거나 바뀌기도 합니다. 스몰캡과 지주회사는 최근 이삼 년 사이에 폴에 편입된 경우입니다. 여기서 스몰캡이라 함은 Small Capitalization의 약자로 시가총액이 아주 작은 종목을 말합니다. 업종을 담당하는 기업분석 애널리스트들이 분석하지 않는 소형 종목이나 업종 구분이 애매한 영역에 있는 소형 종목들을 의미합니다. 기업분석 애널리스트가 통상 업종 하나 또는 두세 개 업종 당 한 명씩인 것과 달리, 스몰캡은 업종에 구분 없이 많은 종목을 다룹니다. 이 때문에 여러 명의 애널리스트들이 팀을 이루어서 일하며 폴 순위 평가도 스몰캡팀 단위로 이루어집니다. 각 증권회사가 분석 대상 종목을 늘림과 동시에 소형 종목에 대한 관심이 많은 개인투자자 서비스를 강화하려는 노력에 따라서 스몰캡팀이 최근 몇 년 사이에 상당히 중요해졌습니다. 한편 지주회사는 ㈜LG 같은 대기업그룹의 지주회사나 기타 제조업군들의 지주회사를 지칭합니다. 그렇지만 은행 업종 담당 애널리스트들이 맡는 KB금융지주나 우리금융지주 같은 은행 중심의 금융지주회사는 제외한 개념입니다.

특정 업종의 시가총액과 기업 수에 따라서 업종을 담당하는 기업분석 애널리스트의 업무 범위가 다양합니다. 특히 베스트 애널리스트 폴 기준으로 볼 때 더욱 그렇습니다. 삼성전자를 담당하는 애널리스트를 반도체 애널리스트라고 하는데, 워낙 시가총액이 크고 삼성전자의 사업부 자체가 광범위해서 주로 시니어 애널리스트가 담당합니다. 이들은 삼성전자나 하이닉스와 같은 반도체 업종의 대형 종목을 전담하는데, 분석 종목수가 가장 적은 애널리스트입니다. 반도체 부품업체를 몇 개 더 담당하는 경우도 있지만 삼성전자에 대한 부담 때문에서 IT팀으로 편제된 주니어 애널리스트가 반도체 부품업체를 전담하는 경우가 많습니다.

반면, 시가총액이 작은 업종을 담당할 때는 한 애널리스트가 사실상 몇 가지 업종을 묶어서 담당합니다. 예를 들어, 교육/출판/제지 애널리스트는 3개의 작은 업종을 담당하지만 폴에서는 3개 업종이 하나로 묶여집니다. 이들 3개 업종은 오래 전에는 각각 독립적인 분류로 되어 있다가 다른 업종의 시가총액이 커지고 이들 업종의 비중이 많이 축소되면서 하나로 통합된 경우입니다. 이렇게 시가총액이 작은 업종들은 몇 개를 묶더라도 폴에서나 리서치센터 내부에서 하나로 분류되고, 다 합해도 시가총액이 작기 때문에 주니어 애널리스트가 담당하는 빈도가 높습니다. 섬유/의복/제지도 동일한 상황입니다.

한편 한 애널리스트가 폴 기준으로 여러 업종을 담당하기도 합니다. 각각 따로 평가되는 조선 업종과 운송 업종을 함께 담당하기도 하고, 한국전력 같은 유틸리티 업종을 담당하면서 운송이나 철강을 같이 하기도 합니다. 매크로 분야에서도 경제와 주식 전략을 한꺼번에 담당하는 경우도 더러 있습니다. 한편 2002년 정도까지는 자동차와 조선을 같이 한명의 애널리스트가 담당하는 경우가 많았지만 두 업종의 시가총액이 커지면서 자동차와 조선을 각각 따로 다른 애널리스트가 담당하는 것이 일반화되었습니다. 아직도 간혹 자동차와 조선을 같이 담당하기도 합니다. 타이어 업종은 원재료에 석유화학 제품이 많아서 과거에는 화학 담당 애널리스트들이 분석을 했는데, 자동차와 조선이 분리되면서 자동차 업종의 부각되자 자동차의 일부분인 타이어는 자동차 업종 애널리스트가 담당하는 것이 일반화되었습니다. 조선 담당자는 두산중공업과 두산인프라코어의 시가총액이 조금씩 커져도 계속 담당하면서 조선/기계 업종 담당자로 불리다가, 풍력 발전 등이 중요해지고 기계 업종 주식들의 시가총액이 커지면서 두산그룹주와 함께 묶어 2010년부터 기계 업종이 조선 업종에서 분리되었습니다. 분리된 첫해라서 아직 한 애널리스트가 조선과 기계 2개 업종을 맡고 있는데, 자동차와 조선의 경우처럼 각각 다른 애널리스트가 담당하게 될지 또는 한 애널리스트가 지금처럼 조선과 기계를 같이 담당할지는 이 두 업종 시가총액의 변화에 달려 있습니다. 이외에도 이와 비슷한 예가 많지만 굳이 다 설명을 드릴 필요는 없을 것이고 개략적인 우리 업계의 내부 사정을 파악하는 데는 이 정도로 충분할 듯합니다.

　정리해보면 기업분석 애널리스트의 경우에는 시가총액의 비중, 업종의 연관성, 증권회사 리서치센터의 규모 등에 따라서 복수 업종을 담당할 경우도 있고 2개 업종을 하다가 하나의 업종만 하는 경우도 있습니다. 과거 추세를 보면 시가 총액의 변화나 새로운 산업의 부상에 따라 다이내믹하게 변하는데 당연히 미래에도 이런 변화는 있을 것으로 보입니다.

3
애널리스트 마켓

애널리스트 세계를 이해하기 위해서는 '애널리스트 마켓'이라는 용어와 그 메커니즘을 이해할 필요가 있습니다. 우리 직업을 이해하는 핵심 키워드이기 때문입니다. 그래야만 다른 직업보다 고액 연봉을 받는 이유도 이해할 수 있고, 왜 1년 단위 계약직임에도 불구하고 직업적인 안정성을 가지고 있는지를 알 수 있습니다.

저는 여의도 생활 13년 동안 신문이나 잡지 그 어디에서도 애널리스트 마켓이라는 용어가 활자화된 자체를 본 기억이 없습니다. 제가 선배의 위치가 된 이후부터 후배들을 지도하면서 쓰기 시작한 용어이기 때문입니다. 우선 그 정의를 내려보겠습니다. 애널리스트 마켓이란 '유능한 애널리스트가 그 자체로 노동력의 공급자가 되고 각 증권회사의 리서치센터장들이 그들을 스카우트하려는 수요자로 형성된 시장'을 말합니다. 이렇게 사전적인 정의만을 가지고서는 감이 잡히지 않을 것인데, 쉽게 말해서 여의도 증권업계의 '애널리스트 스카우트 시장'이라고 생각하시면 될 겁니다. 좀 더 설명을 해보겠습니다.

공급자―유능한 애널리스트

여기서 유능한 애널리스트는 어느 증권회사에서 근무하는지를 막론하고 스카우트 대상이 될 만한 사람들을 말합니다. 현재 금융투자협회에 등록된 애널리스트를 1,600명이라고 할 때, 제가 '명실상부한 애널리스트'라고 지칭하는 300~400명의 시니어 애널리스트가 그 핵심입니다. 또한 '명실상부한 애널리스트'로 진입할 가능성이 있는 훈련 잘 받은 주니어 애널리스트들까지 포함하면 스카우트 대상자들은 500~600명 선까지 확대됩니다. 이 수치가 스카우트에 노출된 유능한 애널리스트입니다. 제가 앞에서 애널리스트의 연봉을 의사, 변호사의 연봉과 비교할 때 말한 애널리스트들은 이들을 말합니다.

유능한 애널리스트들이 어떤 증권회사에는 많고 어떤 증권회사에는 아주 적습니다. 유능한 애널리스트를 보유할 만한 최소한의 예산을 확보할 수 없어서 리서치센터를 운영한다는 표현이 어울리지 않을 정도가 아니라면, 리서치센터의 크기와 유능한 애널리스트의 보유 숫자는 비례하지 않습니다. 애널리스트를 존중하고 공정하게 평가하는 리서치센터의 문화가 더 중요한 요소이기 때문입니다. 리서치센터 문화가 낙후된 경우라면 대형 증권회사라도 유능한 애널리스트의 숫자가 극히 적을 수도 있습니다.

예를 들어, 대형 증권회사 중 한 곳은 유능한 애널리스트의 고액 연봉을 못 마땅해 하는 CEO가 리서치센터 전체 직원을 불러 모은 자리에서 "왜 애널리스트가 정규직원보다 연봉을 더 많이 받아야 되는가?"라고 질타할 정도입니다. 일을 열심히 해도 안 해도 같은 월급을 주며 애널리스트를 공무원화 하고 있는 곳으로 유명합니다. 책이 발간된 2011년에 혹시 이 글을 읽고 있는 여의도 애널리스트라면 누구나 이 증권회사가 어디인지를 알 겁니다. 유능한 애널리스트들이 이탈하는 중이고 앞으로도 그럴 것으로 예상되는 곳입니다. 이런 곳이라면 대형 증권회사라도 유능한 애널리스트는 없고 '무늬만 애널리스트'인 사람들만 존재할 뿐입니다. '무늬만 애널리스트'인 사람들은 나이나 경력과 상관없이 애널리스트 마켓에 참여하는 사람들이 아닙니다. 애널리스트 세계로 진입할 때 저간의 사정을 모르고 덜컥 이런 증권회사의 리서치센터로 입사한다면, 제가 이 책에서 제시한 우리 직업 세계의 장점에 대해서는 전혀 느끼지 못하고 환멸만 느낄 수도 있습니다. 이런 곳에 입사해서 이 책의 저자인 저를 원망할 것이 아니라, 사전 조사와 준비에 만전을 기하라고 당부하고 싶습니다.

이는 지금 당장 증권회사 리서치센터로 진입하려는 분들에게만 해당되는 문제가 아닙니다. 미래의 어느 시기에도 자신이 지원하는 증권회사 리서치센터의 문화가 어떠한지, 리서치센터를 어떻게 대우하고 있는지에 대한 사전 조사를 반드시 해야 합니다.

이런 사전 준비를 위해서 한두 마디 덧붙입니다. 증권업계 전체가 그렇지만, 리서치에서 가장 핵심적인 자산은 사람이라는 점은 두말 할 나위도 없습니다. 이런 맥락에서 애널리스트의 유능함의 척도는 대형 증권회사라는 외형이 아니라는 점을 분명히 일러둡니다. 대형 증권회사의 명함을 가진 애널리스트는 유능할 것 같고 중소형 증권회사 명함을 가진 애널리스트는 유능하지 않은 것처럼 여기는 것은 우리 세계를 잘 몰라서 가지는 편견과 오해일 뿐입니다. 중소형 증권회사에도 유능한 애널리스트가 많은 경우가 꽤 있습니다. 유능한 애널리스트들 중에는 대형 증권회사보다 중형 증권회사에서 훨씬 더 좋은 대우를 받고 있는 경우가 비일비재합니다. 아니, 여의도의 뚜렷한 문화 중 하나입니다. 유능한 애널리스트가 있고 그들이 새로 진입하는 RA를 가르치는 문화가 있는 리서치센터가 유능한 애널리스트로 성장시킬 확률이 높습니다.

수요자—리서치센터장

애널리스트 마켓의 수요자인 각 증권회사의 리서치센터장들은 유능한 애널리스트를 스카우트하는 것이 가장 중요한 본업 중 하나입니다. 자기 회사 소속의 유능한 애널리스트를 다른 증권회사에 빼앗기지 않도록 공정하게 평가하여 금전을 포함한 보상을 제대로 해주어야 합니다. 그리고 애널리스트를 보강할 필요가 있거나 결원이 생길 경우에는 주어진 인건비 예산 안에서 최대한 유능한 애널리스트를 뽑아야 합니다. 자기 회사의 애널리스트가 언제나 다른 증권회사 리서치센터장의 스카우트 대상이 될 수도 있다는 점을 늘 유의해야 하고 다른 회사의 유능한 애널리스트를 스카우트 대상으로 늘 저울질해야 합니다. 여의도 리서치센터장들 전체가 유능한 애널리스트를 놓고 항상 스카우트 경쟁을 하는 겁니다. 각 증권회사 리서치센터장들도 업계의 선후배로서 서로 잘 아는 경우가 많은데 애널리스트 스카우트 경쟁을 하면서 얼굴을 붉히는 경우도 가끔 있습니다. 그러나 특정 증권회사가 다른 증권회사의 유능한 애널리스트를 대량으로 스카우트하는 것은 업계의 금기 사항입니다.

어쨌든 유능한 애널리스트는 늘 증권업계 리서치센터장들 모두의 주목을 받는 대상입니다. 그런데 각 증권회사마다 인건비 예산의 한계가 있어 고액 연봉을 받는 유능한 애널리스트들만으로 리서치센터를 운영하는 것은 불가능합니다. 따라서 대졸 신입사원으로 시작한 RA 중에서 유능한 친구를 발굴하여 주니어 애널리스트로 육성합니다. 한편, 다른 증권회사 리서치센터에서 RA를 거친 주니어 애널리스트 중에서 시니어 애널리스트 수준의 역할을 할 만한 사람들을 스카우트하기 위해서 눈에 불을 켜고 찾습니다. 각 증권회사 리서치센터의 팀장들이나 시니어 애널리스트들이 추천을 하는 경우도 많고, 펀드매니저에게 영업하는 세일즈맨들이 펀드매니저들의 반응이 좋은 타사 애널리스트를 추천하는 경우도 많습니다. 스카우트된 애널리스트의 성과에 대해서 리서치센터장이 책임을 져야 하기 때문에 결국은 스카우트의 권한과 책임이 리서치센터장에게 있습니다.

다시 말씀드리지만 애널리스트 마켓의 구조를 정확히 이해해야 할 필요가 있습니다. 대졸 신입사원으로서 RA가 되려는 것도, 다른 부문 경력자가 애널리스트로 전직을 고려하는 것도, 제가 여기서 말하는 '애널리스트 마켓'에 진입하려는 것이 목적이지 않으면 의미가 없기 때문입니다.

궁극적인 결정자는 고객인 기관투자자들이다

그렇다면 유능한 애널리스트는 누가 결정할까요? 애널리스트 마켓의 수요자인 리서치센터장들일까요? 아닙니다. 결론부터 말하자면 애널리스트들의 고객인 기관투자자들입니다. 일반적으로 인식하기에는 매년 1월과 7월에 발표되는 베스트 애널리스트 순위가 기준이 된다고 생각할 수도 있고, 물론 그런 면이 있습니다. 그 순위도 기관투자자들의 투표로 결정되기 때문입니다. 하지만 그렇지 않은 면도 많습니다. 베스트 애널리스트 순위에 올라와 있더라도 리서치센터장들이 보고서의 양의 질을 검토한 뒤 스카우트 대상으로 부적절하다고 판단하는 경우도 적지 않습니다. 애널리스트의 본업인 보고서가 양과 질 면에서 유지되지 않은 채 과거의 명성이나 베스트 애널리스트 순위에만 집착하는 애널리스트들은 점차 리서치센터장들의 전화를 받지 못하게 됩니다.

한편, 담당 업종의 시가총액이 크다는 것은 기관투자자들의 관심과 수요가 많다는 것을 의미합니다. 따라서 시가총액이 작은 업종을 담당하는 애널리스트의 경우에는 베스트 애널리스트 순위의 높은 자리를 차지하더라도 스카우트를 하지 않는 경우가 허다합니다. 업종을 담당하는 애널리스트는 1인당 7~15개 정도의 기업을 담당하는데, 시가총액이 큰 업종의 경우에는 담당 기업수가 적지만 시가총액이 작은 업종 담당자일수록 담당 기업수가 많은 경향이 있습니다. 시가총액이 작은 업종의 기업 15개를 모두 합해도 시가총액이 큰 업종의 업종 대표주 하나의 시가총액이 되지 않은 경우도 있습니다. 시가총액이 작은 업종은 타사에서 스카우트하지 않고 자기 리서치센터의 괜찮은 RA 중에서 발탁하여 맡기더라도 리서치센터를 운영하는 데는 아무런 문제가 없습니다.

그래서 각 증권회사 리서치센터의 RA들은 내심 시가총액이 큰 업종을 담당하기 위해 좋은 평가를 받으려는 경쟁이 치열합니다. 또 스카우트에 따른 연봉 상승폭이 크지 않더라도 시가총액이 큰 업종을 맡을 수 있다는 이유 때문에 전직하는 경우도 많습니다. 시가총액에 따른 스카우트 경쟁의 강도는 기관투자자들의 관심과 수요를 반영하며, 이것은 담당 업종에 따른 애널리스트들의 연봉 차이로 나타나는 경우가 많습니다.

리서치센터장들이 특정 애널리스트를 스카우트 대상으로 내심 지목하고도 기관투자자들의 반응을 점검하고 나서 스카우트 대상에서 제외하는 경우도 많습니다. 또는 스카우트 대상인 애널리스트들이 베스트 애널리스트 순위의 높은 위치를 무기로 수용하기 힘든 수준의 조건을 제시할 때 스카우트를 하지 않기도 합니다. 베스트 애널리스트 순위의 하위에 있거나 아예 순위에 없는 주니어 애널리스트라도 보고서의 질을 검토하고 고객들의 반응을 점검하여 대폭적인 연봉 인상 조건으로 스카우트를 하기도 합니다.

이런 이유들 때문에 경력 6~8년차의 유능한 애널리스트들이 젊은 나이에 억대 연봉자의 반열에 오르게 됩니다. 다른 회사의 스카우트에 응하든 기존 회사에서 그 애널리스트의 몸값을 올려주면서 붙잡든 말입니다. 유능한 시니어 애널리스트들이 새로 부임한 리서치센터장과 자신의 스타일이 맞지 않을 경우에도 크게 걱정을 하지 않는 것은 애널리스트 마켓의 존재 덕분입니다. 회사를 옮기는 것이 번거롭기는 해도 제조업체 조직처럼 무조건 윗사람의 스타일에 맞춰야 하는 상황은 아닌 겁니다.

리서치센터장들이 스카우트를 단행할 때 자기 취향에 맞는 애널리스트를 뽑는 것이 아니라 고객인 기관투자자들에게 먹힐 수 있는 애널리스트를 뽑으려는 노력이 애널리스트 마켓의 본질입니다. 치열한 수익률 게임을 펴고 있는 프로 투자자인 동시에 애널리스트의 고객인 기관투자자들에게 좀 더 좋은 리서치 서비스를 제공하는 것이 리서치센터의 존재 기반입니다. 따라서 리서치센터장의 취향이나 학연, 지연이 우선되는 리서치센터는 곧바로 경쟁력을 잃고 맙니다.

제가 이 책의 여러 군데서 남녀, 학벌, 지연 등 어떠한 차별적인 요소도 없다는 점을 애널리스트가 '세상에서 제일 좋은 직업'이라는 근거의 하나로 들고 있습니다. 그 본질에 애널리스트 마켓이 자리 잡고 있습니다. 스카우트 대상인 애널리스트들이나 스카우트를 해야 하는 리서치센터장들 모두 고객들의 엄격한 평가에서 더 높은 점수를 받으려고 노력하는 것이 애널리스트 세계의 본질이고 그것을 대표적으로 보여주는 것이 애널리스트 마켓입니다. 오로지 애널리스트의 노력에 따른 성과물로만 고객이 평가하기 때문에 어떠한 차별도 힘을 쓸 수 없는 이 직업의 세계가 제게는 참 매력적입니다.

스카우트의 이면

일반적으로 스카우트에 응하는 것이 연봉 상승의 첩경인 것은 맞는데 그것은 단기적인 것 같습니다. 저는 36세에 애널리스트를 처음 시작했고 돈과 관련된 목표에 집착했기 때문에 현역 애널리스트를 8년 하면서 세 번 옮겼습니다. 그리고 제 목표는 달성했습니다. 그러나 현역 애널리스트 시절 후반부에 깨달았는데, 전직을 하지 않고 같은 회사에 계속 오래 다닌 사람들보다 저의 누적 연봉이 더 많았는지에 대해서 꼭 그렇다고 자신 있게 말하기가 힘듭니다. 괜히 여러 회사 돌면서 적응하느라 고생만 한 것 아닌가 하는 생각을 할 때가 많습니다.

일단 전직을 해서 새로운 리서치센터의 시스템과 리서치센터장 및 동료 선후배 애널리스트, 그리고 손발을 맞춰야 하는 세일즈맨들인 법인영업팀과 호흡을 맞추는 것은 보통의 적응력과 인간관계 능력을 필요로 하는 것이 아닙니다. 스트레스 지수 조사에서 1위가 이혼이고 2위가 전직이라는 신문기사를 읽은 적이 있습니다. 저는 이혼은 경험이 없어 잘 모르지만, 적응력이 좋은 편인데도 전직이 여간 조심스러운 것이 아니라는 점에는 100퍼센트 동의할 수 있습니다. 잘하던 애널리스트가 스카우트로 다른 회사로 옮기고 나서 너무 힘들어하고 심지어 애널리스트로서의 경쟁력을 잃어버리는 경우도 심심치 않게 봅니다.

금전적인 면에서만 볼 때, 통상 애널리스트들끼리는 기존 직장과 새로운 스카우트의 연봉 차이가 최소 30퍼센트는 되어야 옮기는 것으로 생각하는 경향이 강합니다. 늘 새롭게 리서치센터를 재구축하려는 증권회사가 있는 곳이 여의도이기 때문에 유능한 애널리스트를 스카우트하려 하고 기존 증권회사에서는 붙잡으려 하는 애널리스트 마켓은 쉬지 않고 돌아갑니다. 스카우트 제의를 받을 정도의 애널리스트는 현재 자신이 근무하고 있는 증권회사에서도 빼앗기지 않으려고 분명히 연봉을 올려주게 됩니다. 전직이 연봉 상승의 기회이기도 하지만 완전히 새로운 사람들과 적응해야 한다는 리스크도 있다는 점을 감안해야 합니다. 스카우트를 둘러싼 애널리스트 마켓이 늘 안팎으로 작동하고 있기 때문에, 연봉 상승에 전직이 필수적이라는 것은 고정관념입니다.

전직을 통해 얻는 것보다 잃는 게 더 많을 수도 있습니다. 아무리 계약직 애널리스트의 세계지만 오직 연봉 상승만을 위해서 자주 옮기는 사람은 이 세계에서 정착하기 어렵습니다. 효율성이 추구되는 특성이 있는 곳이지만 여기도 사람 사는 세상이기 때문입니다. 애널리스트도 조직의 일원이기 때문에 팀워크의 필요성도 있습니다. 매일 돈타령이나 하면서 동료 선후배들을 의식하지 않는 사람도 이 세계에서 살아남기 어렵습니다. 자신이 업무적으로 슬럼프에 빠져 있을 때 여유와 휴식을 가질 수 있도록 다른 애널리스트들이 훨씬 일을 더 많이 해준 것을 잊어버리는 사람이 어떻게 리서치 조직 전체의 성과를 제고하여 그것을 공정한 평가에 따라 분배하는 이 세계에서 높게 평가받겠습니까? 자기에게 일을 가르쳐준 선배나 사부를 의식해서 스카우트를 거절할 때도 있습니다. 자기가 애지중지 가르쳐 온 후배들이 눈에 밟혀서 스카우트 제의에 응하지 못하기도 합니다. 증권업계가 사람이 자산인 곳이기 때문에 결국은 사람만이 남는다는 점은 애널리스트 업계도 마찬가지입니다.

애널리스트들이 반드시 돈 때문에만 옮기는 것은 아니라는 점을 지적하고 넘어가겠습니다. 즉, 반드시 스카우트 제의에 응해야 하는 경우가 있습니다. 첫째, 시가총액이 작은 업종을 담당하다가 큰 업종을 담당하기 위해서 연봉 상승이 거의 없는 경우에도 이직하는 경우가 있습니다. 물론 연봉이 대폭 상승하는 경우가 더 일반적입니다. 둘째, 시니어 애널리스트 밑에서 수련을 받던 RA가 다른 증권회사로부터 독자적인 애널리스트로서 스카우트 제의를 받을 때도 있습니다. 이런 두 가지 경우에는 기존 리서치센터에서 붙잡으려야 붙잡을 수 없습니다. 오히려 그 리서치센터가 RA나 주니어 애널리스트를 잘 양성하는 훌륭한 리서치센터라는 평가를 받게 됩니다. 이런 현상들은 여의도의 애널리스트 마켓이 늘 작동한다는 사실을 일깨워주는데, 모든 RA나 주니어 애널리스트들이 열심히 하게 만들어주는 원동력이 됩니다.

이런 두 가지 경우에는 같이 지낸 세월이 있어서 아쉬운 정도 남지만, 전직하여 성공하기를 기원하며 리서치센터 전체 사람들이 모여서 성대하게 환송식을 해주는 '영전'입니다. 이런 스카우트들은 애널리스트들에게 사부와 선배, 동료, 후배라는 인적 네트워크를 고스란히 유지해줍니다. 자신을 끌어주고 밀어주는 사람들이 온전히 자기 자산이 되는 겁니다. 나갔던 애널리스트를 다시 스카우트하여 재입사시키는 경우도 이래서 생깁니다. 가끔 우리 애널리스트들은 여의도 애널리스트 세계를 '여의도 주식회사'라는 표현으로 한 회사처럼 묘사하기도 합니다. 재입사하여 같이 근무하는 경험을 하게 되면 이를 더욱 실감합니다. 한국의 어떤 직종에서도 없는 특이한 현상으로 애널리스트라는 직업이 왜 '이 세상에서 제일 좋은 직업'인지를 알게 해줍니다.

반면, 애널리스트가 새로 부임한 리서치센터장의 운영 스타일이 자신과 맞지 않거나 새로 바뀐 CEO가 리서치센터를 홀대하는 경우에도 연봉 상승 정도에는 크게 연연하지 않고 전직을 하는 경우도 적지 않습니다. 애널리스트 업계에서는 이런 전직을 두고 애널리스트를 탓하지도 않고 철새라고 생각하지도 않습니다. 제조업체에서는 상사와 갈등이 있으면 사실 부하 입장에서는 아무런 방법이 없이 당하는 수밖에 없지만, 애널리스트 업계는 그렇지 않고 전직의 선택권이 있다는 것이 더욱 이 직업의 매력을 빛나게 합니다.

4장

애널리스트 세계로 진입하기

1. 리서치센터 RA가 되려면
2. RA 지원자들에 대한 유형별 조언

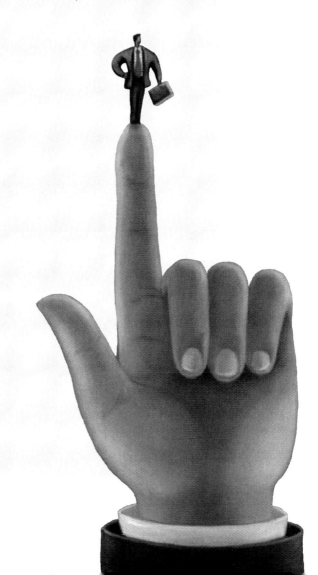

1
리서치센터 RA가 되려면

여기서는 신입사원으로 여의도 리서치센터에 RA로 입사하는 과정에 대해 말씀드리고자 합니다. 먼저 RA 선발은 통상 다음과 같은 과정을 거칩니다.

각 증권회사의 리서치센터로 지원한 사람들은 먼저 리서치센터 차원에서 보는 1차 면접을 통과해야 합니다. 리서치센터장과 팀장, 시니어 애널리스트 등이 면접관으로 들어갑니다. 리서치센터의 1차 면접에서 합격한 사람은 2차로 임원 면접을 거쳐 입사가 확정됩니다. 여기에는 대표이사, 인사/재무/기획을 총괄하는 임원인 CFO(Chief Finance Officer), 리서치센터장 등이 면접관으로 참여합니다.

리서치센터에서 RA를 뽑는 과정에서는 1차 면접이 핵심입니다. 애널리스트들이 자신의 밑에 두고 직접 일을 시킬 RA를 뽑는 과정이기 때문에 애널리스트들의 선택권을 매우 존중합니다. 가령 3명의 RA를 뽑는 경우라면 5명 정도를 1차 면접에서 통과시키고 그들의 순위를 정해 2차 면접에 올립니다. 이 순위는 리서치센터장이 팀장들과 시니어 애널리스트들의 의견을 수렴해서 결정합니다.

CEO가 참여하는 2차 면접에서는 특별한 경우가 아닌 한 그 순위가 뒤집히는 경우는 드뭅니다. 간혹 2차 면접에서 순위의 변동을 검토할 때도 면접관으로 같이 참여한 리서치센터장에게 1차 면접에서 순위를 매긴 근거를 묻는 과정을 거칩니다. 1차 면접의 최고위자가 리서치센터장이고 두 차례 면접에 모두 들어가기 때문에 결국 리서치센터장이 RA를 뽑는 데 핵심적인 역할을 합니다.

한심한 RA 지망생이 되지 말자

애널리스트가 되겠다고, 아니 RA가 되겠다고 증권회사로 면접을 보러 오는 대학생들을 만나보면 애널리스트가 뭘 하는 직업인지 사전 조사도 전혀 해보지 않은 게 분명한 사람들이 너무 많습니다. 어떤 때는 참 한심하다는 생각이 듭니다. 증권회사 인사팀 사람들은 리서치 업무의 내밀함을 알 수 없기 때문에 이른바 좋은 대학 졸업장이나 해외 MBA 졸업장을 보고 뽑아서 면접관들에게 넘깁니다. 어쩌면 그들은 자신의 임무를 충실히 수행하고 있는지도 모릅니다. 일반적으로는 머리 좋은 사람 또는 우수한 인재라고 볼 수 있는 사람들을 추렸기 때문입니다.

　그런데 면접관 입장에서 보면 이런 관점이 맞지 않는 경우를 상당히 많이 경험합니다. 실제로 있었던 사례를 들어보겠습니다. 어느 해에 경제 분야와 채권 금리 담당 애널리스트의 RA를 뽑는데 좋은 대학 졸업장을 가진 공학 전공자를 면접장에 들여보냈습니다. 문제는 그 친구가 우리 쪽 분야에 대해 초보적인 준비가 전혀 되어 있지 않았다는 겁니다. 경제학이나 채권의 메커니즘에 대한 기초 지식이 없는 RA를 뽑아서 그 바쁜 와중에 언제 일을 시키고 언제 가르친다는 말인지…… RA 생활을 하는 그 정신없는 기간에 몇 개월 동안 경제학이나 채권 책 몇 권 대충 보고 애널리스트의 일을 제대로 보좌할 수 있을 정도로 경제나 채권 담당 애널리스트의 일이 만만해 보인단 말인지…….

　공대든 어문계열이든 전공은 전혀 상관없지만 '기업분석' 애널리스트의 RA가 되겠다는 사람이 회계나 재무, 경제학의 기본을 모르고 면접 보러 오는 것은 그 사람이나 면접관이나 모두에게 시간낭비에 불과합니다. 그냥 대학졸업장 받을 시점이 되니까 아무데나 원서를 넣으면 머리 좋은 사람이니까 받아주려니 생각하는 것인지……. 참 한심하기 그지없는 경우가 많습니다. 여러분이 우리 면접관 입장이라도 마찬가지일 겁니다. 기업분석 애널리스트는 자기 일 바쁘게 하면서 RA에게 손익계산서나 대차대조표의 항목과 특성, 대차평균이나 재무 분야의 기본 개념들을 가르치고 앉아 있을 시간이 없기 때문입니다.

국내 증권회사에서 리서치문화가 척박하고 최고경영층의 리서치에 대한 이해도가 약한 회사의 경우에는 인사팀이 주도하여 리서치센터의 관점과 일치하지 않는 신입사원들이 RA로 들어가는 경우도 적지 않습니다. 이런 경우에 그 RA를 받은 해당 애널리스트는 RA로부터 제대로 업무 보조를 받지 못해 속이 부글부글 끓습니다. 그리고 그 RA들은 결국 능력이 모자라거나 품성이 좋지 못한 사람으로 낙인찍히게 됩니다. 때로는 잘못 뽑은 RA를 받은 애널리스트가 그 회사를 떠나는 계기가 되기도 합니다. RA에게나 애널리스트 모두에게 불행한 결과입니다. 이런 경우가 드물지 않습니다.

RA로서 갖춰야 할 기본적인 지식들을 수학에 비교하자면 '구구단'에 불과합니다. 조금 후하게 쳐준다 하더라도 '인수분해' 정도밖에는 안 되는 지식입니다. 애널리스트들은 수학과 박사과정 이상에 비유될 수 있는데, 기초지식이 없는 RA를 데리고 일하라는 건 구구단도 모르는 사람을 데리고 대형 수학 프로젝트를 진행하라는 것과 다름이 없습니다. 1년 단위로 계약하는 해당 애널리스트는 업무에 지장을 받아 자기 생산성이 약화되면 연봉 삭감과 보너스 감소까지 감수해야 하는데, 이에 대해 RA를 잘못 받았다고 항변할 수는 없습니다. 성과에 대한 책임은 애널리스트 본인이 지는 것이지 RA가 지는 것이 아닙니다.

저희 세대에 비해 지금의 대학 졸업생들이 시대적으로 불운하다는 점은 인정합니다. 과거처럼 고성장 시대도 아니기 때문에 선호되는 일자리에 대한 경쟁률 자체가 치열합니다. 그러나 그런 것은 일반적인 조건이며 세상은 자기가 뚫어내는 겁니다. 우리 세대라고 이 세상 살아내기가 쉬웠을 리는 만무하죠. 어느 세대든 자신의 선택과 시도에 대한 결과는 자기 책임입니다.

면접관으로 들어가는 시니어 애널리스트들은 리서치 조직의 특성상 면접 보러 오는 사람 중에서 곧바로 써먹을 수 있는 준비된 RA를 원합니다. 1998년 IMF 외환위기를 겪으면서 한국사회는 저성장으로 접어들고 실적을 즉각 보여주어야 하는 사회로 변했습니다. 사회생활의 첫 문을 두드리는 사람 입장에서는 이런 상황을 알고 철저히 준비를 하여 준비된 바를 이력서와 자기소개서를 통해서 명백히 알리고 면접에서 분명히 전달해야 가능성을 높일 수 있는 것입니다.

RA 지망생들에게 필요한 건 뭐?

공대를 나와도 주식 부문의 경제, 투자전략 애널리스트나 채권금리 담당 애널리스트의 RA를 하면서 노력과 품성을 인정받아 그 분야의 애널리스트가 될 수 있습니다. 혹은 어느 정도 훈련을 받은 다음 다른 진로를 도모할 수도 있습니다. 모시고 있는 애널리스트가 담당하는 분야의 애널리스트가 되지 않더라도 RA로 일하는 동안 보좌를 잘하면서 넓은 시야를 배울 수 있고 그것이 또 다른 선택의 폭을 만들어줍니다. 그런 경우들이 수없이 많습니다.

회계나 재무, 경제학을 전공한 상경계가 아니어도 기업분석 애널리스트의 RA가 될 수 있습니다. 이런 경우들은 얼마든지 있습니다. 그러나 애널리스트가 되고 싶다는 사람이라면 자기 전공이 아니더라도 애널리스트를 하기 위한 준비의 일환으로 관련 과목을 수강했다는 성의 정도는 보여야만 아무 생각 없이 면접을 오러 온 것이 아니라는 생각을 면접관들이 하게 될 겁니다. 그것도 아니라면 사설 학원이라도 다녀서 "부족하나마 준비를 했으니 관련 질문을 주시면 답변해보겠다"는 적극성과 또렷한 눈빛이라도 있어야 면접관이 질문이라도 하지 않겠습니까?

사실 우리는 지원자의 전공이 뭐든 거의 신경 쓰지 않습니다. 면접관 입장에서 면접 대상자에게 질문할 만한 거리가 없다는 것은 그 사람에게 관심을 가질 만한 요소를 찾을 수가 없었다는 겁니다. 최소한 '구구단'은 할 수 있다는 것을 알려줘야 질문을 할 수 있는 것입니다. 질문을 해야 대답을 할 수 있고, 대답을 들어야 판단할 수 있지 않겠습니까? "아, 저 친구는 좀 도움이 되겠구나! 열의가 있구나! 좀 가르치면 업무 보좌하는 속도가 상당히 빨라지겠구나!" 하는 판단이 들어야만 시니어 애널리스트가 "저 친구, 제가 뽑을게요!"라고 말할 수 있습니다. 특정 애널리스트가 어떤 면접자를 RA로 쓰겠다고 하면 리서치센터장이 반대하지도 않을 뿐더러 오히려 좋아합니다. 이 바닥이 원래 그렇습니다. 애널리스트 자신이 직접 뽑았으니 호흡도 잘 맞을 것이고 교육도 더 잘

시킬 것이니 회사로서도 금상첨화이기 때문입니다. 마다할 이유가 없는 겁니다.

면접 상황이라는 그 짧은 시간에 우리 면접관들은 뽑을 만한 사람인가를 판단해야 합니다. 면접 기술 배운다고 쫓아다니는 사람이 있다고 하고 피부관리 받는 사람도 있다고 들었습니다. 면접에 대비해서 외모나 스타일에 대한 컨설팅을 받는 사람도 있다고 들었습니다. 심지어 대학 내에서 면접 모의고사를 본다는 소리까지 들었습니다. 솔직히 말씀드리면 그럴 필요는 없습니다. 그런 정성으로 자기가 지망한 분야에 대한 최소한의 성의를 준비하는 것이 더 현명합니다. 여의도에서 지난 몇 년 동안 면접관으로 들어간 경험으로는 애널리스트들은 실질적인 성의를 파악하려고 노력하지 외모나 면접기술 등을 따지지 않습니다.

말을 심하게 더듬어서 무슨 말을 하는지 알 수 없거나 얼굴이나 표정에서 혐오감이 드는 정도가 아닌 사람이면 족하지 그 외의 요소는 아예 관심이 없습니다. 우리는 미남미녀 뽑으려고 면접장에 들어가는 것이 아닙니다. 머리에 무엇을 발랐든 얼마짜리 옷을 입었든 그런 것은 보지도 않습니다. 오늘도 주식시장이 돌아가고 할일이 늘 산더미처럼 밀려 있는 상황에서 괜찮은 RA 하나 있으면 자기가 데리고 쓰려고 면접장에 들어온 사람들이기에 그런 쓰잘데 없는 것들에 관심을 둘 여유도 없습니다.

다만 면접장이라는 점을 감안하여 기본적인 예절에 맞게 정장 깨끗이 입고 나오는 정도의 성의면 됩니다. 이빨에 고춧가루가 끼거나 빨간색 립스틱이 묻어서 바보스럽게 보이지만 않으면 됩니다. 다시 한 번 강조하지만 애널리스트가 되고 싶어서 어떤 준비를 했고 왜 이 일을 하고 싶은지 인상 깊게 알리는 것은 제대로 된 이력서와 면접을 통해 전달되는 진정성에서 승부가 납니다. 그리고 준비가 비슷하다면 우리는 지원자의 눈과 입과 열정을 통해서 판별하고자 하는 겁니다.

제조업체의 신입사원과
리서치센터 신입사원(RA)의 차이점

대기업 신입사원과 증권회사 RA가 각각 처한 상황에는 명확하고 구조적인 차이점이 있습니다. 제조업체나 은행, 증권회사 내 다른 부서에는 신입사원이 오면 처음부터 가르치고 거기에 조직이 일정 정도 책임감을 가집니다. 바로 위의 선배 사원을 비롯한 모든 선배와 상사들이 '정규직'이며 모두 그 조직 내부에서 승부를 보려고 하는 사람들이기 때문에, 사실상 그들의 고객은 조직편제상의 상사이기 마련입니다. 신입사원을 가르치는 기간은 몇 개월 또는 입사 첫 해에 그치지 않고 최소 몇 년간에 걸쳐서 조직에 맞게 만들어 나갑니다. 그 신입사원을 잘 가르치지 못하여 실패하는 경우가 발생하면 해당 팀장이나 과장, 또는 선배 사원들의 인사고과에도 부정적인 영향을 줍니다.

그러나 증권회사 리서치 조직은 완전히 다릅니다. 신입사원으로 입사한 RA는 해당 증권회사의 다른 부서에 배치된 신입사원과 똑같이 정규직인데 반해, 자기 위의 선배와 상사인 애널리스트들이 1년 단위로 계약하는 비정규직이라는 것부터가 다릅니다. 이를테면 비정규직 상사 밑에 정규직 부하직원으로 들어간 경우인데, 우리나라에서는 아주 특이한 형태라고 볼 수 있습니다.

애널리스트는 계약 만료 시점에 맞춰 보너스를 모두 받은 다음 다른 증권회사의 스카우트 제의에 응해서 옮길 수도 있습니다. 계약 기간 중간에 스카우트되어 갈 때는 스카우트하는 회사에서 그 다음 해에 받을 보너스에 대해서 미리 응분의 보상을 하면서 데려가기 때문에 애널리스트는 이동에 제한이 없습니다. RA 입장에서는 자기 위의 애널리스트와 얼마나 오랫동안 같이 일할지 알 수가 없는 겁니다. 스카우트 제의를 받은 애널리스트들은 결론이 나기 전까지는 보안 문제 때문에 동료 애널리스트들은 물론 아내에게도 알리지 않는데 하물며 RA들이 어찌 알 수 있겠습니까?

애널리스트의 고객은 회사 내부의 상사가 아니라 외부의 펀드매니저입니다. 이것이 제조업체의 일반 월급쟁이와 완전히 다른 부분입니다. 제조업체에서는 꼴통이거나 능력이 없더라도 윗사람과 관계가 무난하면 별 문제 없이 직장 생활을 할 가능성이 적지 않습니다. 그러나 애널리스트는 리서치센터장과 친하게 지낸다고 해도 고객이 없다면 그 자리를 보전할 수가 없습니다. 계약 종료와 함께 박스에 짐을 싸야 하는 경우도 생깁니다. 2008년 금융위기 이후 미국의 월스트리트 사람들이 하루아침에 직장을 잃고 단출하게 박스에 짐을 싸서 사무실을 나서는 모습을 TV를 통해서 많이 보았을 겁니다. 국내 애널리스트 업계에서는 이런 사례가 드물긴 하지만, 원론적인 직업의 구조로 볼 때 애널리스트들은 언제든 그런 신세가 될 수 있는 환경에 살고 있습니다. 때문에 자신이 가지고 있는 능력을 최대한 발휘해서 열심히 일합니다. 물론 우리 애널리스트들도 한국사회에서 살기 때문에서 현상적으로는 소속된 조직과 동화되어 살아가기 때문에 조직기강이라는 측면에서는 한국사회 일반과 크게 다르지 않습니다.

한 가지 분명히 알아야 할 것이 있습니다. 만약 RA가 되어 입사를 한다고 하더라도 제조업체나 은행의 신입사원처럼 윗사람과 조직 전체로부터 교육을 받지는 않는다는 점입니다. 더구나 일을 통해서 배운다고 하더라도 담당 애널리스트가 얼마 동안이나 자신과 일할지도 알 수 없습니다. 또한 애널리스트들은 자기 일을 잘해내기 위해서 RA를 잘 활용하면 될 뿐입니다. RA를 잘 가르치지 못했다고 부정적인 영향을 받는 것은 별로 없는 것이 애널리스트 업계의 일반적인 현실입니다. 그냥 문제가 되는 RA를 내보내고 다른 RA를 달라고 하면 끝입니다.

RA는 이런 구조 속에서 살아남아야 합니다. 주니어 애널리스트로 올라갈 만큼 RA로서 경력을 쌓기 위해서는 애널리스트에게 발탁을 받아야 하고 추천을 받아야 합니다. 이 책을 읽을 젊은이들이 준비를 철저히 하여 RA로 입사하고 또 그 이후에도 생존 확률을 높이기를 간절히 바랍니다. 다행히 여의도에는 실력과 인간성이 좋은 선배들, 후배들을 가르치는 것을 보람으로 알고 열의를 가진 선배들이 적지 않습니다.

2
RA 지원자들에 대한 유형별 조언

상경계 졸업자라고 유리한 것은 아니다

RA의 기본적인 요건 중에서 회계, 재무, 경제학 지식을 강조했기 때문에 경영학과를 비롯한 상경계를 나온 사람들이 아주 유리할 거라고 생각할 수도 있겠습니다. 얼핏 생각하면 그렇습니다. 하지만 꼭 그렇지도 않은 것이 실상입니다. 주식, 채권, 파생상품 등을 다루는 증권시장은 다양한 전공과 이력을 가진 이들로부터 나오는 수많은 아이디어가 필요한 영역입니다. 이곳에는 일일이 열거하기 힘들 정도로 많은 분야의 전공자들이 결집해 있습니다. 제 기억에는 의대를 졸업한 사람만 빼고 거의 모든 전공자들이 다 모여 있는 곳인 것 같습니다. 특정 분야의 전공자만 편향적으로 뽑는 일은 아예 없다고 보서도 무방합니다.

앞에서 회계, 재무, 경제학에 대한 소양을 구구단이나 인수분해에 비유했습니다. 우리 면접자들은 상경계 전공자든, 복수전공 중 하나로 상경계를 전공했든, 사설 학원에서 몇 달간 집중적으로 공부해서 그 증명서를 들고 오든 상관없이 지원자가 구구단이나 인수분해를 안다는 것만 체크하면 됩니다. 그러니 무슨 전공을 했는지는 별로 상관도 하지 않는 겁니다.

상경계의 대표적인 학과인 경영학을 정공한 사람을 예로 들어보겠습니다. 보통 면접에는 비슷한 전공자들을 분류해서 한꺼번에 다섯 명 정도씩 입장을 시킵니다. 경영학 전공자 여러 명을 모아 놓고 대학졸업장이나 비교해보고 뽑을 것으로 상상하십니까? 천만의 말씀입니다. 애널리스트라는 직업 분야가 회계, 재무, 경제학이라는 기본소양을 필요로 한다고 해서 경영학과가 유리할 거라는 생각은 정말 버리시기 바랍니다. 두세 명의 RA를 뽑을 때 모두가 상경계통이 아닌 경우도 흔합니다. 상경계 전공자 중에서 인상 깊은 사람이 없을 경우에 흔히 발생하는 상황입니다. 상경계 졸업장은 구구단이나 인수분해를 할 줄 안다는 표지에 지나지 않습니다. 그것도 아주 초보적인 수준으로 말입니다.

상경계 전공자는 공대생들 중에서 다른 전공과목 수강이나 학원 수강을 통해 6개월이나 1년 동안 '구구단' 준비를 열심히 한 사람들과 자신을 비교해볼 필요가 있습니다. 그들에 비해서 상경계 분야는 더 나을지도 모르지만 공학적 소양이 없다는 단점이 있다는 것을 명심해야 합니다. RA로 입사해서 대학에서 배운 상경계

지식보다 훨씬 수준이 높은 부분까지 배울 수 있지만, 증권회사 리서치센터 내에서 공학적 소양을 가르치지는 않습니다. 반도체, LCD, 화학, 철강, 조선, 기계, 자동차 등의 RA가 되는 데 있어 상경계 전공자가 '구구단'을 익힌 이공계 전공자보다 더 유리하다고 생각한다면 우리 세계를 몰라도 한참 모르는 것입니다. 제 경험으로는 그런 경우에 이공계 전공자가 훨씬 유리하다고 봅니다.

회계, 재무, 경제학에 대한 최소한의 기본 개념만 준비되어 있는 이공계 전공자라면 본인의 전공 덕분에 산업 업종을 담당하는 기업분석 애널리스트를 보좌하는 질도 상대적으로 우수할 가능성이 있습니다. 그리고 주니어 애널리스트로 길러낼 때도 훨씬 손이 덜 가는 경우가 많습니다. 자연과학 및 공학 전공자가 회계, 재무, 경제학에 대한 기본소양을 갖추었다면 애널리스트라는 직업을 하고 싶어 하는 열망과 자기계발 노력에서 이미 보여주어야 할 것을 보여주고 있기 때문입니다.

또한 매크로 애널리스트 중에서도 계량분석을 담당하는 퀀트 분야는 계산통계학과, 화학과, 컴퓨터 공학과 등 이공계 출신들이 도배할 정도입니다. 이 분야는 자연과학 및 공학 전공자가 절대적으로 유리한 곳입니다. 그들도 입사할 때 많은 지원자 중에서 '구구단'을 할 줄 아는 정도임을 입증하면 애널리스트에 대한 열의를 보여주는 사람으로 인정받아 절대적으로 유리합니다. 물론, 경제나 채권금리 분야의 RA라면 상경계 중에서도 경영학과 계통보다는 경제학과 계통을 더 선호할 겁니다.

상경계를 졸업한 사람은 회계, 재무, 경제학이 전공이긴 하지만 좀 더 차별화된 모습을 보여야 합니다. 다른 전공자들에 비해서 단순하게 상경계열 전공이 빛나기를 바라면 면접에서 통과될 확률이 낮습니다. 여기서는 무슨 자격증 같은 구체적인 면을 지적하고 싶지는 않습니다. 대학교 4학년에 재학하는 인턴사원들이 무슨 준비를 하면 도움이 되냐고 물을 때 저는 구체적으로 답변해주지 않습니다. 왜냐하면 그것만 갖추면 애널리스트 세계로 진출하는 티켓을 줄 수 있다고 확대해석할 공산이 있기 때문입니다. 이 부분에 관해서는 지원자들이 창의성을 발휘하여 접근하기 바랍니다.

면접을 보는 애널리스트들은 글쓰기를 해서 밥을 먹고 사는 사람이며 자신의 글을 쓰기 위해서 엄청나게 많이 읽는 사람입니다. 지원자가 이력서와 자기소개서를 통해 스스로를 창의적으로 드러낸다면, 훌륭한 RA 재목을 뽑으려고 눈을 부릅뜨고 보는 애널리스트들은 절대로 놓치지 않으니 그 점은 염려하지 않아도 됩니다. 좋은 인재는 면접 대상자를 골라내는 서류 작업을 할 때 벌써 눈에 띕니다.

애널리스트는 비슷한 데이터를 놓고도 각자 독특한 아이디어를 만들어 주가를 설명하고 전망하면서 투자자들이 읽을 만한 가치가 있는 보고서를 만들려고 노력하는 사람들입니다. 얼핏 보면 똑같은 상경계 전공자로 보이지만 왜 본인이 애널리스트가 되기에 적합한지 설득할 수 있는 창의적인 아이디어를 가지고 자기소개서 작성과 면접에 임해야 합니다. 그것이 우리 세계로 들어오는 첫 시험무대가 될 겁니다. 상경계 전공이 아닌 사람이 자기 전공이외에 회계, 재무, 경제학이라는 기본소양을 익히기 위해 쏟은 노력은 과소평가할 수 없습니다. 상경계 전공자도 그에 준하는 준비를 했다는 것을 보여주어야 하지 않을까요?

어학 계열 전공자들에게 주는 충고

요즘 증권회사의 리서치 조직은 한국을 넘어서 해외로 확장되고 있는 추세입니다. 이에 따라서 어학계열 전공자들을 증권회사 리서치센터에 보강하려는 움직임이 있습니다. 어려서부터 해외에서 공부했거나 국내 대학에서 어학을 전공해서 영어나 중국어를 잘하는 것은 아주 큰 자산입니다.

그런데 RA 지원자들이 일하게 될 직장은 돈을 다루는 세계입니다. 돈을 다루는 곳의 메커니즘에 대해서 기본적으로 알고 들어와야 한다는 뜻입니다. 회계, 재무, 경제학의 기본소양은 어학 계열을 전공한 사람들에게도 동일하게 해당되는 준비입니다. 이공계 전공자가 이런 기본소양을 갖추면 업종 애널리스트의 RA로 발탁될 가능성을 높일 수 있습니다. 그러나 어학 전공자들은 그 가능성이 조금 떨어지는데, 이들에게 특정 산업의 분석에 도움이 될 만한 공학적 지식이 모자라기 때문입니다.

여러분 같으면 자동차 업종 RA를 뽑는데 똑같이 기본소양을 갖추었다면 기계공학과 중국어 전공자 중에서 누구를 뽑겠습니까? 당연히 기계공학 전공자가 유리합니다. 그러나 이것도 일반론일 뿐입니다. 구체적으로 말하면 자기소개서와 면접에서 자신의 열정, 왜 이 직업을 해야 하는 이유를 잘 드러내는 사람이 뽑힌다고 말하고 싶습니다. 면접관들이 들어가기 전에는 서류만 보고 기계공학 전공자를 선호하다가 면접 이후에 중국어 전공자로 마음이 바뀌는 경우는 허다합니다. 준비한 잠재력을 보고 업종 애널리스트의 RA로 발탁될 가능성도 있습니다. 이코노미스트나 스트래티지스트의 RA로 해외시장 쪽을 보좌하는 RA로는 충분합니다. 그러나 어느 분야로 가든 돈을 다루는 세계의 용어로 바꿔서 보고서에 담을 수 있어야 합니다. 그러려면 자연과학이나 공학계열 전공자들과 동일하게 우리 분야의 '구구단'을 준비했음을 보여야 RA로 뽑힐 확률이 높아집니다.

언젠가 중국시장 담당 분야에서 RA를 뽑으려고 중국어 전공자들을 10명 정도 면접을 했는데 참 볼 만했습니다. 그들 중 적지 않은 사람들이 준비한 거라곤 'Analyst'라는 영어 단어의 의미를 안다는 것과 인터넷 검색 정도의 지식이 전부라는 것을 느꼈습니다. 사실은 그런 참혹한 경험들이 이 책을 쓰게 된 동기가 되기도 했습니다.

해외시장 담당이나 중국시장 담당 분야의 신입사원을 뽑는다는 것은 영어나 중국어를 잘하는 사람을 뽑는다는 의미만 있는 것이 아닙니다. 어학만 잘하는 사람은 각 증권회사에서 아예 따로 뽑는 외국어 에디터나 해외사업 분야에 지원해야 합니다. 때로는 어학 잘하는 사람 중에 별로 준비가 된 사람은 없고 일은 해야 하니 아쉬운 대로 뽑기도 합니다. 그러나 그 RA는 반쪽 일밖에 하지 못합니다. 솔직히 말해서 영어나 중국어로 된 텍스트나 기사를 읽고 자료 수집과 번역만 하는 통번역자 수준으로 전락하여 다른 RA들이 점차 주니어 애널리스트로 올라가는 것을 지켜보면서 무능한 사람으로 낙인찍힐 가능성이 있습니다. 끝내 인내력이 소진되어 더 젊은 유학파나 어학 전공자에게 RA 자리를 내주고 물러나는 것을 보면 정말 안타깝습니다.

해외 MBA가 도움이 될까?

저희 세대나 선배 세대들은 대학을 다닐 때 미국으로 유학을 가고 싶어 했던 사람들이 많았습니다. 미국에 대한 수출 덕분에 먹고 살았고 경제뿐만 아니라 모든 면에서 미국이 중심이었던 시절을 살았기 때문입니다. 그래서 미국의 MBA를 다녀온 사람들을 무척 부러워했습니다. 그런데 제가 직장생활을 하는 동안 미국 MBA에 대한 한국사회의 보상 수준이 급락하는 것을 목도하게 되었습니다. 한국사회의 저성장도 한몫을 했겠지만, 중국이 부상한 최근 몇 년간 이런 경향은 특히 강해지고 있는 것 같습니다. 한국의 해외 수출 가운데 중국으로 나가는 것이 미국보다 3배가 많아졌고, 일이십 년 안에 중국의 경제규모가 미국보다 커질 거라는 주장까지 나올 정도여서 그런지도 모르겠습니다. 일부에서는 이런 이야기도 합니다. 경제적인 측면에서 북미 대륙의 멕시코나 캐나다에게 미국과의 관계가 본질적인 것처럼, 한국과 중국과의 관계가 그렇게 될 것이라고 말입니다. 어쨌든 이 책에서는 더 이상의 논의는 범위 밖인 것 같아서 생략합니다.

여기서는 해외 MBA 출신자들이 애널리스트들의 문을 두드릴 때 참고할 만한 내용을 담고자 합니다. 과거에는 해외 MBA 출신자들이 컨설팅회사로 많이 갔지만 요즘은 애널리스트 세계로도 면접을 보러 오는 경우가 빈번해졌음을 현장에서 느낍니다. 학부를 졸업하고 바로 유학을 간 사람들도 있지만 직장생활을 몇 년 하다가 간 경우도 많습니다. 그런데 직장 경력자 출신 해외 MBA는 면접을 보는 우리의 입장에서는 참 애매한 경우가 많습니다. 국내에서 대학을 갓 졸업한 친구들의 경우에는 괜찮다 싶으면 RA로 뽑아서 (좀 거칠게 표현하자면)그냥 굴리면 됩니다. 그러나 30대 중반에 직장 경력도 있는 해외 MBA의 경우에는 그렇게 할 수도 없습니다. 나이나 경력으로 보면 주니어 애널리스트를 시켜야 하는데 이쪽 분야 일이 제조업체 경력과 MBA 학위만으로는 곧바로 시작할 수 없는 실무적인 면이 너무 많아서 애널리스트 업무를 맡길 수 없습니다. 이들에게는 여기로 들어올 수 있는 문이 상대적으로 더 좁습니다. 제조업체를 다니면서 해외 MBA를 고려하시는 분들은 이 점을 유념하시기 바랍니다.

좀 더 범위를 좁혀 직장 경력이 없거나 아주 적은 해외 MBA 이야기를 해보겠습니다. 국내 대학원이나 MBA에 비해서 해외 MBA가 애널리스트로의 입사 관문에서 상대적인 경쟁력이 더 있느냐 하는 문제를 먼저 살펴보겠습니다. 솔직히 별로 더 쳐주는 분위기는 아닙니다. 상대적으로 영어를 좀 더 잘한다는 강점은 국제부를 운영하는 대형 증권회사나 외국계 증권회사에 지원할 때는 유리할 수도 있겠습니다. 그런데 요즘 젊은 친구들은 어릴 때부터 영어 공부를 많이 해서 그런지 해외 유학파가 아니라도 영어를 상당히 잘하는 사람이 많습니다. 한편 외국계 증권회사 관계자의 말을 들어보면, 국내에서 태어나 대학을 나오고 미국 MBA를 다녀온 사람들은 어릴 때부터 외국에서 자라서 한국말과 영어 양쪽을 자유자재로 하는 사람에게 영어 구사력이라는 측면에서 현격하게 밀린다는 겁니다. 해외 MBA가 가지고 있는 강점이 분명히 있고 그들에 대한 수요가 일부에서 여전히 있는 것이 사실이지만, 애널리스트 세계에서는 컨설팅 업체나 글로벌 회사들에 비해 별다른 대접을 하지는 않는 것 같습니다.

대학생이나 제조업체 근무자를 막론하고 해외 MBA를 염두에 둘 때 이후의 진로로서 애널리스트를 고려한다면 해외 MBA 진학이 아니라 곧바로 여의도로 올 수 있는 길을 모색하는 것이 더 나을 것 같다는 것이 개인적인 생각입니다. 여러 가지 이유로 대학원까지 공부를 한 이후에 애널리스트 세계로 오고 싶다는 생각이 있다면 해외 MBA가 아니라 국내 대학원으로 진학하는 것이 비용

측면에서뿐만 아니라 애널리스트로의 진입을 위한 사전 준비 측면에서 훨씬 더 나은 것 같습니다.

해외 MBA를 자기 인생에서 중요한 전환점으로 삼는 것에 대해서 이러쿵저러쿵 하는 것이 아닙니다. 졸업 이후 진로의 하나로 애널리스트를 해보겠다고 해외 MBA 1년을 마치고 여름에 인턴으로 들어오는 사람들을 접하기 때문에 혹시라도 도움이 될까 해서 몇 자 적은 겁니다. 해외 MBA를 배척하는 분위기는 아니지만 연봉 등을 산정할 때 MBA를 따느라 들인 시간과 비용은 전혀 고려하지 않으며, 리서치센터로의 입사 여부를 결정할 때도 국내 대학원에 비해 아무런 가점을 주지 않습니다. 우리는 RA를 써먹기 위해서 뽑는 것뿐입니다. 해외 MBA라고 "와!" 하는 분위기와는 전혀 거리가 멉니다. 해외 MBA 출신들이 넘쳐나기 때문이기도 합니다.

대학원 전공자를 특별히 선호하지도 않는다

해외 MBA와 국내 MBA에 대해서 영어 잘하는 것 제외하고는 별 차이를 두지 않고, 해외 MBA에게 별다른 인센티브를 주는 것도 없다고 언급했습니다. 그 다음으로 RA가 되는 데, 더 나아가 유능한 애널리스트가 되는 데 대학원과 학부 졸업자의 차별성이 있는지 살펴보겠습니다.

학부만을 졸업하고 제조업체와 금융권에서 21년째 근무하면서 솔직히 "대학 졸업하고 바로 대학원 진학을 할 걸!" 하는 생각을 한 번도 해보지 않았습니다. 특히, 2002년부터 애널리스트 생활을 하면서 그런 생각이 더 굳어졌습니다. 사실 제가 자동차 애널리스트를 할 수 있었던 것은 자동차 관련 지식을 현대자동차 근무 경력이 채워주었고, 금융 지식은 대부분 CFA 3년 공부하는 동안 그 많은 분량의 영어 원서들을 다섯 번 정도 읽으면서 쌓았기 때문입니다. 그리고 애널리스트 일을 하면서 RA를 가르쳐본 결과 회계, 재무, 경제학에 대한 기본소양이 갖추어진 경우라면 학부 졸업이든 대학원 졸업이든 별 차이점을 느끼지 못했습니다. 더 나아가 전공에 따른 차이점도 느끼지 못했습니다. 주변 애널리스트들에게 물어봐도 RA를 받을 때 특정 대학의 졸업장, 대학원 진학 여부, 전공 등을 따지는 사람은 극히 소수인 것 같습니다.

간혹 매크로 분야의 경제나 채권금리 분야 쪽은 경제학을 전공한 대학원 졸업자를 선호하는 경우도 있는 것 같습니다. 그러나 이것은 일반적이지 않습니다. 경제학을 전공한 사람들 중에서 학부 졸업자와 대학원 졸업자 사이에 차이를 둔다? 글쎄요, 잘 모르겠습니다. 만약 제 조카가 경제학과를 다니고 있고 앞으로 경제나 채권금리 같은 매크로 분야의 애널리스트가 되기를 원한다면, 학부 졸업하고 바로 여의도 진출을 시도하라고 조언하고 싶습니다.

공학, 자연과학, 어학 등을 전공한 사람이 대학원으로 진학해서 상경계 공부를 더 하고 싶은 경우도 있을 겁니다. 이런 경우는 애널리스트 세계로 입문하기 위한 매우 좋은 준비가 될 수도 있습니다. 그러나 여기서 강조하고 싶은 것은, 자신의 진로 결정을 미루고 대학원에 진학하면 나중에 좀 더 유리하겠지 라는 막연한 생각은 이 바닥의 현실과는 거리가 있다는 점입니다. 대학 생활을 하면서 기본소양을 쌓은 공학, 자연과학, 어학 등의 학부 전공자가 대학원에 가지 않는다고 해서 이 세계로 못 들어오는 것은 아니라는 점을 재삼 강조합니다. 애널리스트가 되고 싶다는 희망이 있는 사람은 곧바로 진출해서 실무를 빨리 배우고 자기 계발을 해나가는 것이 좋다고 생각합니다. 저를 포함한 많은 애널리스트들이 본인의 필요에 따라 직장에서 일을 하면서 3년 동안 CFA 공부를 하거나 대학원에 다니는 사람이 많습니다. 심지어 박사과정에 다니는 사람들도 있습니다. 애널리스트 세계로의 진입이라는 기준만 놓고 본다면 대학원 코스의 효용성은 크지 않다고 말씀드리고 싶습니다.

제 기억에는 학부나 대학원 졸업 여부가 면접의 당락을 결정했던 적은 없습니다. 오히려 서류와 면접을 통해서 기본지식을 확인하고 나면 '품성' 판단에서 RA 입사 여부가 결정된다고 보시면 됩니다. 일반인들은 첫인상이라고 표현하지만 우리 면접관들은 품성이라고 표현합니다. 비유를 해보면, 만일 여러분이 20대 후반의 청년이라면 10대 초중반인 초등학생이나 중학생을 잠깐만 보아도 품성 판단을 할 수 있는 것과 같습니다. 거짓말을 하는지 모르는 걸 떠벌리는지도 금방 알 수 있을 겁니다. 우리 면접관들이 지원자들을 볼 때도 이와 비슷합니다. 그리고 우리는 신입사원들을 직접 데리고 쓰면서 우리가 면접장에서 저지른 시행착오를 교정하면서 축적해 온 경험도 충분합니다. 만일 증권회사 리서치센터의 입사시험에서 고배를 마셨다면 그것은 대학원 졸업이냐 아니냐 하는 문제가 아니라 본인이 가지고 있는 품성과 이 세계에 대한 열정으로 우리를 설득하지 못했다는 점을 이해하시기 바랍니다.

펀드매니저가 되고 싶은데
RA로 증권회사에 입사하는 경우

　오랜 세월 RA들과 대화하면서 느낀 것인데 그들이 속으로 생각하는 진로는 리서치센터와 일치하지 않는 경우도 많습니다. 사실 RA로 입사할 때 면접에서는 애널리스트가 되고 싶어 지원했다고 이야기하지만 내심은 그렇지 않은 경우도 꽤 많습니다. 가장 대표적인 예가 펀드매니저를 하고 싶다는 겁니다. 대부분의 자산운용회사에서는 대졸 신입사원을 운용조직으로 직접 뽑는 경우가 극히 드물기 때문입니다.

　자산운용회사들의 수익률 경쟁이 지금보다는 덜 치열했던 2000~2003년 무렵에는 신입사원들을 바로 뽑는 경우가 드물게라도 있었습니다. 여의도 근무 경험이 없는 경력사원이라도 해외 MBA나 국내 대학원을 나온 사람들에게는 기회가 있었습니다. 그러나 지금은 여의도로 처음 진출하면서 펀드매니저 조직으로 들어갈 수 있는 숫자가 너무 적습니다. 사실상 거의 봉쇄되었다고 말할 지경입니다. 이런 현실 때문에 애널리스트들은 RA들 중 상당수가 애널리스트가 아닌 펀드매니저를 목표로 하고 있으며, 리서치센터로 입사하는 것은 펀드매니저로의 전직을 위한 사전 트레이닝 과정으로 생각한다는 것을 충분히 알고 있습니다. 실제로 그런 사례들이 지난 몇 년간 꽤 많았습니다.

의사소통이 잘 되는 애널리스트라면 펀드매니저가 되고 싶어 하는 RA를 트레이닝 시킬 때 펀드매니저를 위한 사전 준비과정을 많이 염두에 둡니다. 리서치센터 차원에서 공식적으로 그렇게 하는 것이 아니라 애널리스트와 RA 두 사람이 그렇게 하는 현실을 말씀드리는 겁니다. 양심의 자유는 헌법에도 보장되어 있는데 RA가 내심 희망하는 진로가 어떻다 하더라도 회사가 왈가왈부할 수 있는 사안이 아닙니다. 또한 애널리스트가 자기 RA를 맘에 들어 해서 도와주겠다는 것에 회사가 토를 달지도 않습니다.

RA가 펀드매니저의 법정 자격요건 시험인 투자운용사 시험을 볼 수 있도록 배려하는 것도 같은 맥락입니다. 이 시험은 과거에 일반운용전문인력 시험으로 불렸는데 근년에 용어가 바뀌었습니다. 자산운용사나 투자자문회사에는 법적인 요건으로 일정 수 이상의 투자자산운용사를 확보해야 하고 그들만이 공식적으로 펀드운용의 법적인 주체로 등록할 수 있습니다. 따라서 이 자격증은 펀드매니저로 전직하기 위해서는 매우 유리한 도구가 됩니다. 자산운용사로 옮겨서 그 시험에 응시하는 경우도 있지만, 자산운용사에서 인력을 보강하고자 할 때 미리 자격증을 따둔 사람을 선호하는 것은 당연합니다.

또한 애널리스트들은 자신의 고객인 펀드매니저들과 수시로 접촉하면서 자산운용사의 인력 수요에 대해서 직접 듣기 때문에 RA를 자산운용사에 추천하기도 쉽습니다. 특히 시니어 애널리스트들은 자산운용사의 선임 펀드매니저나 운용본부장들과 교류가 있기 때문에 '추천 전화 한 방'에 바로 전직이 결정되는 경우가 많습니다. 애널리스트가 추천하는 RA는 사실상 그 애널리스트가 품질보증을 하는 것이기 때문에 펀드매니저들도 신뢰하게 됩니다. 증권회사 리서치센터의 입장에서 보면 그렇게 전직한 RA가 결국 자기 고객이 되는 것이기 때문에 자산운용사로의 전직은 말리지 않습니다. 괜찮은 RA가 다른 증권회사 리서치센터로 옮길 때는 경쟁회사로 빼앗기는 개념이기 때문에 적극적으로 저지하지만, 펀드매니저가 된다고 할 때는 말리는 경우를 거의 보지 못할 만큼 전직이 수월합니다.

리서치센터에 지원할 때 이런 가능성도 있다는 것을 알아두면 도움이 될 것 같아 말씀드립니다. 다만 한 가지 명심해야 할 것은, 이런 기회도 기본을 갖추고 열심히 하는 RA들에게 갈 수밖에 없다는 사실입니다. 어떤 넋 나간 애널리스트가 실력도 품성도 떨어지는 RA에게 펀드매니저 시험 준비를 하라고 배려를 해주겠습니까? 또한 여의도에서의 자기 크레딧에 금이 가는 것을 무릅쓰고 그런 함량미달의 RA를 자신의 고객인 펀드매니저에게 추천을 하겠습니까?

마지막으로 한 말씀 드리겠습니다. 대학을 졸업할 무렵 펀드매니저에 대해서는 대충 알고 있었지만 애널리스트에 대해서는 전혀 몰랐던 사람이 리서치센터에서 RA 생활을 하면서 애널리스트 세계의 매력을 깨닫고 훌륭한 애널리스트로 성장하는 사람도 많습니다. 반면 애초의 자기 계획대로 일정 기간 수련을 쌓고 나서 펀드매니저로 전직을 하기도 합니다. 자산운용사에서는 증권회사 리서치센터의 RA 훈련 기간만큼 투자업계의 기초를 잘 트레이닝 시키는 코스가 없다는 것을 잘 알고 있습니다.

여의도 생활을 해보고 느낀 점인데 금융권의 현실에 대해서 잘 모르시는 분들은 애널리스트를 목표로 하건 펀드매니저를 목표로 하건, 일단 투자업계로 입문하는 것이 더 중요한 것 같습니다. 그 어느 쪽이 목표라 하더라도 애널리스트 업계로 진출하는 것이 핵심 포인트입니다. 그 다음에는 자신이 생활하면서 취향에 맞는 것을 선택하는 옵션을 가져도 됩니다. 최근 애널리스트와 펀드매니저 상호간의 전직이 많아지는 것을 이런 선택의 문제로 이해하셔도 됩니다. 문제는 이 세계로 들어오지 못하면 아예 그 옵션마저도 가질 수 없다는 점입니다.

5장

애널리스트로 올라서기

1
RA는 어떻게 단련되는가?

여기서부터는 독자 여러분이 RA가 되었다고 가정하고 제가 시니어 애널리스트로서 리서치센터 내의 OJT(On the Job Training)를 진행한다는 생각으로 쓰겠습니다. 이런 방식으로 서술하면 애널리스트의 세계를 여태까지와는 다른 각도로 들여다볼 수 있는 동시에 한층 더 생생하게 전달할 수 있겠다는 생각이 들었습니다. 언젠가 RA로 진입하게 될 축복받은 독자들에게는 그 어디서도 접할 수 없는 소중한 정보가 될 거라는 확신도 있습니다. 물론 여의도에서 현역 RA로 일하고 있는 후배들에게도 도움이 되리라 생각합니다. 이 장의 마지막 부분은 주니어 애널리스트에 해당하는 이야기지만, 애널리스트 세계의 구체적인 모습을 실감나게 서술하는 한 가지 방식으로 이해해주시면 좋겠습니다.

RA 2년은 훌륭한 수련기간

RA들을 가르치면서 그들이 대학을 졸업하고 바로 증권회사 리서치센터의 RA로 들어왔다는 것 자체가 부러웠습니다. 대학을 졸업하고 사회생활을 시작하는 초기 몇 년은 한 사람이 일하는 방식의 틀이 잡히는 시기입니다. 제 경우에 '용대인만의 일하는 방식'의 틀이 잡힌 것은 직장생활 한 지 5년 정도가 지나면서였다고 생각합니다. 그런데 RA들을 지켜보면 자신만의 일하기 방식이 이삼년 정도면 틀이 잡히는 것을 확인할 수 있었습니다. 자신만의 일하기 방식이란, 어떤 상황이나 문제가 발생했을 때, 또는 어떤 지시가 떨어졌을 때 누구에게도 의존하지 않고 독자적으로 업무의 정의를 내리고 해결점을 찾아 대처하는 능력을 의미합니다.

왜 RA들이 자기만의 일하는 방식의 틀을 잡는 데 제조업체 신입사원보다 훨씬 시간이 단축될까요? 그것은 업무 특성의 차이에 기인합니다. 제조업체에서의 업무는 주로 위에서 떨어지는 경우가 많습니다. 그리고 제조업체 대기업들은 많은 인원이 거대 조직을 통해서 일을 합니다. 최고 경영진이나 임원급이 아니라면 독자적으로 업무의 정의를 내리는 일은 아주 예외에 속합니다. 따라서 제조업체의 직원들은 기본적으로 늘 하던 일을 늘 하던 시기에 반복적으로 하다가, 상사들이 특별한 업무 지시를 하는 경우에 그것에 대처하는 것이 직장생활의 내용입니다. 사원, 대리, 과장뿐만아니라 차장, 부장 정도의 직급에 있는 사람들도 이런 패턴은 마찬가지입니다. 이런 시스템 속에 신입사원으로 들어가면 선배들의 이런 업무 패턴을 배우게 됩니다. 그러면서 가장 많이 듣는 소리 중의 하나가 "튀지 마라!"입니다. 제가 말한 5년이라는 기간은 이런 과정에서 일일이 상사의 업무 지시가 없어도 일상적인 업무를 처리하는 능력이 생기고, 특별한 업무 지시가 있으면 야근이나 주말 특근을 해서라도 독자적으로 해낼 수 있는 기반이 만들어지는 데 소요되는 기간을 말합니다.

빡빡한 일상 업무 패턴, 다른 부서의 협조 요청, 상사의 예고 없는 업무 지시로 이루어진 제조업체의 업무 시스템과는 달리 증권 회사 리서치센터의 애널리스트는 누가 위에서 지시를 하거나 늘 하던 일을 그대로 하는 경우는 거의 없습니다. 아, 정기적으로 해야 하는 일이 좀 있기는 합니다. 예를 들면, 기업분석 애널리스트의 경우 1년에 네 번 있는 분기 실적 발표를 전후한 보고서 작성을 정기적인 업무로 볼 수 있습니다. 그 외에는 뭐 별로 떠오르는 것이 없습니다. 그런데 그것마저도 제조업체의 업무 패턴과는 달리 애널리스트의 재량이 아주 많습니다.

업종 애널리스트들은 각 분기가 끝나는 1월, 4월, 7월, 10월에 분기 실적과 관련된 보고서를 발간합니다. 자동차 업종의 경우, 대개 분기가 끝나는 다음 달의 네 번째 목요일에 현대자동차가 실적 발표를 하고 하루 뒤에 기아자동차가 실적 발표를 하며 현대모비스는 그 다음 주 화요일에 합니다. 물론 구체적인 시기는 상황에 따라 조금씩 변동이 있기는 한데 대략은 이렇습니다.

분기 실적발표 시기가 되면 기업분석 애널리스트들은 자신의 예상치를 미리 시장에 알리는 프리뷰 보고서를 쓰고 실적이 발표되면 그것을 검토하여 자신의 예상과 다른 점을 업데이트하는 리뷰 보고서를 씁니다. 이 때 투자의견이나 목표주가를 바꾸는 경우도 많습니다. 리뷰 보고서는 실적 발표 당일에 검토하여 그날 밤이나 그 다음날 아침 일찍 해당 증권회사의 홈페이지에 올리고 이메일로 기관투자자들에 발송하는 발간 작업을 하는데, 모든 애널리스트들이 똑같은 패턴을 보입니다.

그런데 프리뷰 보고서는 일정이나 형태가 제 각각입니다. 어떤 자동차 애널리스트는 현대자동차가 분기 실적을 발표하는 4주차 목요일보다 한참 앞인 1주차나 2주차에 발간하기도 하는 반면, 어떤 애널리스트는 실적 발표 직전이 자기 보고서의 마케팅에 더 유리하다고 판단하여 3주차에 보고서를 쓰는 사람도 있습니다. 애널리스트마다 보고서의 스타일과 성격을 본인이 정하기 때문에 보고서 발간 일정, 즉 시장에 알릴 타이밍을 자신이 정합니다. 간혹 프리뷰가 투자자들에게 도움이 될 상황이 아니라고 생각할 때는 애널리스트가 재량으로 판단하여 생략하고 실적 발표 직후의 리뷰 보고서만 내기도 합니다.

주식시장의 투자자들은 항상 정보의 홍수에 치여 살 만큼 수많은 정보들이 쏟아지므로, 자신의 보고서가 가장 영향력 있게 투자자들에게 전달되게 하는 것은 애널리스트 본인의 몫이라 리서치센터장이 일일이 간섭하지 않습니다. 프리뷰를 생략할 때 리서치센터장과 의논을 할 때도 있지만 통상 시니어 애널리스트들은 스스로 판단하는 경우가 많습니다. 주니어 애널리스트들은 시니어 애널리스트나 리서치센터장에게 사전에 의논을 하는 경우가 많습니다. 이때도 왜 생략하느냐고 따지는 것이 아니라 해당 애널리스트의 생각을 듣는 정도에 그칩니다.

리서치센터장이 애널리스트들에게 무엇을 하라 마라 일일이 지시하지도 않고 하기도 어렵습니다. 투자자들에게 의미 있는 보고서를 내서 평가를 받고 싶은 것은 담당 애널리스트가 가장 절실하기 때문입니다. 일을 해야 할 때 하지 않으면 고객을 잃게 되고 자신의 연봉과 보너스를 떨어뜨립니다. 리서치센터장은 애널리스트에게 조언하고 평가할 뿐 일일이 지시를 해서 조직을 관리하지 않습니다. 특히 시니어 애널리스트들의 경우에 그렇습니다. 주니어 애널리스트의 경우라도 일일이 지시를 해야 할 정도의 수준이라면 애널리스트를 시키지도 않으며 다른 증권회사에서 스카우트해 오지도 않았을 겁니다.

RA들은 이런 환경 속에서 애널리스트의 업무를 보조하는 동안 애널리스트가 일하는 방식, 즉 자기 재량으로 일의 우선순위를 잡고 양과 질을 조절하는 것을 자연스럽게 배우게 됩니다. 1년을 통틀어 보았을 때 분기실적 발표 때를 제외하면 애널리스트들은 무슨 보고서를 쓸지, 언제 쓸지에 대해서 항상 자신이 결정하게 되고 그 결과를 고객들로부터 평가를 받습니다. 경험적으로 볼 때, RA들은 애널리스트의 이런 업무 특성을 배우는 데 2년 정도가 소요되며 그 시기가 지나면서 독자적으로 일하는 애널리스트와 비숫하게 흉내를 내기 시작합니다. 물론 애널리스트에 비하면 업무의 수준은 낮지만 방식 자체는 비슷해집니다.

RA는 애널리스트의 도제

애널리스트들은 주식시장의 상황, 해당 업종과 기업의 상황 등을 분석하고 종합하며 늘 '투자자들의 읽을 만한 보고서'를 만들어내기 위해 고민하는 직업입니다. 해당 기업이나 산업의 변화를 놓치지 않기 위한 기업 방문도 많고 펀드매니저들의 요청에 따라 수시로 프레젠테이션에 응해야 합니다. 또 지점 영업을 지원해야 하기 때문에 지방까지 다니면서 프레젠테이션을 하러 가기도 합니다. 왕복 예닐곱 시간이 걸리는 이동을 하고서도 20분 정도 말하고 오는 경우도 있습니다. 보고서를 쓰고 나면 그 다음 날은 하루 종일 펀드매니저들에게 전화로 콜 서비스(Call Service)를 해야 합니다. 무시로 오는 펀드매니저들의 자료 요청(Request)에 대해서도 자료를 만들어서 보내주어야 합니다. 주식시장 전체의 움직임을 놓치지 않기 위해서, 그리고 리서치센터 전체 차원에서 주식시장을 판단하기 위해 크고 작은 회의도 적지 않습니다.

우리 애널리스트의 시간은 우리의 시간이 아니라 고객을 위한 시간이라는 특성이 있습니다. 고객이 찾으면 언제라도 대응해야 합니다. 애널리스트는 자리에 앉아 있을 시간도 많이 없고, 있다 하더라도 콜, 자료요청 대응, 회의 등의 이유로 보고서를 쓰는 데

할애할 시간이 항상 모자랍니다. 애널리스트 이외의 모든 사람들은 애널리스트에게 요구를 하는 사람들뿐이지 시간을 벌어주는 사람이 없습니다. 그 유일한 예외가 애널리스트의 업무를 보조하는 RA입니다.

RA가 애널리스트에게서 일을 배우는 과정은 기본적으로 애널리스트의 모든 활동에 동참하는 겁니다. 기업 방문, 프레젠테이션, 보고서 작성, 콜 서비스 등 모든 과정에 RA가 참여하면서 배웁니다. 애널리스트가 분석대상 기업으로부터 필요한 자료를 어떻게 얻는지, 또 IR팀이나 임원을 포함한 해당 기업 사람들과 어떻게 채널을 만들고 의사소통을 하는지는 기업 방문에 동행하지 않으면 배울 수가 없습니다. 애널리스트와 동행하지 않고 사무실 안에서 프레젠테이션 자료만 봐 가지고는 펀드매니저를 대상으로 프레젠테이션 하는 방법을 알 수가 없고 훈련을 받을 수도 없습니다.

어떤 보고서를 어떻게 만들어서 언제 내는지를 배우려면 애널리스트가 보고서 만드는 과정에 깊이 참여해야 합니다. 그저 데이터나 집어넣는 일이나 해서는 감도 잡을 수 없습니다. 이처럼 보고서 만드는 과정에 제한적으로밖에 참여하지 못하는 RA라면 몇 자리 떨어져 앉아 있는 애널리스트의 콜 서비스를 귀동냥으로 들어도 자신의 지적 재산으로 만들지 못합니다.

함량미달의 RA는 배울 수 있는 기회도 적다

RA로 지원하기 전에 갖춰야 할 회계, 재무, 경제학 등의 기본소양을 '구구단'에 비유하며 그 중요성을 강조했습니다. 자, 그럼 구구단을 갖춘 경우와 그렇지 않은 경우를 비교해보겠습니다. 먼저 기본소양이 없는 경우를 설명하는 것이 편할 것 같습니다.

간략히 설명한 대로, 애널리스트가 하는 일은 늘 시간에 쫓기고 시간에 맞추지 못하면 쓸모가 없는 경우가 거의 대부분입니다. 그래서 기본소양이 안 되어 있는 RA를 따로 가르칠 시간이 없습니다. 애널리스트가 RA에게 업무를 줄 때는 간단하지만 분명한 원칙이 있습니다. 애널리스트가 하든 RA가 하든 품질의 차이가 아주 적고 시간도 비슷하게 걸리는 일을 RA에게 맡깁니다.

애널리스트 일이 기본적으로 데이터와 숫자로 하는 일이 많은데 그것들이 모두 회계, 재무, 경제학이라는 기본소양과 직접적으로 연결되어 있습니다. 따라서 기본소양이 없는 RA에게는 맡길 수 있는 일이 제한됩니다. 혹시 맡기더라도 RA가 개념 없이 데이터를 입력했다가 엉망으로 만들어버린 거대한 숫자의 집합체를 보고 있노라면 괜히 RA에게 맡겼다는 생각을 하게 됩니다. 엄청난 시간을 들여 다시 복구하면서 뼈저리게 후회합니다. 그리고 그 RA에게 다시는 맡기지 않겠다고 다짐합니다.

그 다음부터는 혹시 사소한 데이터 작업을 맡겨도 불안해서 견딜 수 없습니다. 그러면 애널리스트는 보고서를 쓸 시간을 미루고 그 데이터의 적절성을 검토하면서 또 짜증이 날 수밖에 없습니다.

어쩔 수 없이 일을 맡길 경우에도 기초가 없는 RA가 그 일을 해내는 데는 시간이 너무 많이 걸립니다. 그러니 낮에 기업 방문이나 프레젠테이션에라도 데리고 가면, 사무실에 들어와 보고서를 작성해서 그날 밤 늦게 이메일로 발송해야 하는 일정을 맞출 수가 없게 됩니다. 괜히 RA를 데리고 밖에 나갔다가 애널리스트만 그날 밤을 꼴딱 새는 경우가 생기게 되는 겁니다. 그럴 바에야 RA는 사무실에 남겨 두고 데이터 입력하는 일을 맡기는 게 애널리스트 입장에서는 더 나은 선택이 됩니다.

이런 RA에게 보고서 작성처럼 노하우가 있는 일을 시킬 수 있을까요? 보고서 작성에 깊게 관여하지 못한 RA는 애널리스트가 보고서를 만들고 나서 펀드매니저에게 콜 서비스 하는 것을 들어도 그저 남의 이야기가 됩니다. 전화 한 통으로 자신의 보고서를 더 읽히게 하고 더 영향력 있게 만드는 애널리스트의 노하우가 귀에 들어올 수가 없습니다.

RA가 애널리스트에게서 배우는 것은 회의실에 모아 놓고 강의로 전달할 수 있는 성격이 절대 아닙니다. 반드시 모든 과정에 따라 다니고 동참해서 배우지 않으면 접근이 불가능합니다. RA가 애널리스트의 일을 덜어줄 수 있는 폭이 커질수록 업무에 동참하는 폭도 점점 커집니다. 처음부터 RA에게 신뢰가 가지 않으면 일을 엉망으로 만들까봐 노하우를 배울 만한 고급 업무는 아예 맡길 엄두를 낼 수가 없습니다.

그런데 여기에다가 배우려는 RA 입장에서 더 힘든 점이 추가됩니다. RA 한 명이 애널리스트 한 명을 보좌하는 경우도 있지만, 보통은 리서치 조직이 팀 또는 파트별로 운영되기 때문에 한 팀에 RA가 한두 명 배정됩니다. 즉, 한 명의 RA가 두세 명에 이르는 애널리스트들의 업무를 보좌하게 되는 거죠. 이런 상황에서 기본소양이 안 되어 있는 RA는 애널리스트의 업무에 동참하기 보다는 팀 내의 단순 작업과 허드렛일만 하게 됩니다. 그런 일들은 굳이 대학졸업장이 없어도 할 수 있는 일입니다. 이런 잡일에만 치여서 어떻게 애널리스트로 성장할 수 있는 기회를 얻겠습니까?

다른 RA들이 기업 방문과 프레젠테이션에 동참하고 보고서 작성에 점점 더 깊이 관여하는 것을 보면서 왜 자기에는 그런 기회를 안 주냐고 불만을 표출하는 RA도 있습니다. 그런 RA들은 애널리스트를 더 짜증나게 할 뿐입니다. 누가 일을 안 주고 싶어서 주지 않겠습니까? 일을 좀 덜어주었으면 좋겠는데 더 망가뜨릴까봐 주지 못하는 애널리스트는 일 잘하는 RA를 밑에 둔 다른 애널리스트가 부럽기만 할 뿐입니다. 여러분이 애널리스트 같으면 그 RA를 그대로 두고 있겠습니까, 아니면 정리하고 다른 RA를 받겠습니까? 답은 분명합니다.

또 하나 명심할 것은 RA가 애널리스트에게 금전적인 비용일 수 있다는 점입니다. 전 직장에서 있었던 일입니다. 리서치센터장과 팀장들이 모여서 팀별로 RA를 몇 명 쓸 것인지 결정하는 회의가 있었습니다. 당시 제가 맡고 있던 팀에 애널리스트 당 한 명씩 RA를 배정할 것인지 애널리스트 두 명당 한명씩 배정할 것인지 결정해야 했습니다. 제 팀의 애널리스트들은 애널리스트 두 명당 RA 1명을 요청했고, 포기한 RA 한 명의 연봉에 해당되는 금액은 각 애널리스트의 연봉에 나눠서 반영하면 좋겠다는 의견을 모았습니다. 심지어 자기는 RA가 필요 없으니 자신의 할당분을 더 높여 달라는 애널리스트들도 있었습니다.

모든 증권회사가 이런 시스템으로 돌아가지는 않지만, RA들이 없는 회의 자리에서 이런 논의들이 이루어진다는 것을 알 필요가 있습니다. 신입사원이 배정되면 인원이 늘어나서 일을 줄일 수 있다고 좋아하는 제조업체와는 아예 생리부터 다릅니다. 증권회사 리서치센터의 RA로서 애널리스트 밑으로 들어오는 분들은 우리 바닥의 이런 살벌함을 이해하시기 바랍니다. 돈을 내고 다니는 학교와 돈을 받고 다니는 직장과의 차이점은 대학생들이 상상하는 것보다도 훨씬 큽니다.

애널리스트는 자신의 개인 역량으로 일을 하지만, 리서치 조직 전체는 팀워크를 이루어 일을 하고 그 기여도에 따라서 개별적으로 평가를 받습니다. 리서치센터의 애널리스트들끼리는 선의의 경쟁을 할 수밖에 없는 구조입니다. 리서치센터장은 평가를 하면서 질적인 면과 양적인 면을 동시에 고려합니다. 질적인 면은 애널리스트의 개인 역량에 달려 있다고 하더라도, 양적인 면은 좋은 RA를 둔 애널리스트와 함량 미달의 RA를 둔 애널리스트 사이에 큰 차이가 있습니다.

좋은 RA를 둔 애널리스트는 RA에게 일을 많이 맡길 수 있어서 양적으로 더 많은 일을 할 수 있을 뿐만 아니라 질적으로도 더 잘할 수 있는 시간과 에너지를 확보합니다. 함량미달의 RA는 애널리스트를 힘들게 할 뿐만 아니라 본인도 불만으로 가득 차서 온갖 부작용이 일어납니다. 여기서 자세히 쓰고 싶지 않을 정도의 불쾌한 일도 있었고 RA의 '꼴통짓' 때문에 리서치센터 전체가 힘든 적도 있었습니다.

자신의 준비 부족과 미숙한 품성을 탓하지 않고 증권 바닥이나 애널리스트들에 대해 이러쿵저러쿵 하는 소리를 들으면 참으로 가관입니다. 여러분이 애널리스트라면 함량 미달의 RA를 어떻게 하겠습니까? 면접관으로 들어가는 애널리스트들이 왜 준비가 잘된 RA 감을 찾으려고 혈안인지 이해가 가실 겁니다. 대학졸업장의 때깔 따위는 아예 개입할 여지가 없다는 것도 이해하실 겁니다.

훌륭한 RA를 가르치는 애널리스트의 보람

이제 기본소양을 갖춘 RA를 대상으로 설명을 해보겠습니다. 애널리스트의 업무에 동참하며 일을 배우는 과정은 녹록치 않습니다. 사람과 사람이 처음 만나서 호흡을 맞추는 일이 쉽지 않지요. 그것도 상사가 늘 시간에 쫓기고 새로운 아이디어를 보고서로 만들어내느라 고민하는 애널리스트라는 사람이니 말입니다.

시간에 쫓기는 업무의 성격 때문에 원래 그렇지 않은 사람도 애널리스트 생활을 하다 보면 성질이 급해지는 경향이 있습니다.

RA에게 일일이 설명을 하고 친절히 가르칠 시간적, 심리적 여유가 없는 경우가 대부분입니다. 이런 상황이기 때문에 준비된 RA라고 하더라도 품성이나 인성, 태도에 따라서 애널리스트로부터 받는 가르침과 혜택이 천차만별로 차이가 납니다.

애널리스트가 시간에 쫓기기 때문에 그 밑에서 일을 하는 RA의 마음도 덩달아 쫓깁니다. 업무에도 서툴기 때문에 여유가 더 없습니다. 이런 연유로 그 RA의 기본 품성이 튀어나올 수밖에 없는 상황이 만들어집니다. RA 자신이 스스로 조절을 못해서 바쁜 애널리스트를 심리적으로 더 힘들게 하는 경우도 많습니다. 저부터도 품성이 괜찮은 RA와 그렇지 않은 RA를 여러 차례 경험하면서 '도를 닦는 기분'을 느낀 적이 많습니다.

저는 현역 애널리스트 시절에 RA로서 준비도 되어 있고 품성도 괜찮은 친구를 보면 잘 가르쳐서 "용대인이 가르친 애널리스트"라는 말을 듣고 싶어 시간적으로나 심리적으로나 조건 없는 투자를 많이 한 편입니다. 많은 현역 애널리스트들이 같은 생각을 합니다.

사실 기업 방문이나 공장 투어, 자산운용사의 프레젠테이션에 RA를 동행하기 어려울 때가 많습니다. 펀드매니저나 해당 기업체, 증권회사내의 세일즈맨이 "번거롭게 굳이 RA까지……."라는 반응일 때가 적지 않습니다. 그렇지만 마음에 드는 RA를 데리고 있을 경우에는 RA가 애널리스트에게 요청하지 않아도 굳이 데려가려고 노력합니다.

평소 사무실에서는 따로 가르칠 시간이 없기 때문에 같이 이동하는 도중에 평소 시간이 없어서 가르치지 못했던 개념과 메커니즘 등에 대해서 알려줍니다. 그리고 평소에 미처 묻지 못했던 의문사항들을 질문하라고 합니다. 늘 잠이 모자라고 피곤한 상태인 애널리스트가 택시나 기차 안에서 휴식을 포기하면서까지 RA에게 질문하고 배울 시간을 주는 겁니다. 업무 시간 중에 유일하게 쉴 수 있는 순간을 RA 교육에 할애하는 겁니다.

펀드매니저와 점심이나 저녁 자리가 있을 때도 RA를 데려가서 애널리스트와 펀드매니저와의 대화를 현장에서 보고 배울 수 있게 합니다. 또 야근을 마친 뒤 생맥주 집이나 포장마차에서 한잔하면서 가르치기도 하고 질문을 받아주기도 합니다. 그래서 저는 늘 아내로부터 용돈 많이 쓴다고 핀잔을 들었습니다.

제가 겪어본 RA들 모두가 입사할 때 애널리스트를 목표로 하는 것은 아니었습니다. 펀드매니저가 되고 싶은 사람도 있었고 직장생활을 4~5년 한 뒤에 미국에 가서 MBA 공부를 하고 싶어 하는 친구도 있었습니다. 현역 애널리스트였던 저는 애널리스트가 가장 좋은 직업이라고 생각했지만, 그 RA들에게 애널리스트의 길을 그다지 강요하지는 않았습니다.

20대 중후반인 그들과 세대 차이도 있는 데다, 무엇보다 사람마다 자신이 하고 싶은 일을 하는 것이 좋기 때문입니다. 사람마다 좋아하는 색깔이 있기 마련입니다. 저는 개인적으로 그랜드 블루 (Grand Blue)를 좋아하는데 제 RA가 레드나 핑크, 옐로우 그 어떤 색을 좋아하더라도 그것은 취향의 문제이기 때문입니다. 그러니 맞니 틀리니 말할 이유가 없는 겁니다.

RA와 대화를 해보면서 그 친구가 정작 하고 싶은 것이 무엇인지를 묻고 제 밑에서 RA를 하는 동안 그 친구가 향후에 하고 싶은 것에 도움이 될 수 있는 방향으로 가르치려고 노력했습니다. 저는 그것을 나무를 다듬는 일에 빗대어 "결대로 민다"는 표현을 씁니다. 대나무는 대나무대로, 오동나무는 오동나무대로, 전나무는 전나무대로 그 결에 따라 대패로 밀어야 훌륭한 재목의 가치가 빛난다고 생각하는 겁니다.

2009년에 같이 일했던 법대 출신의 RA가 있었습니다. 그 친구는 펀드매니저가 되고 싶어 했습니다. 그 목적을 위해서 증권회사 리서치센터의 RA로 여의도에 처음 입문한 것이었고, 몇 개월 훈련을 시킨 후 주식운용팀으로 보낼 친구였습니다. 저는 그 RA가 자질과 품성이 훌륭한 친구라서 마음에 들었고, 데리고 있는 동안 제가 여의도에서 경험한 것을 토대로 펀드매니저가 기본적으로 알아야할 것들에 대해 많이 가르치려고 최선의 노력을 다했습니다.

자동차 부품업체의 기업 방문을 위해 부산을 방문할 때는 해운대에서 회를 먹으면서, 광안리 바닷가에서 생맥주를 마시면서 많은 이야기를 했던 기억이 지금도 새롭습니다. 그 친구가 어린 시절 다녔던 초등학교 교정을 달밤에 같이 걸으면서 옛날 추억을 나누었던 기억은 아직도 잊히지 않습니다. 어느 여름날 오전에 서울 시내 기업 방문이 있어서 같이 데리고 갔다가 시간이 잠깐 나서 덕

수궁 뒤에 있는 서울시립미술관의 르느와르 전시회를 함께 본 적도 있습니다. 시커먼 남자 둘이서 한여름 점심시간에 전시장을 돌아다니는 모습이 상상이 되십니까? 우리 세계는 이런 여유도 부릴 줄 아는 곳입니다.

또 다른 RA 한 명은 공대 출신이었는데 제가 공부했던 CFA 코스에 아주 관심이 많아서 집중적으로 자문해주기도 했습니다. 이 친구는 같이 있는 동안 제가 '껌처럼' 붙이고 다녔습니다. 정말 포장마차 소줏값 꽤 들었다고 생각할 만큼 참 많은 이야기를 했고 서로 다른 직장을 다니는 지금까지도 많은 이야기를 나누고 있습니다. 애널리스트 세계에 대한 자문에서부터 연애 상담에 이르기까지…….

제가 내부적으로 강력히 추천을 해서 그 친구는 RA 3년차에 주니어 애널리스트로 올라섰고, 보고서를 발간할 때마다 매번 검토를 해주었습니다. 다른 RA들보다 훨씬 빨리 주니어 애널리스트가 된 그 친구는 입사 4년차인 2010년부터 베스트 애널리스트 폴에서 해당 업종 2위로 올라설 정도로 떠오르는 유망주로 성장했습니다. 저는 그 친구가 여의도에서 애널리스트로서 대성할 것을 의심치 않습니다.

위에서 언급한 두 친구는 RA 시절부터 애널리스트를 하건 펀드매니저를 하건 반드시 성공할 인재라는 판단을 할 수 있었습니다. 일도 잘하고 품성도 좋고 노력도 많이 하며 생각도 바른 친구들이었습니다. 만약 주고받는 관계로만 본다면 저는 이들에게서 받은 것은 아주 적고 준 것은 아주 많다고 볼 수 있습니다. 들인 시간과 밥값, 술값이 적지 않습니다. 그러나 직장생활을 하는 동안 그렇게 자질과 품성과 노력을 모두 갖춘 젊은 친구들을 가르쳤다는 소중한 기억만으로도 저는 행복합니다. 어찌 보면 제가 더 많이 받은 것 같다는 생각을 하기도 합니다. 그 친구들이 조카처럼 생각되기에 혹시 도움이 될 건 뭐 없을까 하는 생각을 할 때가 많습니다. 그래서 우리는 수시로 만나게 됩니다. RA들은 애널리스트의 이런 마음을 절대 이해하기 어렵습니다. 자신이 애널리스트가 되어 보기 전까지는……. 자식이 부모가 되고 나서야 부모의 마음을 이해하게 되는 원리와 같다는 생각이 듭니다.

2
RA의 생존 규칙

RA는 참고 또 참아야 한다

아무리 준비된 RA라고 하지만 대학에서 자기 분야에 대한 기초 공부를 하면서 회계, 재무, 경제학에 대해 준비를 해봤자 얼마나 할 수 있을까요? 현역 애널리스트 입장에서 보면 아무리 준비를 잘했다고 하더라도 그들의 준비 수준은 그리 높지 않습니다. 그래서 시니어 애널리스트를 수학 박사과정이라면 RA들이 준비했다고 한 그 기본소양을 '구구단' 정도에 비유한 겁니다.

수준 차이는 좀 있더라도 기본적인 것만 준비하고 들어오면 RA로서 처음 시작하는 데는 별 문제가 없습니다. 그래서 상경계 전공이 아니라 어학, 법학, 자연과학, 공학 등 무슨 전공이라도 상관이 없다고 하는 겁니다. 오히려 제 경험으로는 다양한 전공을 가진 RA들이 상황을 색다르게 해석해서 제시한 아이디어로 도움을 받은 적도 꽤 있었습니다. 이래서 미국이나 영국 같은 금융 선진국에서는 전공에 상관없이 금융계로 진출하는구나 하는 생각을 해본 적도 많았습니다. 이제 이해가 되시는지요? 대학에서 무슨 전공을 했건 상관이 없다는 말을.

최소한의 준비만 되어 있다면 RA의 성공을 가름하는 것은 준비의 수준보다는 품성이라고 단언할 수 있습니다. 아마 거의 대부분의 현역 애널리스트들이 동의할 겁니다. 준비를 좀 한 RA라도 어차피 애널리스트 입장에서 보면 '어벙벙'하기는 마찬가지입니다. 그런데 품성이 훌륭한 친구들에게는 애널리스트들도 짜증을 내기보다는 인내를 하게 됩니다. "신입사원 때 다 그렇지. 우리는 뭐 안 그랬나?"라고 좋은 쪽으로 생각합니다. 그리고 같이 가야 할 인연이라고 생각하고 가르칩니다. 다른 RA 뽑아봐야 RA로서 사전 준비라는 것에서 별 차이가 나지 않기 때문에 성격 좋은 RA, 무난한 RA, 말 잘 듣는 RA를 데리고 일하는 편이 훨씬 나은 겁니다.

사람의 품성이라는 관점에서 RA나 애널리스트나 뭐 크게 다를 것이 있겠습니까? 그러나 RA와 애널리스트 관계는 평등 관계가 아니라 RA가 애널리스트의 평가를 받는 관계라는 점을 반드시 명심할 필요가 있습니다. 따라서 RA가 애널리스트와 성격이 맞지 않아 부딪칠 때는 '무조건' RA가 참아야 합니다. 아직 독자적인 밥그릇이 없는 상태이기 때문에 애널리스트에게 맞추지 않고 애널리스트가 맞고 틀리고를 따지다가는 RA만 피해를 볼 뿐입니다.

애널리스트의 고객은 밖의 펀드매니저이지만, RA의 고객은 펀드매니저가 아니라 바로 위의 애널리스트임을 명심하시기 바랍니다. 고객이 맞고 틀리냐는 문제가 될 수 없고 고객의 요구에 부응하지 못하는 것이 문제라는 점을 명심하고 RA를 벗어날 때까지는 담당 애널리스트에 대해 절대적으로 참고 또 참아야 합니다. 그리고 주니어 애널리스트가 되어서도 다른 곳으로부터 스카우트 제의를 받을 수 있을 정도로 독자적인 밥그릇이 마련되기 전까지는 시니어 애널리스트에게 하극상을 일으켜서는 안 됩니다.

그런데 아무리 참고 참아야 하는 RA이지만 반드시 피해야 할 선배 애널리스트가 있습니다. 이런 경우를 만나면 반드시 조직의 계통을 밟아 시니어 애널리스트와 리서치센터장에게 알려서 반드시 그 애널리스트 밑에서 빠져 나와 다른 애널리스트 밑으로 옮겨야 합니다. 조직 분위기상 그렇게 바꾸는 것이 어렵고 괜히 리서치센터에서 RA 자신만 '문제아'로 찍힐 공산이 크다고 생각된다면, 쉽지는 않겠지만 다른 증권회사 리서치센터로 옮기려고 사력을 다해 노력해야 합니다. 단, 전직을 결심했다면 옮기기 전까지는 절대 해당 애널리스트에게 불평을 표시하여 '적'으로 만들지 말아야 합니다. RA 입장에서는 좁은 여의도 바닥에서 불편한 점이 너무 많아질 가능성이 있기 때문입니다.

RA로서 반드시 피해야 할 애널리스트는 '극단적인 이기주의자'로서 자기 자신만을 위하고 RA의 입장은 전혀 고려하지 않는 사람입니다. 그 밑에서 근무해도 배우는 것은 고사하고 대학졸업장이 필요 없는 잡일만 시킵니다. 그런 애널리스트는 RA를 자신의 밥그릇을 빼앗을 잠재적 경쟁자이자로 생각해서 그 성장을 방해하는 사람입니다. 사실 극단적인 이기주의자라는 평가는 RA가 아니라 애널리스트들끼리 내립니다. 그렇기 때문에 그 밑에 있는 RA가 그 리서치센터 내에서 다른 애널리스트의 RA로 옮기고자 할 때 다른 선배 애널리스트와 리서치센터장이 돕게 됩니다. 심지어 다른 회사로의 전직을 돕기 위해 다른 애널리스트들이 나서는 것을 리서치센터장이 모른 척하고 묵인하는 경우도 있습니다.

제가 직접 겪은 애널리스트 중에 극단적인 이기주의자형 애널리스트들이 실제로 있었고, 그렇게 평가받는 사람들에 대해서도 들었습니다. 여의도에 있는 모든 애널리스트와 같이 일을 해본 것이 아니기 때문에 그들 중에서 극단적인 이기주의자의 수가 얼마나 되는지는 정확히 알 수가 없습니다. 다만 그런 애널리스트들이 예외적일 정도로 비중이 작은 것 같아서 다행이라고 생각합니다만, 그들이 분명히 존재한다는 점은 명심하시기 바랍니다.

리서치센터 전체 애널리스트로부터 인정을 받아야 한다

준비가 된 RA라고 해서 주니어 애널리스트로 올라서는 것이 수월하지는 않습니다. 여러분이 RA이라면 무조건 담당 애널리스트의 눈에 들어야 한다는 점을 앞에서 밝혔습니다. 하지만 그것은 주니어 애널리스트로 올라서기 위한 필요조건에 불과하며, 자기 위의 애널리스트가 아닌 다른 애널리스트들로부터 평가를 받아야 한다는 점이 바로 충분조건입니다.

리서치센터에서 RA를 주니어 애널리스트로 승격시킬 때 그 RA의 담당 애널리스트뿐만 아니라 다른 애널리스트들, 특히 팀장급에 해당하는 시니어 애널리스트들의 검증을 꼭 받습니다. 어떤 회사는 RA들의 보고서 쓰는 능력과 프레젠테이션 능력을 공개 테스트를 통해 평가하기도 하는데, 자기 밑에 두고 있는 RA에 대해서는 평가를 하지 못하게 하고 다른 애널리스트들의 평가 점수만을 취합한 결과를 토대로 리서치센터장이 최종 판단을 합니다.

해마다 새로 생기는 주니어 애널리스트의 자리는 승격 대상 RA들의 숫자보다 훨씬 적습니다. 자기 RA가 마음에 들 경우 담당 애널리스트의 평가가 너무 후할 것을 우려하기 때문에 이런 평가시스템을 만든 겁니다. 또 어떤 회사는 주니어 애널리스트의 자리를 채워야 할 경우가 발생할 때 리서치센터장이 애널리스트들로부터 추천을 받은 뒤, 팀장들인 시니어 애널리스트의 회의를 소집해서 의견을 묻기도 합니다.

RA를 주니어 애널리스트로 승격시키는 인사 조치는 조직의 보스인 리서치센터장에 의해서 크게 좌우되지만, 해당 RA를 맡고 있지 않은 다른 애널리스트들이 적지 않게 반대할 경우에는 리서치센터장도 결정을 내리기가 어렵습니다. RA 하나를 주니어 애널리스트로 승격시키는 사안을 잡음 나게 처리했다가 괜히 조직의 균열만 생길 수 있기 때문에, 사실상 만장일치의 의견이 나온 RA가 아니면 주니어 애널리스트로 올라서기 어렵습니다. 따라서 RA가 주니어 애널리스트로 올라서기 위해서는 리서치센터의 전체 애널리스트들로부터 긍정적인 평가를 받아야 한다는 결론에 도달하게 됩니다. 이를 위해 RA가 실천해야 할 내용들을 몇 대목으로 나누어 말씀드리겠습니다.

RA의 생존 수칙 1

첫째, 인사를 잘해야 합니다. 그것도 밝은 얼굴로 말입니다. 저도 원래 사람 좋아하는 성격인 데다 여의도에서 10년 넘게 굴러먹다 보니 많은 증권회사의 리서치센터장들과 친하게 교류하는 사이가 되었습니다. 그런데 대부분의 리서치센터장들이 이구동성으로 하는 말이 있습니다. "리서치센터 사람들은 인사를 잘하지 않는다는 소리를 다른 부서로부터 너무 많이 듣는다"는 겁니다. 여기에는 여러 가지 이유가 있지만 기본적으로는 애널리스트들이 1년 단위 계약직이다 보니 전직이 잦아서 다른 부서 사람들을 잘 모르는 것도 한 가지 이유입니다. 그리고 업무 자체가 회사 외부에 있는 펀드매니저들을 고객으로 삼기 때문에 더더욱 다른 부서 사람들을 모릅니다. 결과적으로 사내에서 인사하고 지낼 만큼 아는 사람이 많지 않습니다. 리서치센터의 주축인 애널리스트들이 이런 실정이다 보니 신입사원이자 그 회사의 정규직 사원인 RA들도 비슷한 경향이 되어 RA의 인사성에 대해서도 말이 끊이지 않습니다.

애널리스트들이야 고객들로부터 자신의 업무를 평가받아 계약 조건이 결정되지만, RA들의 승격 여부는 애널리스트들의 의견에 따라 승부가 납니다. 애널리스트와 RA의 생존 조건이 다르다는 말입니다. 웬만큼 준비가 된 RA가 입사해서 죽도록 열심히 일한다고 합시다. 하지만 2년쯤 지난다고 해봐야 실력이나 업무능력 면의 차이는 생각만큼 크지 않은 경우가 많습니다. 모든 RA가 부지런히 노력하기 때문입니다. 그러니 업무 외적인 노력도 중요하게 작용하는 경우가 있다는 말입니다.

세상 일 혼자 다 하는 것처럼 인상 쓰고 다닐 정도로 RA가 엄청난 일을 하는 것은 아닙니다. 다른 부서 사람들은 잘 몰라서 그렇다 치고 리서치센터 내부의 다른 애널리스트에게 밝은 얼굴로 인사조차 안하는 RA에게 어떻게 평가를 잘 주겠습니까? 밝은 얼굴로 인사하는 친구에게 점수가 더 가는 것이 인지상정입니다. RA들이 실력 면에서 큰 격차가 나지 않기 때문에 이런 외적인 차이가 결과에 상당한 영향력을 미칩니다. 윤리적으로 맞다 틀리다 하는 이야기를 여기서 하는 것이 아닙니다. 다른 애널리스트들과 함께 RA를 평가하는 작업을 여러 번 해본 경험에 비추어 도움이 되라고 하는 소리입니다.

신입사원으로 사회생활 하면서 인사를 안 한다는 이유로 가정 교육 잘못 받았다는 소리를 들으며 부모님까지 욕 먹일 일이 뭐 있습니까? 애널리스트가 되고 나서 인사성이 있든 없든 그것은 개인이 선택할 문제이지만, RA 때는 인사를 잘 챙겨서 가점을 더 받기 바랍니다. 이런 책에서 인사를 잘하자는 조언까지 하는 것이 이상하게 들릴지도 모르지만 이렇게 따로 항목을 만들어 제일 처음 언급할 정도로 중요한 요소라는 점을 머릿속에 각인해두시기 바랍니다.

RA의 생존 수칙 2

둘째, 책을 많이 읽어야 합니다. 그리고 자신만의 자기계발 프로그램을 꾸준히 실천해야 합니다. 기초적인 지식에 대해서 이미 준비를 하고 들어왔다 하더라도 애널리스트들, 특히 시니어 애널리스트들과는 엄청난 격차가 날 뿐더러 현장의 경험 차이도 상당합니다. 그러니 현장 경험을 쌓으면서도 부지런히 공부를 해야 합니다. RA들이 느끼지 못할지 모르지만 시니어 애널리스트들도 변화무쌍한 금융시장을 헤쳐 나가기 위해서 많은 공부를 합니다. 아니, 해야 합니다.

솔직히 말하면 RA들이 보기에 자기계발 노력을 게을리하는 애널리스트는 RA에게 별로 가르쳐줄 것이 없다고 보셔도 됩니다. 하지만 자신이 모시고 있는 애널리스트가 자기계발을 열심히 하는 사람이건 아니건 그 사람의 선택일 뿐 RA 본인의 문제가 아닙니다. 선배인 애널리스트들의 눈에는 RA들이 아직 여러 면에서 서툴지만, 젊음에서 나오는 패기로 열심히 공부하는 모습을 보여야 대견해하고 가르쳐주고 싶은 마음이 듭니다.

저는 현역 애널리스트 시절이나 지금이나 RA와 후배 애널리스트에게 점심 때 밥 사주는 것과 저녁에 소주나 생맥주 마시는 것을 즐기는 편입니다. 애널리스트라는 사람들은 아주 비싸지만 않다면 후배들에게 자주 술과 밥을 사줄 정도는 벌고 있습니다. 책 보는 것 말고는 별다른 취미가 없는 제 경우에는 사실 후배들에게 술과 밥을 사주는 것이 거의 취미생활 수준이었습니다. 제 인생관 중의 하나가 "밥값으로는 가정경제가 무너지지 않는다"인데, 폭탄주 먹는 것만 아니면 엄청나게 큰돈이 드는 취미생활은 아닙니다. 아내도 이제 제 취미생활에 대해서는 포기했습니다. 그 동안 할 만큼 했으니 제가 용돈 좀 많이 쓴다고 아내가 별로 잔소리 할 말도 없습니다. 선배로부터 많이 얻어내는 것은 RA들이 얼마나 따라붙느냐에 달려 있습니다.

후배들과 어울리다 보면 제게 여러 가지 질문도 많이 하는데, 어떤 RA 한 명은 시간이 갈수록 질문의 각이 예리해졌고 폭도 깊어지고 시야도 넓어지는 것을 느낄 수 있었습니다. 제가 속으로 "이 친구 제법인데……"라는 생각을 할 때가 여러 번 있었습니다. 애널리스트의 일이란 생각하는 힘에서 승부가 난다는 것이 제 소신인데, 그 RA는 생각하는 힘이 시간이 갈수록 일취월장하는 것을 볼 수 있었습니다.

하루는 좋은 질문을 하기에 왜 그런 생각을 하게 되었냐고 물었습니다. 책 한 권을 보고 있는데 좋은 책 같아서 두 번째 보면서도 어떤 사안에 대해서는 잘 체계가 잡히지 않는다는 겁니다. 저도 여의도에 건너온 초반에 금융 공부를 하면서 그 비슷한 문제에 대해서 고민을 해본 적이 있는 꽤 심도 있는 주제였습니다. 다만 그 RA가 본 책과는 다른 책을 보고 그 생각을 했다는 차이점만 있었습니다.

당시 그 친구는 제 밑에 있는 RA가 아니었음에도 불구하고 그날 밤늦게까지 제가 이론적으로 정리한 부분과, 경험을 쌓으면서 조금씩 수정한 부분까지 상세하게 설명을 해주었습니다. 저는 단순히 베스트 애널리스트 정도가 아니라 '큰 애널리스트'가 될 재목을 만난 것 같아서 너무 기분이 좋았고 그 후로 그 RA의 후견인 노릇을 하게 되었습니다. 몇 년이 지나 그 친구는 주니어 애널리스트가 되었고 다른 직장에 다니는 지금까지도 훌륭하게 일하고 있습니다.

반면 이삼 년이 지나도 질문의 예리함이나 깊이는커녕 질문 자체가 없는 친구들도 있습니다. 한마디로 공부를 한다는 흔적을 느낄 수가 없는 겁니다. 이런 경우는 정말 위험합니다. 많은 RA들이 이런 질문을 합니다. 어떻게 해야 애널리스트로 올라설 수 있냐고 말입니다. 선배 애널리스트들의 업무 보조를 잘하는 것이 RA가 애널리스트로 올라설 수 있는 필요조건이라면, 자기계발을 통해서 성장하는 것이 충분조건이라고 볼 수 있습니다. 이 두 가지 중 어느 것 하나라도 빠져서는 안 됩니다. 우리 일은 머리로 하는 일이기 때문에 한쪽 분야의 공부를 하다 보면 이론이나 접근방법의 한계 때문에 현실 적합성과 관련하여 많은 의문이 생깁니다. 그리고 그 의문을 풀고 싶어서 안달이 납니다. 공부를 하는 RA는 질문을 하지 않을 수가 없는 겁니다. 선배들에게 질문을 많이 하라는 것이 요지가 아니라 질문을 통해 성장하는 모습을 보여야 한다는 점을 강조합니다. 우리 선배들은 공부 많이 하는 후배들을 금방 골라냅니다.

애널리스트라는 직업의 기본 속성 중 하나는 다른 사람이 자신의 글을 읽도록 하는 겁니다. 더 정확히 말하면, 다른 사람이 읽을 만한 글을 쓰는 사람입니다. 이런 점에서는 글 쓰는 것이 생업인 기자나 작가와 동일합니다. 그들의 창작물이 기사나 소설이라면 애널리스트에게는 보고서라는 차이점이 있을 겁니다. 훌륭한 책이나 기사를 읽다 보면 그것을 쓴 사람에게서 두 가지 공통점을 느낍니다. 첫째는 일상에서 경험하는 것들을 놓치지 않는다는 점이고, 둘째는 책을 통해서 다른 사람들의 생각을 많이 배워서 활용한다는 겁니다. 개인적인 생각에는 책을 읽기 때문에 일상의 경험들을 놓치지 않는 게 아닌가 하는 생각을 합니다.

RA가 자기계발을 꾸준히 해야 한다는 항목에서 책을 많이 읽어야 한다고 강조하는 것은 RA의 자기계발이 금융 관련 분야에 국한되지 않기 때문입니다. RA처럼 금융시장 경험이 일천할 때는 금융시장에 관한 기술적인 공부와 독서를 많이 하는 과정이 필요합니다. 자격증 공부건 아니건 말입니다. 주니어 애널리스트와 시니어 애널리스트로 올라가서 경험과 식견이 웬만큼 축적된 이후에도 "읽지 않으면 읽을 만한 글을 쓰기 어렵다"는 점을 늘 상기하시면 좋겠습니다.

여의도 생활을 하면서 느낀 점은 투자 분야의 대가들 중에 금융 분야를 넘어 역사, 문화, 예술 등 다양한 방면에 식견을 가진 사람들이 많다는 점입니다. 애널리스트를 비롯한 투자업계는 금융시장에 관한 지식을 넘어 깊고 넓게 '생각하는 힘'에서 승부가 난다는 것을 깨닫는 데 그리 오랜 시간이 걸리지 않았습니다.

RA의 생존 수칙 3

마지막으로, 회의시간에 절대로 졸지 말아야 합니다. 너무 직접적인 표현인가요? 이유를 말씀드리겠습니다. 일반론으로 말하면 근무태도에 관한 이야기라고 보시면 됩니다. 제가 증권회사 리서치센터에 근무하면서 깜짝 놀란 것이 하나 있습니다. 리서치센터의 전 직원, 세일즈맨, 회사 내 트레이딩 부서의 직원들이 모닝 미팅을 하는데 리서치센터의 제일 말단인 RA들이 꾸벅꾸벅 조는 모습을 본 겁니다. 삼성그룹이나 현대차그룹의 사원들이 임원이 주재하는 부서 전체회의에서 졸았다가는 이것은 "사표 내겠다" 또는 "진급에 관심이 없다"는 의사를 공개적으로 표시하는 것으로 해석됩니다. 좀 상스러운 표현을 하자면 "아예 죽으려고 빽을 쓰는 것"입니다. 임원이 아니라 팀장이 주재하는 회의에서도 상상을 하기 어렵습니다. 1년에 두 번 상중하로 매겨지는 인사고과에서 연달아 '하'를 맞겠다고 각오해야 하는 것이고, 당연히 진급 때는 회사가 확실하게 물 먹여 줍니다. 결국 회사를 떠나야 하는 경우가 대부분입니다.

그런데 여의도에 와서 RA들이 회의시간에 조는 모습을 보면서, 처음에는 잘 믿기지 않을 정도로 충격을 받았습니다. "어떻게 이런 일이 있을 수가 있단 말인가?" 당시 제 충격은 형언하기 힘들었습니다. 그런데 그런 RA들일수록 자기가 왜 애널리스트로 올라서지 못하는지를 모르고 있다는 것도 답답했습니다. 대개 RA로서 준비를 잘하지 못한 친구들이 적응을 못하면서 그 부작용으로 조는 경우가 많지만, 준비된 RA들도 그들과 같이 생활하다 보니까 전염이 되거나 무감각해지면서 같이 조는 경우가 적지 않습니다.

이런 경우의 심각함은 설령 담당 애널리스트가 그 RA에 대해서 애정을 가지고 있다 하더라도 전혀 보호를 해주지 못한다는 점입니다. 모닝 미팅 때는 리서치센터의 전 직원과 세일즈맨, 트레이딩 부서의 직원들이 보고 있는 상태이기 때문에 그냥 그대로 '아웃'되어 버리는 겁니다. 모닝 미팅 외에 가끔 리서치센터만 따로 회의를 하기도 합니다. 조직 운영 방침을 하달하거나, 긴박한 주식시장의 변화에 대해 리서치센터 전체가 어떻게 대응할 것에 대해 방향과 우선순위를 정하는 회의이기 때문에 모든 직원이 긴장해야 합니다. 그런데 가장 말단의 RA가 졸고 있다니! 참 할 말이 없더군요. 그 RA를 담당한 애널리스트가 아닌 다른 애널리스트들과 리서치센터장이 보고 있는 데서 그 RA가 졸고 있으면, 떨어져 앉아 있는 담당 애널리스트는 깨울 수도 없습니다. 일단 창피해 죽겠다는 심정이 제일 먼저 듭니다. 그러나 그것은 아무 것도 아닙니다. 그 RA는 리서치센터장과 다른 애널리스트들에 '태도' 문제로 이미 찍혀 버립니다.

리서치센터장과 팀장들이 무엇인가를 결정할 때, 즉 주니어 애널리스트 승격이나 국내외 연수 프로그램 대상자를 선발할 때 그 RA는 아예 거론조차 되지 않습니다. 심지어 그 RA 이름이 나오면 시니어 애널리스트들이 짜증부터 냅니다. RA로서 준비가 아무리 잘 되어 있고 야근이나 주말 특근을 아무리 열심히 한다고 하더라도 회의 시간에 졸면 죽는다는 점을 명심하기 바랍니다. 독자 여러분이 애널리스트라도 똑같은 평가를 할 겁니다. 매일 30분씩 하는 모닝 미팅에서 RA가 삐딱하게 앉아 있거나 선배 애널리스트들이 발표하는 내용에 경청하지 않고 딴청부리는 경우도 마찬가지에 해당합니다.

RA 신분을 떼고 독자적인 밥그릇이 생긴 애널리스트로 올라서서 살아남기 전까지는, 특히 회의시간에 목숨 걸고 긴장감을 유지하기 바랍니다. 현역 RA가 이 책을 혹시 본다면 "애널리스트들도 회의시간에 졸거나 집중하지 않는 경우가 많은데 RA에게만 이러느냐?"라고 반문할지 모르겠습니다. 그러나 시건방진 소리입니다. 리서치센터장과 코드가 맞지 않아서 회의시간에 집중하지 않는 애널리스트는 평가의 '질적인 항목'에 반영되어 재계약 때 직간접으로 반영됩니다. 그리고 그 애널리스트는 리서치센터장과 맞지 않으면 옮길 수도 있습니다. 그렇더라도 그 애널리스트는 보고서 잘 쓰고 마케팅 잘하여 자기 고객만 있으면 별다른 문제가 없이 여의도 생활을 할 수 있습니다. 그러나 RA는 그 비슷하게 행동하다가는 아웃된다는 것을 재삼 강조합니다. "야근 많고 체력 딸려서"라는 변명은 RA 시절에 해봐야 소용이 없습니다. 제가 여기서 따로 "회의시간에 졸지 마라"고 당부할 정도로 너무나도 흔하게 발견되고 또 심각한 문제라는 점을 잊지 마시기 바랍니다.

결국 기본의 문제

저는 RA들에 대한 세 가지 충고를 했습니다. 인사 잘하고 공부 열심히 하고 회의 시간에 졸지 말 것입니다. 모두가 필수적인 사항으로 보이지만 굳이 우선순위를 정해보자면 인사성으로 표현한 인간적인 품성이 가장 최우선이고, 생각하는 힘에서 승부가 나는 애널리스트 세계를 준비하기 위한 자기계발 노력이 그 다음이며, 마지막으로 근무 태도를 강조한 겁니다.

이미 성인이며 독자적인 판단 능력을 가지고 있는 RA들에게 선배 애널리스트랍시고 주제넘게 훈계하려는 것이 아닙니다. 제게 그럴 수 있는 자격이 있다고 생각하지도 않습니다. 그리고 혹시 여의도의 다른 애널리스트에게 물어보면 저와 의견이 다를 수도 있습니다. 여기서는 다만 애널리스트들이 RA를 주니어 애널리스트로 승격시킬 때 보는 기준들을 나름대로 구분해서 알려주려고 할 뿐입니다. 참고로 하고 말고는 본인의 선택입니다.

그러나 분명한 것은 애널리스트가 전문성과 개인적인 성향이 있는 직업이라고 해서 자기계발 노력에만 집중하고 대인관계를 소홀히 하거나, 직장 분위기를 해치는 사이코 같은 사람이 살아남을 수 있는 곳은 아닙니다. 그런 사람은 직장생활을 하지 말고 평생 공부만 할 수 있는 곳이나 자기 혼자 할 수 있는 일을 선택해야 할 것 같습니다. 개별적인 업적으로 평가받는 곳이기 때문에 상대적으로 개인주의적인 문화가 있는 것이 사실이지만, 여기도 사람 사는 세상임을 잊지 마시기 바랍니다.

3
주니어 애널리스트로 가는 길

RA들은 성장속도로 평가 받는다

입사 전부터 어느 정도 준비된 RA가 있다고 합시다. 그리고 극단적인 이기주의자형 애널리스트 밑에 있는 경우가 아니라고 가정하겠습니다. 업종 담당 애널리스트 밑에서 수련한 지 2년이 다 되어 가면 비록 작은 종목이지만 이제 슬슬 글쓰기를 시작하게 됩니다. 3년차가 되면 시가총액이 작은 종목의 경우 혼자서 기업 방문도 갑니다. 중소형주 펀드를 운용하는 펀드매니저와 기업 방문을 함께 가기도 하고, 자기 보고서에 대한 콜 서비스도 하게 됩니다. 기업 방문을 가지 않는다는 것만 제외하면 매크로 분야의 RA도 비슷한 행로를 보입니다.

RA가 이 시점에 이르면 마치 자기가 애널리스트로 올라선 것으로 착각을 하는 경우가 가끔 있는데 천만의 말씀입니다. 정말 언행에 조심해야 할 시기입니다. 아직은 가야 할 길이 첩첩산중입니다. 그렇지만 2년 동안 많이 발전한 것은 사실입니다. 저는 애널리스트 과정을 위해서는 대학원 2년 보다는 RA 2년이 훨씬 낫다고 봅니다. 제대로 된 애널리스트 밑에서 학부 출신 RA 3년차는 대학원 출신 RA 1년차와는 비교 자체가 되지 않을 정도로 월등합니다. 엄청난 업무 경험과 자기계발 노력에다 애널리스트가 하는 일을 눈으로 보고 직접 도제식으로 배우기 때문입니다.

어쨌든 후배들을 관찰해본 제 경험으로는, RA 2년 기간이 지난 뒤에 2년 전의 신입사원 시절과 비교해보면 '일취월장'이라는 말로도 그 격차를 설명하기 어려울 정도입니다. 참고로 제가 여기서 말하는 RA 2년이라는 기간은 약간의 편차가 있을 수 있습니다. 각 증권회사의 리서치센터마다 RA 양성과 주니어 애널리스트 승격에 관한 문화가 다르기 때문입니다. 혹시 특정 증권회사의 RA로 입사해서 2년이 지났는데도 '왜 나는 뭘 시켜주지 않느냐?'라는 불만을 가져서는 안 된다는 뜻입니다. 증권회사 리서치센터는 항상 리서치 능력을 갈구하는 곳이기 때문에 능력이 된 RA에게 일을 주지 못해 안달이지 일을 주지 않는 곳이 아니기 때문입니다. 먼저 입 밖으로 말을 꺼냈다가 건방지다는 평가를 받기 쉬우니 조심해야 합니다.

RA들은 어떤 기준으로 평가를 받아 주니어 애널리스트로 승격되는 걸까요? 한마디로 말하면, 애널리스트들이 보기에 RA로서 성장하는 '속도'가 핵심적인 기준이며 거의 유일한 기준이라고 할수 있습니다. 물론 인사 잘하고 자기계발 노력을 다하며 근무태도도 좋다는 것이 전제조건입니다. 문제는 이런 전제조건만 갖추었다고 해서 애널리스트 티켓이 보장되지는 않는다는 점입니다.

애널리스트들끼리 하는 말에 "애널리스트라는 직업과 맞아야한다"는 것이 있습니다. 이런 원칙을 중심으로 선배 애널리스트들이 평가를 하게 되는데, 바로 RA의 '성장 속도'가 이를 가늠하는척도가 됩니다. RA의 성향과 자질이 애널리스트라는 직업과 맞는다면 저절로 재미를 느끼고 자기계발에도 집중하게 됨으로써 성장속도가 상당히 빨라진다는 것을 선배 세대 때부터 내려온 경험을 통해 모든 애널리스트들이 공감하고 있습니다.

한 해에 애널리스트 자리가 몇 개 나지 않는다

또 하나 고려해야 할 점은 한 해에 주니어 애널리스트로 승격시킬 수 있는 빈자리가 많지 않다는 겁니다. 이 점에서는 대형 증권회사에 있는 RA일수록 더 불리합니다. 대형 증권회사의 리서치센터는 고객들의 수요가 많기 때문에 대개의 경우 자리가 채워져 있습니다. 따라서 기존 애널리스트가 전직하거나 퇴사하지 않으면RA가 승격할 기회가 없게 됩니다. 리서치 인원이 상대적으로 적은 중소형 증권회사에는 애널리스트의 빈자리가 더 많아서 주니어 애널리스트로 승격할 기회가 상대적으로 많습니다. 반면에 지

명도가 높은 대형 증권회사는 상대적으로 시스템이 좋아서 좀 더 체계적으로 배울 수 있는 장점이 있다고들 합니다. 대형이 아닌 증권회사의 리서치센터장들이 펄쩍 뛸 이야기이지만, 그런 상식이 널리 퍼져 있는 것은 사실인 것 같습니다.

그러나 애널리스트라는 티켓을 쥐는 관건은 회사의 규모가 아닙니다. 대형 증권회사의 시니어 애널리스트들 중에는 중소형 증권회사에서 여의도 생활을 시작한 사람들의 비중이 절대적으로 많다는 점은 시사하는 바가 큽니다. 어쨌든 RA에서 주니어 애널리스트로의 승격 면에서는 규모가 큰 대형회사가 불리할 수 있다는 점은 반드시 각인해야 합니다. 하지만 중소형 증권회사 리서치센터라고 해서 RA가 햇수를 채웠다는 이유만으로 그냥 주니어 애널리스트로 승격시키지는 않습니다. 그랬다가는 그 리서치하우스가 허접하다는 평판이 나오고 전체 리서치 파워가 떨어져 기존의 애널리스트들에게도 피해가 가기 때문입니다.

특정 해에 RA로 10명을 뽑았다고 할 때 그중 몇 명이나 애널리스트로 올라설지는 알 수가 없습니다. 리서치센터라는 곳에는 늘 유능한 애널리스트가 필요합니다. 그래서 싹수가 보이는 RA라면 분야를 막론하고 애널리스트로 발탁하고 싶지만 애널리스트 발탁을 잘못하면 순식간에 그 리서치센터의 브랜드에 금이 갑니다. 애널리스트 자리가 비어 있어도 역량이 떨어지는 RA에게는 맡길 수 없는 이유입니다.

제가 맡고 있는 동부증권 리서치센터의 예를 들어 보겠습니다.

저는 2010년 12월 실시된 언론사 베스트 애널리스트 폴의 33개 분야 중 6개 분야에 애널리스트 이름을 올리지 않았습니다. 리서치센터의 직원이 50명이나 되고 RA가 10명이 넘는데도 저는 그들의 이름을 올리지 않았습니다. 아직 독자적으로 일을 맡기는 수준과 비교해서는 격차가 있기 때문입니다. 후배들에게 애정이 있을수록 더 시간을 주고 기다려야 하며, 그들이 혼자 설 수 있는 시기를 늘 고심해야 합니다. 그 수준에 오르지 못한다면 감당할 수 없는 자리를 맡겨서는 안 됩니다. RA도 리서치센터도 모두 멍들게 되니까요. 저와 시니어 애널리스트들은 애정을 가지고 가르치고 야단치며 격려하면서 기다립니다. 그러나 끝내 독자적으로 일할 만하다고 판단되지 않는다면 그 RA는 리서치센터에서 근무를 더 이상 못하게 됩니다. 여기는 가정이 아니라 회사니까요.

모닝 미팅에서의 보고서와 발표에서 승부가 난다

자, 그러면 무엇을 보고 RA의 성장속도를 평가하고 애널리스트로서 적합한지 판단할까요? 모닝 미팅에서 발표하는 보고서의 질과 프레젠테이션 능력이 바로 그것입니다. 발표할 때마다 매번 시험을 본다고 생각하면 됩니다. 세일즈맨들인 브로커들이 참석을 하는 모닝 미팅에서 리서치센터의 당일 보고서 작성자가 발표를 하게 됩니다. 브로커들이 그 보고서나 종목과 관련된 이슈에 대해서 질문을 하면서 영업할 '거리'를 정리하는 자리입니다. RA로 일하는 시간이 쌓이면서 작은 종목이나 주식시장에 관한 짧은 보고서를 쓰고 발표할 기회가 바로 이 모닝 미팅 시간에서 주어집니다. 모닝 미팅에서 발표를 하는 횟수가 많아졌는데도 보고서나 발표의 능력이 질적으로 개선되지 않으면 성장속도가 느리다고 판단하게 됩니다. 따라서 그 RA는 애널리스트라는 일과 맞지 않다고 판정이 날 확률이 높습니다.

앞에서 RA로 입사하기 전에 해야 할 사전 준비도 강조했고 입사 이후에는 참고 또 참아야 한다고도 했습니다. 또한 인사 잘하고 자기계발 열심히 하고 회의 시간에 졸지 말라고도 조언했습니다. 매일 열리는 모닝 미팅의 상황을 떠올려보면 이제 그 말이 이해가 갈 겁니다. 사전 준비가 된 RA여야 담당 애널리스트가 가르칠 엄두가 날 것이며, 애널리스트에게서 도제식으로 배우지 않으면 안 되기 때문에 무조건 RA는 참아야 한다는 겁니다. 담당 애널리스트가 가르쳐 주지 않으면 보고서의 틀을 잡는 감도 잡기 어렵고 보고서를 질적으로 개선하는 작업도 불가능합니다. 그러면 모닝 미팅에서 발표한 보고서의 질적인 수준 저하 상태가 지속될 수밖에 없습니다. 결국 리서치센터장을 비롯한 다른 애널리스트들은 자기 RA를 가장 잘 아는 담당 애널리스트가 그 RA를 주니어 애널리스트로 승격시킬 만한 재목이 아니라고 평가하여 공을 들이지 않는다는 것을 알게 됩니다.

인간적인 매력이나 품성에서 평균적인 사람이라고 가정할 때, 애널리스트들은 RA의 성장속도를 가장 중요하게 생각한다는 점을 다시 한 번 강조합니다. 6개월이나 1년 정도 늦게 입사한 RA 후배가 자기보다 먼저 주니어 애널리스트로 승격되는 이유를 묻는 RA들은 이런 점을 모르는 겁니다. 게다가 리서치센터장이나 애널리스트들이 학연이나 지연 같은 것으로 주니어 애널리스트를 승격시킨다고 생각하고 불평하는 것을 보면 참으로 한심하기 그지없습니다.

성장속도라는 측면에서 가장 중요하게 보는 것은 보고서의 질이라고 했습니다. 각 증권회사의 리서치 분야가 경쟁이 심해지다 보니 베스트 애널리스트 폴 순위에 지나치게 집착하면서 애널리스트 마케팅이 중요한 요소가 되었지만, 애널리스트라는 직업의 본질은 보고서에 있습니다. 그것을 통해서 고객에 도움이 되는 아이디어를 만들 수 있는 '생각하는 힘'을 보여주게 되는 겁니다. 증권회사 리서치센터를 '파는 쪽(Sell-Side)'이라고 부르는데, 뭐가 있어야 팔지 않겠습니까?

RA가 쓰는 보고서의 질이 좀처럼 개선되지 않으면 생각하는 힘이 커지지 않는다고 판단할 수밖에 없는 겁니다. RA 경험이 쌓이면서 생각하는 힘이 좀 생겼다 하더라도 그것이 보고서로 나타나지 않으면 평가할 수가 없습니다. 여기서 담당 애널리스트가 얼마나 애정을 갖고 그 RA를 가르치느냐가 굉장히 중요한 요소라는 것을 알 수 있습니다. RA가 쓰는 보고서의 기획이나 수정 등의 작업에 관여하는 담당 애널리스트가 그 RA에게 얼마나 애정을 가지고 있느냐에 따라서 결과는 엄청난 차이가 납니다.

애널리스트의 글쓰기는 수필도 아니고 소설도 아니고 신문기사도 아닙니다. 오로지 주식을 사고팔아야 하는 투자자들의 의사결정을 돕기 위한 보고서라는 독특한 특성이 있습니다. RA 이삼 년을 하면서 기존 애널리스트들의 글쓰기를 최소한의 흉내도 내지 못한다는 것은 생각하는 힘이 없거나 애널리스트 글쓰기와 맞지 않는다는 것을 의미합니다.

생각하는 힘은 좀 늘었는데 여전히 글쓰기가 안 되는 친구들 중에는 이공계 출신이 더 많은 것 같습니다. 애널리스트들끼리 그런 이야기를 하는 경우가 많습니다. 오해는 마시기 바랍니다. 상대적으로 그런 경향을 보인다는 것일 뿐이지, 공학이나 자연과학을 전공한 RA들 중에 글쓰기가 훌륭한 친구들도 많고, 괄목할 만한 성장속도를 보이는 경우도 많습니다. 하지만 이공계 출신자들이 상대적으로 글쓰기 공부를 소홀히 할 수밖에 없어서 그런지 이런 지적이 나오는 것이 사실입니다. RA 생활을 하면서 글쓰기 훈련에 좀 더 유념할 필요가 있다는 지적은 꼭 드리고 싶습니다.

RA로서 모닝 미팅에 참석할 수 있는
증권회사에 입사하라

여기서 RA들에게 중요한 조언 하나가 있습니다. RA로서 입사를 할 때 선택권이 있는 경우라면 회사의 규모보다는 트레이닝 측면을 더 중요하게 봐야 합니다. 리서치센터에서 그냥 시간을 보낸다고 저절로 성장하는 것이 아니기 때문입니다. 그런데 RA가 모닝 미팅에 들어가지 못하는 경우라면 이런 측면에서 엄청난 손실이 생깁니다. 자기를 가르치는 애널리스트를 포함한 모든 선배 애널리스트들이 보고서에 쓴 내용과, 짧은 시간에 핵심을 요령 있게 발표하는 기법을 직접 보고 배울 기회가 없다는 점은 RA의 성장이라는 측면에서 엄청나게 부정적인 요소입니다.

그런데 2011년 현재 여의도의 현실은 증권회사의 규모를 막론하고 RA가 모닝 미팅에 들어가지도 못하는 곳이 한두 군데가 아닙니다. 면접관으로서 RA 지원자들에게 질문이 있으면 하라고 했을 때 RA로서 모닝 미팅에 참석할 수 있는가를 질문하는 사람을 지난 10년 동안 단 한 명도 만나본 적이 없습니다. 그만큼 대학생들이 우리 직업 세계에 대해서 모르고 있고 자기가 어떤 경로를 통해서 성장할 것인가에 대해서도 모르고 있습니다.

모닝 미팅에서 주식 공부와 트레이닝이 이루어진다는 점을 꼭 명심하고, RA로서 모닝 미팅에 참석할 수 있는 리서치센터에 입사하는 것이 필수적입니다. 이 조언을 허투로 듣지 마시기 바랍니다. 좀 거칠게 말씀을 드리자면, RA로서 모닝 미팅에 참석도 못한다면 뭐 하러 그 증권회사 리서치센터에 입사하느냐고 말하고 싶습니다. RA가 모닝 미팅에 참석할 수 없는 증권회사라면 그 회사는 RA 육성에 대한 기본 개념조차 아예 없는 곳으로 판단할 수 있습니다. RA가 모닝 미팅에 들어가지 못할 만큼 협소한 회의실을 갖고 있거나, RA가 들어오는지 않는지 체크도 하지 않는 곳이라면 RA 육성에 대한 의지와 문화가 없는 곳임을 알고 입사하기 전에 반드시 체크하라고 말씀드리고 싶습니다.

동부증권은 어떠냐고요? 애널리스트뿐만 아니라 모든 RA가 의무적으로 참석합니다. 그리고 보고서 편집 직원까지도 참석시킵니다. 제가 매일 아침 모닝 미팅의 사회를 보면서 체크하는 포인트 중의 하나가 RA들의 모닝 미팅 참석 여부와, RA들이 다른 선배 애널리스트들의 보고서와 발표를 얼마나 경청하는지를 점검하는 것입니다. 이에 관련된 부분을 RA에 대한 평가의 중요한 요소로 활용하기도 합니다. 저는 RA가 제 시간에 출근했는지를 체크하는 것이 아닙니다. 그런 군기 빠진 RA라면 아예 키울 대상이 아닙니다. RA가 모닝 미팅을 통해서 얼마나 배워 나가는지를 점검하는 겁니다. 세상에서 제일 좋은 직업의 핵심에 모닝 미팅이 있다는 것을 잊지 마시기 바랍니다.

여러 애널리스트들의 장점을 자기 것으로 만들어라

리서치센터에서 RA로서 일하다 보면 애널리스트들 저마다의 강점과 약점을 알게 됩니다. 어떤 애널리스트는 보고서의 제목을 아주 잘 잡아서 제목만 봐도 전체 내용이 확 느껴지게 만드는 재주가 있습니다. 그 애널리스트의 보고서를 유심히 읽고 연습했다가 자신이 짧은 글이라도 쓰기 시작할 때 흉내를 내보는 것도 좋습니다. 또 어떤 애널리스트는 콜 서비스를 기막히게 잘하는 사람이 있습니다. 아주 짧은 시간에 바쁜 펀드매니저들에게 임팩트 있게 전달하는 것을 잘 봐두었다가 해당 보고서와 대조하며 요령을 익힐 수 있습니다. 전화 내용을 귀동냥하는 것이 어렵지 않습니다. 그리고 애널리스트는 RA가 귀동냥하는 것을 나무라지 않습니다. 자기를 존경하는 모습을 보이는데 왜 따지겠습니까? 그리고 보고서를 작성하다가 의논할 사항이 있을 때 해당 분야에 정통한 시니어 애널리스트에게 물어볼 수도 있습니다. 정말 그렇게 할 수 있느냐고요? 제가 RA의 품성이나 인사성을 강조했던 대목을 기억하시기 바랍니다.

스스로 RA가 아니라 애널리스트라고 가정해봅시다. 늘 밝은 얼굴로 인사 잘하는 RA, 담당 RA가 아닌데도 자료 제본이나 복사와 같은 업무적인 심부름을 늘 자진해서 돕는 품성을 가진 RA가 있습니다. 그런 RA가 자신의 보고서를 작성하면서 보고서 표지와 제목을 봐달라고 하거나 이론적인 부분을 물어올 때 외면할 수 있을까요? 그 RA는 그 어디에서도 배울 수 없고 아무리 많은 돈을 줘도 배울 수 없는 것들을 얻게 될 겁니다. 반대로 회의시간에 꾸벅꾸벅 졸거나 자기계발보다는 남 잘되는 것 배 아파서 뒷담화나 하는 RA라면 누가 도와주겠습니까? 답은 자명합니다.

앞에서 극단적인 이기주의자형 애널리스트는 반드시 벗어나야 한다고 말했습니다. 그런 사람은 자기 밑의 RA가 다른 애널리스트를 존경하거나 질문하는 것을 보면 자신을 무시한다고 생각하고 그 RA를 '죽음'으로 몰아갑니다. 그래서 피하라고 하는 겁니다. 그런 극단적인 경우를 제외하면, 많은 애널리스트들이 인사성 바르고 품성 좋은 RA가 보고서 검토를 요청하거나 이론적인 질문을 할 때 아무리 바쁘더라도, 그리고 그 RA를 담당하지 않는 경우에도 시간을 만들어서 지도해줍니다. RA를 가르친다고 연봉을 더 주지는 않지만 좋은 후배들이 열심히 하는 모습을 보고 절대로 고개 돌리지 않습니다. 보고서 봐주고 이론 설명해주느라고 밤에 집에 가지 않고 남아서 몇 시간씩 투자하면서도 마음은 즐겁습니다. 사실 이럴 때 애널리스트를 하는 보람도 느낍니다. 후배들이 무럭무럭 성장하는 것을 보고 또 도와줄 때 말입니다.

제가 애널리스트를 세상에서 제일 좋은 직업이라고 생각하는 이유 중의 하나도 애널리스트 업계의 이런 문화 때문입니다. 그러나 모든 RA가 이런 혜택을 받는 것은 아닙니다. 그리고 후배를 도와주는 것이 애널리스트의 업무도 아니고 의무도 아닙니다. 애널리스트의 눈에 들어서 그들로부터 가르침을 얻어내는 것은 전적으로 RA 자신의 몫입니다.

가장 이상적인 것은 바로 위의 애널리스트를 사부, 혹은 멘토로 모시는 겁니다. 업무를 같이 하면서 RA가 애널리스트를 존경하게 되고, 애널리스트 또한 RA에게 애정을 가진다면 이보다 더 좋을 수는 없습니다. 그렇게 되면 RA는 리서치업무를 배우는 것뿐만 아니라 자신의 진로와 그에 따르는 자기계발 노력의 방향도 바로 그 애널리스트와 의논할 수 있게 됩니다.

보통 RA들은 아직 금융권 경험이 적어서 금융시장의 사이클, 제도 변화에 따른 특정한 기회의 부침 등 자신의 진로와 관련되는 중장기적인 전망에 관한 식견이 얕습니다. 그리고 자기계발 노력의 프로그램들에 대해서도 피상적으로만 아는 경우가 많습니다. 이런 상태애서 자기 혼자 중장기 전망을 하고 자기계발 프로그램을 짜는 것은 방향 설정과 우선순위에서 실수를 하거나 노력의 낭비를 초래할 가능성이 적지 않습니다. 이럴 때 자기를 담당한 애널리스트를 사부처럼 모실 수 있다면 업무뿐만 아니라 자기계발 프로그램을 짤 때 상당한 도움을 받을 수 있습니다.

더구나 사부가 된 애널리스트는 바쁜 업무 속에서도 일정을 조정해가면서 RA의 자기계발을 위한 시간 확보에 도움을 주게 됩니다. RA들이 자기계발 노력을 하는데 가장 큰 애로는 언제 여유 시간이 날지 잘 모른다는 점입니다. 그런데 담당 애널리스트가 RA의 자기계발 프로그램을 지원하는 경우에는 애널리스트가 RA에게 한두 주 정도의 업무 일정, 야근이나 주말의 특근 상황도 알려주기 때문에 RA가 나름대로 시간계획을 세울 수 있습니다. 물론 이럴 때도 정말 급한 일이 생겨서 애널리스트와 RA가 예정에 없이 야근이나 특근을 하기도 하지만, 애널리스트와 RA가 평소에 의사소통이 원활하기 때문에 RA가 투덜거리지도 않습니다. 이럴 때 불평하는 RA는 리서치센터에 근무할 자격이 없는 사람입니다.

4
애널리스트로 살아남기

　여기서는 RA 과정을 뚫고 주니어 애널리스트로 올라선 사람들에 대한 이야기를 해볼까 합니다. 주니어 애널리스트 단계는 연봉 1억 원이라는 목표가 바로 눈앞에 보이는 동시에 명실상부한 애널리스트로 자리를 잡느냐 마느냐의 기로에 서 있는 시기이기도 합니다.

　이 부분은 일반인들이 구체적인 현실감을 느끼기에는 거리가 있고 대학생의 경우에는 꽤 먼 미래의 일입니다. 그래서 너무 세세한 부분은 빼고 큰 줄기만 쓰려고 했습니다. 그러나 우리 직업 세계의 진면목을 알기 위해서는 꼭 필요한 부분이라 생각하여 포함시키기로 했습니다. 아마도 애널리스트 세계와 직간접으로 연관이 있는 사람들에게는 피부로 다가오는 내용일 수도 있겠습니다.

　RA가 주니어 애널리스트로 올라서는 기간은 삼사 년이 걸릴 수도 있는데, RA로서 내공을 쌓은 기간이 좀 길다는 의미만 있지 늦거나 빠르거나를 따질 문제는 아닙니다. 남들보다 1년 더 빠르다거나 늦다는 것이 애널리스트로 생존하는 것과 관련해서 유불리를 논하기는 힘듭니다. RA 기간이 좀 길어진다고 무능하다는 것이 아니라 자신이 근무하고 있는 리서치센터 내의 주니어 애널리스트 티켓이 좀 늦게 온 것이고, 그 과정에서 선배들로부터 더 많은 것을 배우는 이점이 있습니다.

한편, 여의도로 처음 들어와 애널리스트를 시작하는 전직자들의 입장도 신참 애널리스트와 비슷합니다. 제조업체를 5년 이상 다닌 전직자라 하더라도 자신이 근무했던 산업에 대한 지식이 있다는 것을 제외하면 지속적으로 재계약을 할 수 있는 토대는 없기 때문입니다. 이 부분은 앞 부분과의 연속성을 위해서 대학생이 신입사원으로 입사하여 성장하는 관점에서 기술될 것이지만, 제조업체에서 애널리스트로 전직을 고려하는 분들도 유심히 봐야 할 대목입니다. 본론으로 들어가겠습니다.

독자적으로 일하기의 어려움

RA로 이삼 년 애널리스트 옆에서 지내다 보면 "애널리스트가 대단한 일을 하는 줄 알았더니, 뭐 별 일도 아닌데"라는 생각을 조금씩 할 수도 있습니다. 그러나 미안한 말이지만 아직 그런 '시건방진' 소리를 할 단계가 아닙니다. 업무를 보좌하면서 RA로서 볼 때와 고객인 펀드매니저를 직접 상대해야 하는 주니어 애널리스트로서 부딪히는 현실은 체감 면에서 완전히 달라집니다.

무엇보다 먼저, 이제부터는 혼자서 일을 해야 합니다. 애널리스트는 보고서의 아이디어, 대상 종목, 보고서의 타이밍, 콜 서비스에서 전달할 주제의 명확함, 프레젠테이션에서 세일즈 할 포인트 등 모든 것을 혼자서 결정하고 실행한 뒤 평가를 받습니다. 리서치센터장이나 선배 애널리스트들이 과제를 주거나 지시를 하지 않습니다. RA는 애널리스트가 정한 틀 안에서 자신에게 맡긴 부분적인 일만 보조해봤을 따름입니다.

주니어 애널리스트로 처음 담당 업종을 배정받은 경우나, 매크로 애널리스트의 RA를 하던 중에 그 애널리스트가 갑자기 전직을 하여 주니어 애널리스트로 올라선 경우, 처음 보고서를 써야 할 때 무엇을 쓰고 어떻게 풀어야 할 지 막막합니다. 특히 매크로 쪽의 주니어 애널리스트는 더욱 어려움을 겪습니다. 기업분석 애널리스트는 자기가 맡은 업종이 한정된 좁은 분야이기 때문에 좀 서툴더라도 시간을 가지고 파고 들어가면 선배 애널리스트들의 흉내를 낼 수 있습니다. 그러나 매크로 분야의 애널리스트는 광범위한 주제를 가지고 여러 가지 요소를 종합하면서 아이디어를 만들어내야 하기 때문에 더 어려운 상황이라고 할 수 있습니다.

함께 주니어 애널리스트로 승격한 동료는 막 보고서를 쏟아내는데 자기는 그렇지 못한 상태가 되면 PC 앞에 앉아 있어도 마음은 엄청나게 쫓깁니다. 자기만 점점 뒤처지는 것 같아서 조바심이 납니다. RA일 때 선배 애널리스트의 지도를 받아 쓰던 숏 페이퍼 (Short Paper)와 롱 페이퍼(Long Paper)라 불리는 정식 보고서는 글쓰기 자체가 완전히 다릅니다. 선배 애널리스트들이 척척 써내는 것을 보면서 새삼 감탄할지도 모릅니다. "나는 언제 저렇게 할 수 있을까? 그런 날이 오기나 할까?" 그러나 지금 시장에서 난다 긴다하는 스타 애널리스트들도 모두 그런 막막한 시기를 거친 사람들입니다.

이 난관을 극복하려면 혼자서 끙끙 앓을 게 아니라, 보고서를 기획하고 작성할 때 선배 애널리스트의 도움을 적극적으로 받아야 합니다. 시간에 쫓기다 보면 어설프나마 보고서를 쓰자마자 선배들의 검토 없이 곧바로 발간하고 싶은 유혹이 생깁니다. 하지만 그랬다간 정말 큰일 나는 수가 생깁니다. 고객들은 이미 시장의 스타 애널리스트들이 만든 보고서 수준에 눈높이가 맞춰져 있는데, 신참 애널리스트들의 글쓰기는 당연히 그 수준과는 한참 떨어지기 때문입니다. 섣불리 발간했다가 바로 '시장에서 죽을' 수도 있습니다.

신참 애널리스트는 자신의 글쓰기 능력이 부족하고 속도가 느린 점을 솔직히 인정해야 합니다. 시니어 애널리스트들보다 더 많이 일하고 더 많이 고민하며 선배들로부터 도움을 이끌어냄으로써 극복해내야 합니다. 자신의 보고서를 리서치센터 내에서 교정해줄 사람이 많으면 많을수록 글쓰기 능력은 배양됩니다. 선배들의 도움이 없으면 혼자 일어서기 힘듭니다. 자신의 노력과 선배들의 도움이 결합되지 않으면 쉽지 않은 과정입니다.

산업계에서 여의도로 건너오며 리서치센터장과 협의를 할 때 통상 3개월 안에 보고서를 쓰기로 한 전직자들의 경우에도 막막하기는 마찬가지인 경우가 많습니다. 처음으로 애널리스트 글쓰기를 해야 하는 전직자들은 다른 부분은 차치하더라도 글을 쓰는 패턴이 완전히 제조업체 스타일인 경우가 많습니다. 짧은 시간 안에 몸에 밴 패턴을 교정시켜주는 일은 관록 있는 시니어 애널리스트가 지도하더라도 상당히 애를 먹기 때문에 웬만한 인내와 애정이 없으면 엄두를 내지 못할 형편입니다.

더구나 산업계에서 전직한 애널리스트들은 시니어 애널리스트들과 나이 차이도 얼마 나지 않는 경우가 많습니다. 바쁜 시간을 쪼개 가르쳐준답시고 잘못된 점을 지적했다가 괜히 관계만 껄끄러워질까봐 아예 나서지 않는 애널리스트들도 있습니다. 그러나 전직 애널리스트들은 입사하자마자 자신의 보고서를 도와줄 사람을 정해서 매달리지 않으면 혼자 헤매기만 할 수도 있습니다. 나이 불문하고 애널리스트로서 자기보다 경력이 많은 사람들을 최대한 많이 확보해야 합니다. 자신의 처지가 RA에서 승격된 친구들과 다르지 않다는 절박감을 가져야 하는 것은 당위나 겸양의 차원이 아니라 생존의 차원입니다.

제대로 된 보고서 쓰기의 중요성

애널리스트에게는 보고서 쓰기가 모든 업무의 출발점이고 핵심입니다. 우리는 보고서를 기준으로 모든 것을 평가받습니다. 자기 생각대로 기업의 펀더멘탈과 주가가 진행되더라도 타이밍에 맞게 보고서를 발간하지 않으면 그야말로 무용지물입니다. 주가는 이미 움직여버렸고 다른 증권회사의 애널리스트들이 적절하게 보고서를 내버린 뒤라면 자기는 공식적으로 아무 것도 한 일이 없습니다. 자기 머릿속에 생각이 있었다는 것을 시장에 있는 그 누구도 알지 못합니다. 보고서 없이 콜 서비스로 열심히 마케팅을 했다고 하더라도, 주식시장 참가자들은 그 애널리스트가 일을 했다는 근거를 찾을 수가 없습니다.

그래서 주니어 애널리스트에게는 애널리스트 글쓰기의 숙련도를 가급적 빨리 올리는 것이 최고의 선결과제입니다. 그렇지 않으면 리서치센터장이나 세일즈맨들로부터 엄청나게 시달리게 됩니다. 시간이 늦어지면 스스로 더 쫓겨서 야근과 주말 근무를 하지 않을 수 없습니다. 하지만 글쓰기의 기본을 갖추지 못하면 야근과 특근을 한다고 문제가 해결되지는 않습니다. 그렇게 하는 것도 자기위안일 뿐인 거죠. 죽도록 일해서 나온 보고서가 엄청난 수정을 해야 할 수준이어서 발간을 하지 못하고 계속 재검토 지시가 내려오면 당사자는 정말 미치고 환장할 노릇입니다.

어느 대형 증권회사의 리서치센터장이 애널리스트 보고서 초안이 마음이 들지 않아서 면전에서 집어 던져버렸다거나 찢어서 쓰레기통에 버렸다는 소리가 여의도에 회자되기도 합니다. 소문이라는 것은 과장되기 마련이지만, 현역 애널리스트로서 바쁜 와중에 RA나 신참 애널리스트들의 요청으로 보고서 초안을 보고 나서

"어휴!"하고 한숨을 쉰 적이 한두 번이 아니라는 것도 현실입니다. 그 주식을 팔라는 소리인지 사라는 소리인지 제가 읽어도 알 수가 없었습니다.

고객인 펀드매니저가 읽어보고 한 눈에 무슨 소리인지 알 수 있게 보고서를 써야 합니다. 애널리스트가 먼저 판단을 내리고 투자자를 설득하는 보고서를 써야 하는 것이죠. 그러나 애널리스트 본인도 판단을 내리지 못한 상태에서 쓴 글은 내용이 왔다 갔다 할 수밖에 없습니다. 보고서가 투자자들에게 아이디어를 전달하는 것이 아니라 인내력 테스트를 하게 되면, 그 애널리스트는 여의도에서 퇴출될 확률이 높습니다.

후배 애널리스트를 불러서 이런저런 점들을 지적하면서 이야기를 해주면 당사자는 얼굴을 들지 못합니다. 하지만 어떤 어려움이 있더라도 애널리스트 글쓰기의 과정을 통과하지 않으면 안 됩니다. 그렇지 않으면 명실상부한 애널리스트가 되기 어렵고 시간이 갈수록 더욱 쫓기게 됩니다.

스카우트는 애널리스트 보고서 검색에서 시작된다

여의도의 각 증권회사 리서치센터장들은 늘 자기 회사 애널리스트의 결원에 대해서 노심초사합니다. 리서치센터장들의 가장 기본적인 업무가 애널리스트들을 관리하고 평가하고 충원하는 것이기 때문입니다. 모든 증권회사의 보고서가 실시간으로 집적

되는 〈FnGuide〉에 올라오는 보고서를 늘 읽으면서, 새롭게 떠오르는 잠재력 있는 애널리스트를 찾습니다. 결원이 생겨서 빈자리를 보강하려 할 때 누구의 추천을 받더라도 〈FnGuide〉에 들어가서 그 해당자의 보고서를 정밀하게 검토합니다. 수준 있는 보고서를 꾸준히 자주 내는지, 자주 내더라도 '찌라시' 수준으로 때우기만 하는지, 아이디어가 있는 긴 보고서를 연간 기준으로 적절하게 내는지, 그것이 분량만 많지 아이디어가 없는 것은 아닌지, 전체적으로 애널리스트 글쓰기가 일정 수준에 올랐는지 등 보고서의 양과 질에 대해서 면밀히 검토하면서 스카우트를 준비합니다. 리서치센터장들은 리서치 바닥에서 산전수전 겪으며 잔뼈가 굵은 노련한 사람들입니다. 좋은 보고서를 쓰는 애널리스트의 자질을 알아보고 보고서의 횟수와 분량을 종합해서 업무의 양과 질을 순식간에 파악해냅니다.

재삼재사 강조해도 지나치지 않습니다. 주니어 애널리스트와 전직자는 무슨 수를 쓰더라도 애널리스트 글쓰기 과정을 반드시 통과해서 수준을 높여야 합니다. 그러지 않으면 "밖에서 스카우트 제의도 오지 않는 애널리스트", 또는 "갈 데 없는 애널리스트"가 되어 버립니다. 그런 애널리스트의 연봉을 올려주려 하겠습니까, 아니면 붙잡으려 하겠습니까? 이 바닥은 밖에서 불러주지 않는 애널리스트에게는 그 소속회사의 처우도 냉담한 것이 현실입니다.

베스트 애널리스트 순위가 강조되면서 여러 가지 부작용이 있지만 그 중 하나는 애널리스트들의 스카우트에 대한 오해입니다. 애널리스트 사이에서는 베스트 애널리스트 폴의 순위가 스카우트에 결정적이라는 생각을 하는 듯합니다. 물론 적지 않게 영향을 주는 요소입니다. 그러나 높은 순위에 있더라도 보고서를 검색해 보고 수준 이하라고 판단되는 경우에는 그 애널리스트에게는 상당한 연봉 인상이 보장된 스카우트 제의가 들어가지 않습니다. 제대로 된 리서치센터장들은 보고서는 쓰지 않고 '폴 장사'만 하는 애널리스트에게 거액의 연봉을 주는 스카우트 제의를 하지 않습니다. 자기 리서치센터의 기본 실력을 망가트리기만 할 뿐이기 때문입니다. 시니어 애널리스트로서 후배를 지도하고 모범을 보일 능력을 보유하지 못한 사람이기 때문에 리서치 파워 강화에 도움이 되지 않는 '떠돌이 장사치'에 불과하다는 것을 잘 알고 있기 때문입니다.

애널리스트 글쓰기 능력을 강조하는 것은 그것이 갖춰져야만 생산성을 높일 수 있고 보고서 타이밍을 맞출 수 있기 때문입니다. 일률적으로 말하기는 어렵지만 애널리스트들은 기본적으로 써야 할 보고서의 갯수와 분량이 있습니다. 그런데 글쓰기 능력이 확보되지 않으면 아무리 야근을 하고 특근을 해도 보고서가 시니어 애널리스트나 리서치센터장에 의해서 반송될 뿐이지 발간이 되지 않는 경우가 많습니다.

리서치센터장이나 시니어 애널리스트들이 수정 지시를 하다가 지쳐서 수준 이하의 보고서가 나가는 경우도 간혹 있기도 합니다.

그러나 그래서야 같은 업종을 맡고 있는 다른 증권회사의 쟁쟁한 기존 애널리스트들의 보고서들 틈에서 어떻게 고객인 펀드매니저의 눈에 띄어서 읽히겠습니까? 자기 하우스 내부에서도 평가를 받지 못하는 보고서를 고객들이 어떻게 주목을 하겠습니까?

보고서를 파는 것을 본업으로 하는 세일즈맨들도 오랜 경험을 통해서 보고서의 질을 평가하는 데 상당한 일가견이 있습니다. 보고서를 쓰는 사람은 애널리스트지만 좋은 보고서를 골라낼 수 있는 것은 여의도에 근무하는 사람이면 누구나 갖춘 능력입니다. 더구나 애널리스트의 보고서를 파는 것이 직업의 본질인 세일즈맨들이 자기 회사 애널리스트의 보고서라고 해서 수준이 낮은데도 다른 증권회사 애널리스트들이 쓴 양질의 보고서들의 틈을 비집고 팔려고 하다가는 자신의 고객인 펀드매니저로부터 신뢰만 떨어지게 됩니다.

이렇게 되면 애널리스트나 세일즈맨 모두 한마디로 엉망이 되어버립니다. 결국 지금 있는 회사에서조차 쓸모가 없는 애널리스트로 전락한다는 이야기가 됩니다. 여의도라는 곳이 좁은 바닥이어서 이런 소문은 정말로 빨리, 멀리까지 퍼집니다. 글쓰기 능력은 애널리스트의 생존을 좌우는 문제임을 잊지 마시기 바랍니다.

신참 애널리스트는 RA의 도움을 기대하기 어렵다

신참 애널리스트를 더 힘들게 하는 것은 RA의 업무 보좌를 받기가 어렵다는 점입니다. 주니어 애널리스트에게 RA를 붙여주는 증권회사 리서치센터는 거의 없습니다. 본인이 애널리스트도 해야 하고 RA도 해야 합니다. 그 하우스의 RA들은 업무량이나 대외활동이 훨씬 많은 명실상부한 애널리스트를 지원하기 위해서 배정됩니다. 증권회사들은 그 애널리스트들에게 연봉을 준 것보다 몇 배를 더 뽑아내기 위해서 RA 시스템을 운영하는 겁니다. 신참 애널리스트를 편하게 해주려고 RA를 붙여주지는 않습니다. 시니어 애널리스트들도 신참 애널리스트일 때는 거의 전부가 RA 없이 혼자 맨땅에 헤딩하면서 그 자리까지 온 사람들입니다. 정확히 말하면 그것이 이 바닥의 룰입니다.

간혹 주니어 애널리스트들이 RA를 요구하는 경우가 있습니다. 그러나 이것은 그 애널리스트와 RA 모두에게 위험합니다. 우선, RA를 애널리스트에게 붙인다는 것은 그 애널리스트가 경쟁력이 있어서 가동률을 더 높이기 위함입니다. RA까지 붙여준 애널리스트에 대한 조직의 요구수준은 RA가 없는 애널리스트와 완전히 차원이 다릅니다. 아직 일이 손에 익지 않고 고객층이 얇은 애널리스트에게 RA를 붙여줘 봐야 조직 기여도를 더 높일 수 없습니다.

자기가 받은 RA는 조직에서 준 '보상' 중의 하나입니다. 세상에 공짜는 없습니다. RA를 받아서 더 성과를 낼 수 있는 상황이 아니라면 그 RA는 애널리스트 본인에게 연봉이나 보너스로 주어질 금액만 축내게 된다는 점을 잊지 마시기 바랍니다.

한편, 시니어 애널리스트에게 RA를 붙이는 것은 그 정도 실력이면 RA를 가르칠 능력이 있다고 보고 교육을 맡기는 겁니다. RA 입장에서는 경험 많고 유능한 시니어 애널리스트 밑에서 보좌할 경우와 신참 애널리스트 밑에서 보좌할 경우를 비교해보면 자신의 운명이 완전히 달라지는 결정입니다. 이삼 년 RA 생활에서 선배 애널리스트로부터 정제되고 효율적인 노하우를 도제식으로 배우는 것이 아니라, 시행착오가 많은 신참 애널리스트와 같이 헤매게 될 뿐입니다. 그 RA의 미래는 보지 않아도 짐작하게 됩니다.

주니어 애널리스트로 막 승격한 사람들이나 제조업체에서 전직을 한 신참 애널리스트들에게 초기 일이 년은 글쓰기 능력 배양의 핵심적인 시기입니다. 설사 신참 애널리스트 밑에 RA가 배속되었다고 하더라도 전혀 도움이 되지 못하는 부분입니다. RA는 애널리스트의 일손을 덜어주는 사람이지 글쓰기 능력을 배양하는 것과는 아무런 관련이 없습니다. 이 시기의 애널리스트의 생존과 성장에는 RA가 있고 없고가 이슈가 아닙니다. 어쨌든 글쓰기 과정을 해내지 못하면 이 직업을 접어야 하는 확률이 아주 높아집니다. 왜냐고요? 우리들 표현으로 "시장에서 찾지 않기 때문"입니다. 이 바닥은 밖에서 찾지 않는 애널리스트를 보유하려는 의지가 상당히 약한 곳입니다.

제 경험으로는 이 시기의 일이 년이 애널리스트를 어느 정도까지 할 수 있느냐를 결정한다고 해도 과언이 아닙니다. 시간 때우면서 개긴다고 어찌어찌 풀려서 안정되는 것이 아닙니다. 시장에는 글쓰기 과정을 거친 검증된 애널리스트가 계속 배출되기 때문에 퇴출 압박을 받는 것은 시간문제일 뿐입니다. 애널리스트가 정규직이 아닌 1년 단위 계약직 신분임을 잊으면 안 됩니다. 어영부영하다가는 계약직 애널리스트 한번 제대로 해보지도 못하고 자기 업무를 빼앗길 수 있습니다. RA를 주니어 애널리스트로 승격시켰는데 지지부진하자 다른 회사에서 애널리스트를 스카우트해서 그 자리를 채워버리는 인사 조치는 여의도에서 뉴스도 안될 만큼 흔한 일입니다. 주니어로 승격되었거나 산업계에서 전직했거나 가릴 것 없이 초기 일이 년 동안 보고서 작성 능력을 배양하지 못하고 수준 이하의 보고서를 밀어내기 식으로 찍어내는 사람은 어쩔 수 없이 애널리스트 세계에서 떠밀려나는 상황을 맞거나 본인이 지쳐서 떠나게 될 확률이 아주 높습니다.

우회로를 찾거나 꼼수를 피우는 미꾸라지들

애널리스트 글쓰기 능력은 쉽게 길러지지 않을 뿐더러 단기간의 집중적인 노력만으로 해결되지도 않습니다. 본인의 노력과 선배 애널리스트들의 도움이 장기간에 걸쳐 축적되어야 하는 수련 기간입니다. 그러다보니 신참 애널리스트들이 '우회로'를 찾으려하거나 '꼼수'를 피우려는 시도를 하는 경우가 적지 않습니다. 그러나 결론적으로 말하자면 이들은 '죽을 길'을 가는 것입니다. 결국 이런 사람들이 여의도에서 사라지는 것을 목격하면서 우리 직업의 메커니즘이 제대로 작동하고 있다는 것을 실감합니다. 그래서 이 일이 '세상에서 제일 좋은 직업'임을 새삼 깨닫습니다.

이런 전문적인 분야를 대충 하려는 '어중이떠중이'가 꼼수를 피워서 높은 연봉과 직업적 안정성을 누린다면 그게 어떻게 '세상에서 제일 좋은 직업'이며, 남들이 '그들만의 리그'라고 질투어린 호칭으로 부르겠습니까? 여기서 우회로나 꼼수라 함은 주니어 애널리스트 또는 전직 애널리스트 초기에 애널리스트 글쓰기 능력 배양을 최우선 과제로 두지 않은 모든 경우를 망라합니다.

대표적인 예는 애널리스트 보고서가 수준 미달이라도 베스트 애널리스트 폴 순위에 들면 애널리스트로 살아남을 수 있지 않을까 하는 착각을 하는 겁니다. 그래서 보고서 작성 능력의 제고보다는 자기를 찍어줄 펀드매니저를 인맥을 동원해서 찾으려 하거나, 종목을 발굴했는데 보고서는 쓰지 않고 몇몇 펀드매니저에게만 전화로 알려주기도 합니다. 신참들이 베스트 애널리스트 순위의 허와 실을 모른 채 실력을 쌓는 과정보다는 꼼수를 찾는 겁니다. 이런 친구들을 옆에서 지켜보면 참 딱하다는 생각을 하지 않을 수 없습니다.

이런 현상은 리서치문화가 정착되어 있지 않아서 애널리스트를 제대로 평가하지 못하는 수준 낮은 증권회사나 리서치센터장들이 베스트 애널리스트 순위에만 집착해서 애널리스트들을 압박하기 때문에 발생하는 부작용입니다. 함부로 말한다 싶을 정도로 거칠게 표현하면, 우회로나 꼼수를 찾기 위한 노력을 포기하고 제대로 된 코스를 밟지 않으면 '세상에서 제일 좋은 직업'에 들어온다고 하더라도 살아남을 수 없을 거라는 점을 강력하게 못 박고 싶습니다.

애널리스트 글쓰기 능력 제고에 집중하지 않고 폴 순위에만 목매는 애널리스트들의 변화 과정이나 말로를 마음 무겁게, 그리고 안타깝게 지켜보았습니다. 보고서의 질을 높이기 위해서 노력하기 보다는 자기 월급의 대부분을 폭탄주 값으로 날리고 지각과 결근을 하거나 출근해서도 업무에 집중 못하는 사람도 보았습니다. 이런 소수의 사람들 때문에 애널리스트 폴이 술 접대나 해서 순위를 높이는 것이라는 잘못된 인식이 퍼지는 겁니다.

마케팅을 한답시고 펀드매니저를 만나는데 정작 팔아야 할 보고서가 없습니다. 기업 방문이나 인맥을 통해서 얻게 된 내부자 정보에 가까운 것을 사무실 밖에 나가서 휴대폰으로 펀드매니저에게 알려주거나 인터넷 메신저로 돌립니다. 현역 애널리스트들끼리는 옆에서 지켜보면서 "위태하다. 아슬아슬하다" 또는 "재사고 치겠네!"라고 생각하며 안타까워하기도 하고 말리기도 합니다. 하지만 도박이나 마약에 빠진 사람처럼 그들에게는 선배들의 충고도 귀에 들리지 않습니다.

이런 친구들은 백이면 백 모두 제가 RA들에게 피해야 할 애널리스트로 규정한 '극단적인 이기주의자' 형입니다. 여의도가 얼마나 좁은 바닥인지 모르는 겁니다. 몇몇 사람에게만 보냈다고 생각하는 전화나 메신저의 내용들은 순식간에 시장의 모든 다른 참가자들에게 알려지게 됩니다. 어느 증권회사의 어느 애널리스트가 자신에게는 알려주지 않고 특정 펀드매니저에게만 선별적으로 알려주었는지 금방 탄로나게 됩니다. 이것은 이른바 선택적 공개(Selective Disclosure)라는 문제인데, 이런 애널리스트들은 시장에 대한 영향력을 키워 갈 수 없고 '조막손 애널리스트'로 끝날 수밖에 없습니다.

특정 종목의 주가가 떨어질 만큼 부정적인 펀더멘탈 상황이 발생했는데도 자기에게 폴을 찍어줄 고객이 그 종목을 상대적으로 고가에 팔 수 있는 기회를 만들어주기 위해 일부러 '투자의견 BUY 유지, 목표주가 유지 또는 상향 보고서'를 내기도 합니다. 여의도에서는 이런 경우를 애널리스트가 "자폭했다"고 표현하는데, 제가 보기에는 이것은 직업적 양심을 저버린 비양심적인 행동일 뿐만 아니라 모든 대중에게 공개되는 보고서를 사익을 위해서 사용하는 사기에 해당한다고 판단합니다.

극히 일부지만 이런 애널리스트들의 일탈적인 행위는 우리 애널리스트 업계의 얼굴에 먹칠을 하는 것이며 애널리스트 전체의 신뢰와 가치를 떨어뜨립니다. 따라서 저는 지금까지 이런 행태를 보이는 애널리스트들과는 상종을 하지 않으려고 노력해 왔고, 애널리스트 업계에서 빨리 사라져 주기를 바랐으며, 그 방향으로 나름대로의 '적극적인 노력'을 해 왔습니다.

다른 증권회사 리서치센터장이 제게 전화를 걸어와서 "홍길동이란 친구 어때?"라고 물을 때 제가 부정적으로 대응하는 두 가지

방식이 있습니다. 첫째, 대중을 상대로 보고서를 쓰는 애널리스트의 본분을 망각하고 '자폭'하거나 사기를 치는 친구들에 대해서는 "형, 미쳤어? 걔가 무슨 애널리스트야? 어디서 무슨 사고를 칠지도 모르는데……"라고 대답합니다. 그러면 "그래? 큰일 날 뻔했다. 고마워!" 하면서 그 스카우트 고려를 없던 일로 만들어 버립니다. 그 친구들은 이런 과정들을 통해서 점차 여의도에서 사라지는 파국을 맞보게 됩니다.

둘째, 앞의 경우처럼 극단적으로 직업적 양심을 팔지는 않지만 보고서 수준을 개선하는 노력을 하지 않고, 보고서보다 마케팅에만 주력하는 경우에 저는 이렇게 말합니다. "노코멘트! 그런데 요새 형 바쁜가보네? 제대로 알아보지도 않고 베스트 애널리스트 순위 잡지만 본 것 아냐? 애널리스트 보강하려고 하면서 그 친구가 쓴 보고서도 검토해보지 않고 전화하는 걸 보니……." 그러면 그 선배 리서치센터장의 반응은 이렇습니다. "내가 요즘 정신이 없고 마음이 바빠서 그래. 바쁜데 미안해!"

이와 같은 경우가 적지 않았습니다. 리서치센터장이 스카우트 대상자로 머릿속에서 고려하다가 혼자 접어버리거나, 만나자고 약속 잡았다가 아예 취소해버린 적도 있었습니다. 물론 여기에 해당하는 애널리스트, 아니 애널리스트라고 부르고 싶지도 않은 그 사람들은 이 부분을 읽더라도 저와 그 리서치센터장들 사이에 그런 대화가 있었던 것조차 모를 겁니다.

제가 다른 증권회사로 전직해서 처음 만난 애널리스트 중에 사석에서 이런 고민을 토로하는 친구들이 있었습니다. 자신은 베스트 애널리스트 폴 순위에도 들어 있는데, 밖에서 스카우트 제의가 없거나 들어오더라도 제시하는 연봉 수준이 자존심 상할 정도밖에 안 된다는 겁니다. 그래서 저는 그 친구의 보고서 내용을 오랫동안 유심히 관찰해봤습니다. 글 쓰는 수준을 보니 제가 다른 증권회사 리서치센터장이라도 그 친구에게는 스카우트 제의를 하지 않을 것 같았습니다.

그러나 저는 그 애널리스트에게 아무 말도 해주지 않았습니다. 아니 할 수가 없었습니다. 저도 현역 애널리스트로 살기 바쁜 와중에, 글쓰기를 가르치기에는 너무 연수가 많이 차버린 그 후배 애널리스트에게 충고랍시고 했다가 상처를 주기도 싫고 서로 서먹서먹하게 지내기도 싫었기 때문입니다. 사회생활 하면서 인간관계를 소원하게 만들어서 '비용'만 더 지불할 만큼 제가 어리석지는 않기 때문입니다.

이 글을 보는 독자들이 애널리스트를 고려하는 사람들이거나 신참 애널리스트로 막 시작하는 사람이라면, 그래서 더 잘해보려고 제 책까지 읽을 정도라면 우회로나 꼼수를 찾지 말고 정공법을 택해야 살아남는다는 점을 반드시 유념하시기 바랍니다.

베스트 애널리스트 순위의 허와 실

베스트 애널리스트 순위와 성공적인 애널리스트 생활의 관계에 대해서 몇 말씀 드려야 할 때가 된 것 같습니다. 외부인들이 정확히 알지 못하는 부분도 있고 잘못 알고 있는 부분도 많기 때문입니다. 어쩌면 독자들이 가장 관심을 갖고 보는 주제 중의 하나일 수도 있겠습니다. 여의도 애널리스트 업계에서 가장 논란이 많은 부분도 베스트 애널리스트 순위에 관한 겁니다.

저는 36세에 뒤늦게 애널리스트를 시작한 지 7개월 만에 실시된 첫 베스트 애널리스트 폴에서 자동차 업종 40명의 애널리스트 중에서 4위에 오르면서 '애널리스트 마켓'에 진출했고, 그것을 기반으로 스카우트에 응해서 연봉상승 효과를 충분히 누렸다고 자평합니다. 제 스스로도 순위의 등락을 거치면서 폴의 메커니즘을 체득해 왔고 동료 애널리스트들의 경우도 유심히 관찰해본 바가 있습니다. 늦게 입문해서 살아남아야 했기 때문에 무척 노력한 편입니다. 이제는 현역 애널리스트가 아니라 리서치센터장으로서 베스트 애널리스트 순위의 장점과 허점을 파악하여 나름대로 저의 조직운영에 적용하고 있습니다. 이런 상황을 종합하여 정리해보겠습니다.

베스트 애널리스트 순위의 상위에 있는 사람이 시장의 스타 애널리스트라는 상식은 원론적으로 맞습니다. 그리고 애널리스트들이 순위 경쟁을 치열하게 하는 것도 사실이며 이 순위를 매개로 '애널리스트 마켓'이 형성됩니다. 공개경쟁이라는 측면에서 애널리스트들에게 스트레스 요인이 되기도 하지만, 펀드매니저들의 설문조사를 통해서 평가되기 때문에 '고객 평가'라는 점에서 겸허하게 받아들이고 스스로 되돌아보고 분석해보게 하는 순기능이 있습니다. 그런데 여기에는 여러 가지 허점이 있으며 일반인들의 오해도 있습니다.

우선, 베스트 애널리스트 순위는 엄밀하게 말하면 '인기투표'에 불과하다는 것이 대표적이고 치명적인 허점입니다. 특정 시기에 1위를 한 애널리스트가 프로투자자인 펀드매니저로부터 가장 많은 표를 받았다는 것은 맞습니다. 그러나 그것이 주식시장의 흐름을 가장 잘 맞췄다거나 종목추천을 제일 잘했다는 것을 의미하는 것은 아닙니다. 특정 시기에 순위의 상위에 오른 사람들이 주식시장을 잘못 예측했고 주요 종목의 추천이 크게 틀린 경우가 허다합니다. 더 나아가 주식시장이 예상하지 못하는 변수들이 워낙 많이 발생하는 곳이라서 특정 시기에 모든 애널리스트가 전부 다 틀리는 경우도 발생합니다. 그때도 인기투표는 지속되어 순위를 발표하는데, 1위를 한 사람이 '가장 덜 틀린 사람'도 아닙니다. 언론사에 따라서 KOSPI 목표치나 종목 목표주가의 도달률 등의 계량지표를 활용하는 곳도 있지만, 펀드매니저에 대한 설문조사가 반드시 포함되기 때문에 인기투표라는 특성은 별반 다르지 않습니다. 인기투표라는 허점 때문에 '보고서의 향상을 동반하지 않고' 순위를 높이려는 부질없는 짓에 대한 유혹이 생겨 애널리스트가 망가지고 결국 이 업계를 떠나게 되는 안타까운 일들이 벌어지기도 합니다.

또한 베스트 애널리스트 순위와 연봉이 반드시 비례하지도 않습니다. 애널리스트의 연봉은 그 애널리스트의 기여도에 따라 결정됩니다. 연봉은 대략 다음과 같은 여섯 가지 기준이 복합적으로 적용되는 함수로 보시면 될 것 같습니다.

첫째, 특정 분야에서 순위가 높을수록 연봉이 높은 '경향'은 있습니다. 그러나 특정 시기 1위의 연봉이 10위보다는 높지만 3위보다 낮은 경우는 흔합니다. 둘째, 장기간 1~3위권의 톱클래스인 사람이 단기간의 1위보다 연봉이 높습니다. 셋째, 시니어 애널리스트가 주니어 애널리스트보다 연봉이 '훨씬' 높습니다. 넷째, 매크로나 시가총액 상위 업종의 애널리스트 연봉이 시가총액 하위 업종의 애널리스트보다 '훨씬' 높습니다. 다섯째, 특정 시기 주식시장을 주도하는 업종의 애널리스트가 다른 업종을 담당하는 애널리스트보다 연봉이 높습니다. 여섯째, 특정한 해에 펀드매니저를 대상으로 직접 영업하는 세일즈맨들로부터 영업에 도움이 된다는 평가가 높은 애널리스트일수록 연봉이 높습니다.

후배 애널리스트들 중에는 베스트 애널리스트 순위를 단기간에 빨리 높임으로써 다른 증권회사로의 전직을 통해서 연봉상승 계기를 만드는 것이 성공적인 애널리스트 생활 또는 장기간 연봉을 많이 받는 애널리스트 생활로 생각하는 친구들이 더러 있습니다. 그러나 이것은 지극히 위험한 발상입니다. 주니어 애널리스트로 승격했다면 향후 약 15년, 산업계에서 전직한 애널리스트라면 약 10년 정도 애널리스트 생활을 한다고 가정할 수 있습니다. '밖에서 찾을 만한' 수준의 애널리스트로서의 업무성과를 유지한다는 가정이 더해진다면 한 증권회사에서 오래 근속하는 사람일수록 장기간의 누적 연봉이 더 높다는 것이 여의도의 현실입니다. 대개 그런 사람들이 '원한다면' 리서치센터장이라는 반열에 오를 확률이 높습니다.

　10년 이상 1위를 하는 사람은 한국 애널리스트 업계 역사상 유례를 찾을 수 없습니다. 흡사 야구에서 타자가 10년 이상 3할 타율을 유지한 사람이 거의 없는 것과 같다고 비유할 수 있습니다. 장기적으로 봤을 때 거의 모든 애널리스트가 슬럼프를 겪는다고 보시면 됩니다. 전직을 자주 한 애널리스트일수록 금융시장의 위기가 왔을 때나 경비절감의 필요가 있을 때 가장 먼저 연봉 삭감이나 퇴출 후보의 제1순위가 된다는 현실을 명심하시기 바랍니다. 상식적으로 그런 경우에 장기 근속자를 더 챙기는 것이 조직의 당연한 습성이 아니겠습니까? 여러분이 조직의 경영자라도 마찬가지일 것입니다. 대폭적인 연봉 삭감을 감수하고 떠돌이로 생면부지인 다른 증권회사에 노크를 해야 하는 상황은 독자 여러분이 생각하는 것보다 비참하고 수모감이 듭니다. 주식시장은 항상 큰 폭의 충격이 주기적으로 오는 곳임을 잊지 마시고 애널리스트 생활을 꾸려 가시기 바랍니다.

　성공적인 애널리스트 생활의 핵심은 전직을 통한 단기간의 연봉상승에 있는 것이 아니라, '밖에서 찾을 만한' 수준의 애널리스트로서의 업무성과를 유지하여 장기간에 걸친 누적 연봉을 극대화하는 것입니다. 전직이 예외적인 선택이어야지 행동의 지침이 되어서는 위험합니다. 이 세상 어디에도 떠돌이를 우대하는 곳은 없을 겁니다.

늘 의논할 수 있는 사부의 중요성

'애널리스트로서 살아남기'의 관건은 무시로 의논할 수 있는 사부나 멘토가 있느냐에 달려 있습니다. 여의도를 돌아보면 모든 성공한 애널리스트에게는 사부와 멘토가 존재합니다. 애널리스트만 그런 것이 아니라 펀드매니저도 마찬가지인 것 같습니다. 그 역할이 크든 작든 말입니다. 혼자서 성공했다거나 살아남았다는 애널리스트를 저는 만나본 적이 없습니다.

제가 우리 직업을 '세상에서 제일 좋은 직업'이라고 부르는 이유는, 바쁜 생활을 하고 있는 모든 선배 애널리스트들이 '목숨 걸고 노력하는' 신참 애널리스트들의 모습을 보고 고개를 돌리지는 않는다는 점 때문입니다. 오해하지 마십시오. 일단 애널리스트만 되면 선배들이 도와줄 거라는 한가한 소리를 하는 것이 아닙니다. 그러나 여러분이 '목숨 걸고 노력하는 후배'라면 도와주는 선배들의 손길을 반드시 느낄 수 있을 거라는 점은 이 업계의 선배로서 자신 있게 드릴 수 있는 말씀입니다.

RA 생활을 열심히 하면서 잘 배웠다거나 전직하여 해당 업종에 대해서 잘 안다고 하더라도 수많은 어려움을 겪게 됩니다. 업무와 관련한 전략전술 측면에서부터 실무의 세세한 부분까지 크고 작은 난관에 봉착하게 됩니다. RA 시절에 잘했다고 주니어 애널리스트로 일을 추진해야 할 때 척척 헤쳐나간다면 얼마나 좋겠습니까? 그러나 후배들을 지켜보면 현실은 그렇게 녹록하지 않습니다.

어깨너머 이론적으로 배운 부분들을 변화무쌍한 주식시장에서 스스로의 힘만으로 실무에 적용하는 일이 어찌 쉽겠습니까? 그리고 산업체 전직자의 경우 해당 업종의 지식이 있다고는 하지만, 장기간 자기가 머물렀던 조직과 문화도 다르고 동료 선후배들의 의식도 생소한 애널리스트 환경에서 일하다보면 구체적인 부분에서 난감할 때가 한두 번이 아닙니다. 사실 초기에는 매일 매일이 난감하다고 보시면 됩니다. 한강을 건너 여의도로 들어올 때 "열심히 하겠다"는 각오를 다지지 않는 사람이 없는데도 불구하고 실패한 사람들이 적지 않습니다. 만일 그 과정이 쉽다면 그 업종을 때려치운 사람들에게 연봉도 더 많이 주는데 왜 모두 애널리스트를 하지 않겠습니까?

현대자동차 출신인 저도 자동차 담당 애널리스트로 시작했는데, 처음에는 자동차 산업만 보고 주가는 보지 못하는 시행착오를 겪었습니다. CFA 공부를 한 탄력을 가지고 애널리스트를 시작했기 때문에 이론을 실제에 적용하는 문제에 서툴러서 초반에 고생을 꽤나 했습니다. 승격되었거나 전직한 주니어 애널리스트들이 겪는 초반의 어려움은 지금까지 후배들을 지도하면서도 목격하는 일입니다. 그래서 이 부분을 이 장의 마지막 조언으로 적는 것입니다.

'주니어 애널리스트로 가는 길'이라는 대목에서 저는 RA들에게 사부가 필요하다는 말씀을 드렸습니다. 그런데 이것은 애널리스트로 첫발을 내디딘 신참 애널리스트들에게 더욱 절실한 말입니다. 그리고 이 시기의 사부는 RA 시절의 사부와는 성격이 다릅니다. 애널리스트로서 생사가 갈리는 이 지점에서 사부의 역할은 더 중요해집니다. RA와 달리 애널리스트로서 독자적으로 일을 해내야 하기 때문입니다. 여기서 그 예를 다 적을 수도 없는 수많은 어려움이 생깁니다. 막상 닥치면 머릿속이 하얘질 만큼 막막한 경우도 생길 겁니다. 업무적인 것에서부터 스카우트 제의가 들어왔을 때 대응하는 것까지 모든 문제를 의논할 수 있는 선배 애널리스트가 절실합니다.

신참 애널리스트들이 부딪힐 수 있는 문제에는 정말 일일이 예를 다 들 수 없도록 수많은 상황들이 있습니다. 그런데 아직 초심자라서 상황에 빨리 대응하기가 힘듭니다. 무시로 의논할 대상이 없다면 시행착오와 시간낭비는 이루 말할 수 없습니다. 열심히 한다고 혼자 씩씩대면서 매일 새벽까지 야근하고 주말도 없이 일한다고 해결될 것 같은가요? 천만의 말씀입니다. 우리 일은 농사를 짓거나 자동차를 생산하는 것처럼 일하는 시간에 비례하여 생산물이 나오는 것이 아닙니다. 그리고 생산물 자체가 다른 경쟁자와 의미 있게 차별화되지 않으면 팔리지도 않습니다. 또한 타이밍이 늦어버리면 아무 소용이 없거나 일하지 않는 애널리스트로 평가받을 수도 있습니다. 차별화한답시고 주식시장의 메커니즘과 동떨어진 소리를 해대고 있으면 곧바로 퇴출될 위험에 놓이게 됩니다.

수많은 상황과 아주 제약된 시간 속에서 일의 우선순위를 정확히 정하여, 임팩트 면에서 효과적이고 방법론에서 효율적인 결과물을 의미 있게 차별화하지 않으면 뼈 빠지게 일하고도 허우적대기만 할 뿐입니다. 이러지 않기 위해서 사부가 꼭 필요합니다. 나이 차이가 얼마나지 않으면 형님이라고 불러도 좋습니다. 여자 분들에게는 오빠나 언니라도 좋습니다. 호칭이 무엇이든 사부가 필요합니다.

　사부는 본인이 선택하고 모셔야 합니다. 그렇지 않으면 신참 애널리스트의 여의도 인생은 실패로 끝날 확률이 아주 높아집니다. 본인이 가만히 있는데 선배 애널리스트들이 갑자기 다가와서 이제부터 가르쳐주겠다고 하는 사람은 없습니다. 애널리스트로 살아남기는 사부를 모시는 것에서부터 시작됩니다. 제가 여기서 절박하게, 아니 '언어로 표현할 수 있는 최대한의 강도'로 말씀드립니다. 멘토 역할을 해줄 사부는 많으면 많을수록 좋습니다.

　신참 애널리스트에겐 같이 일하는 워킹 그룹(Working Group)의 직속 시니어 애널리스트나 팀장, 동문 선배 등을 포함해서 두세 명 이상의 사부를 모시는 게 좋습니다. 그 선배들이 본인을 후배로서 마음에 들어만 한다면 말입니다. 선배 애널리스트들마다 특장점이 다르기 때문이기도 합니다. 자신이 나온 대학 출신 선배가 없어도 복수의 멘토를 모시는 것은 전혀 어려운 일이 아닙니다. 이것은 인간적인 관계에서 좌우되는 것이지 학연 따위는 중요하지 않습니다. 복수의 의논 상대를 추천하는 것은 모든 분야에 다 강한 애널리스트는 흔치 않기 때문입니다.

저는 현역 애널리스트 시절에 팀장을 하면서 제 밑의 팀원들에게 멘토의 역할을 해주는 것을 여의도 생활의 원칙으로 삼고 살았습니다. 그들이 RA건 주니어 애널리스트건 뒤늦게 여의도로 전직한 애널리스트건 가리지 않았습니다. 제 개인적으로 사부님들께 받은 것이 너무 많아서 저도 사부님들 흉내는 내려고 노력을 해 왔습니다. 인간적인 품성에 문제가 있는 경우가 아니라면 후배들의 자질을 문제 삼지 않았습니다.

저의 사부님들도 제가 뒤늦게 여의도로 건너와서 정말 '아무 것도 아닌 시절'부터 가르침을 주셨다는 것을 늘 염두에 두었습니다. 저는 사부님들 덕분에 이 세계에 들어올 수 있었고 또 살아남을 수 있었습니다.

애널리스트라는 직업을 '세상에서 제일 좋은 직업'이라고 생각할 수 있었던 이유 중의 하나는, 뒤늦게 여의도 생활을 시작했지만 주위의 동료 선후배들이 물심양면으로 저를 많이 도와주었다는 기억입니다. 여의도의 많은 시니어 애널리스트들이 막 시작하는 사람들이 도와달라는 요청에 흔쾌히 응하는 모습을 '애널리스트 문화'로서 느꼈기 때문입니다.

지금 제가 근무하는 동부증권에서도 리서치센터장인 제가 일일이 언급을 하지 않는데도 팀장들이나 시니어 애널리스트들이 RA나 주니어 애널리스트는 물론이고 전직 애널리스트의 보고서를 같이 검토해주고 서로 소주도 한잔씩 하는 모습을 보면서 이런 '애널리스트 문화'를 매일 접하고 있습니다. 그래서 저는 점점 이 업을 더 좋아하게 되는 것 같습니다. 여의도의 이런 독특한 문화는 동부증권에만 있는 것이 아닙니다. 어느 증권회사 리서치센터에 입사하거나 근무하고 있더라도 일을 하면서 막막함이 느껴질 때 가장 가까운 주위의 선배에게 자문을 구할 수 있습니다. 그래서 여의도는 좋은 곳입니다.

'세상에서 제일 좋은 직업'을 누리는 데는 커다란 행운이 필요하지 않습니다. 다만 어떻게든 살아남겠다는 자세를 견지하면서 적극적인 노력을 한다면 도움의 손길이 바로 곁에 있는 '따뜻한 세상'이라는 점을 느낄 수 있습니다. '세상에서 제일 좋은 직업'의 세계로 들어오실 분들에게 미리 축하의 말씀을 드립니다.

"웰컴 투 여의도!"

감사의 글

애널리스트 세계의 생생한 실상을 전하려는 욕심에 에두르지 않고 쓰다 보니 때로는 거칠고 때로는 점잖지 못한 대목들도 적지 않습니다. 지나치게 깊이 들어가느라 지루해질 수 있는 부분도 있는 것 같습니다. 그럼에도 불구하고 이 책을 끝까지 읽어주신 독자들께 먼저 감사의 말씀을 드리고 싶습니다.

저는 평생 잊을 수 없는 두 사부님을 만난 덕분에 여의도에서 살아남을 수 있었습니다. 후배들을 위한 책을 쓰면서 사부님들로부터 받은 은혜에 대한 감사의 말씀을 생략할 수는 없는 노릇입니다.

저의 첫 사부님은 한가람 투자자문의 박경민 사장님입니다. 여의도에 갓 들어왔던 무렵 '정말 아무 것도 아니었던' 저를 아무 것도 바라지 않고 도와주신 분입니다. 이분이 계시지 않았다면 용대인의 여의도 생활은 시작도 없을 것이며 지금의 용대인도 존재할 수 없었을 겁니다. 신참 후배들이 제게 의논을 청해도 절대 거절하지 않는 것은 박경민 사부님께서 말이 아닌 실천으로 몸소 보여주신 가르침 덕분입니다. 그리고 그 가르침이 이 책을 쓰게 된 출발점이었습니다. 자주 찾아뵙고 여쭈면서 '생각하는 힘'을 더 키워야 하는데, 일 년에 한두 번 찾아뵙기도 쉽지 않아서 늘 죄송합니다. 마음속으로부터 너무 존경하는 분이라 '별일 없이' 불쑥 찾아뵙지를 못합니다. 늘 어려워서 사부님과 한 번도 술을 마셔본 적도 없습니다. 이 책이 나오면 한 권 들고 가서 죄송하다고 말씀 드리고 13년 만에 처음으로 "소주 한잔 사주세요"라고 말씀드려볼 참입니다.

두 번째 사부님은 동부증권의 고원종 사장님입니다. 현재의 직장 상사를 사부님이라고 소개드리는 것이 오해의 소지가 있음에도 꼭 밝히고 싶습니다. 리서치센터장을 역임하셨던 고원종 사부님은 저를 비롯한 동부증권 출신 애널리스트들에게 왜 우리 일이 '세상에서 제일 좋은 직업'인지 알게 해주셨습니다. 사부님은 저희들에게 "후배를 가르치지 않는 것은 선배의 죄다", "선배가 후배를 야단쳐서 가르치지 않으면 그 후배가 시장에서 죽게 되는 것을 방치하는 것이다" 같은 주옥같은 가르침을 주셨습니다. 처음 만나 뵌 2004년 이후 8년 동안 고원종 사부님께는 늘 야단맞은 기억만 있는 것 같습니다. 제 아내는 사부님을 '용대인이 지구상에서 유일하게 고분고분해지는 분'이라고 표현합니다. 그러나 제가 사부님을 존경하고 어려워하는 것은 야단이 무서워서가 아니라 제게 야단을 치시는 그 애정과 노력에 마음으로부터 감사하기 때문입니다.

지난 13년간 제게는 두 분 사부님 말고도 참 좋은 형님들을 만나는 행운이 있었습니다. 업무적으로나 개인적으로 힘들고 지칠 때 이런 형님들과 소주 한잔 나누면서 견뎌낼 수 있었습니다. 슬럼프에 빠졌을 때 언제라도 찾아가 뵐 수 있는 형님들이 있어서 저는 여의도가 참 살가웠습니다. 형님들, 참 고맙습니다.

나이를 먹으면서 '친구'라는 단어를 떠올려 볼 때가 있습니다. 저를 도와주는 티조차 낸 적이 없지만 항상 그 도움의 손길을 느끼고 있는데도 쑥스러워서 한 번도 감사의 표현을 해본 적이 없었습니다. 그래서 늘 미안했습니다. 친구들아, 고맙다.

그리고 지금 동부증권 리서치센터에서 함께 근무하는 동료들에게도 큰 감사를 드립니다. 늘 곁에 있는 공기나 물처럼 너무 가까이 있기에 오히려 그 고마움을 모르는 우를 범하지 않도록 애쓰겠습니다.

이 자리에서 감사의 말씀을 빠트리지 말아야 할 분이 있습니다. 저의 대학 3년 선배로서 이 책의 기획과 편집을 맡아준 이송원 형입니다. 지난 2년 동안 시간에 쫓기면서 원고를 써나갈 때 '좋은 책'을 만들어 꼭 필요한 사람들의 손에 닿게 하자는 형의 말이 항상 귀에 맴돌았습니다. 이 책이 술술 잘 넘어간다는 느낌을 받으신다면, 그것은 두 권 분량의 초고를 한 권의 책으로 재구성해준 송원 형의 몫입니다. 한편 페이퍼로드 출판사 최용범 대표께도 감사의 말씀을 전합니다. 전업 작가가 아닌 사람이 쓴 초고를 보자마자 선뜻 출판하자고 제안해주셨습니다. 용대인, 이송원 두 사람의 '좋은 책 만들어보자'는 취지와 열정을 이해하셨기 때문일 겁니다. 난생 처음 책이란 것을 쓰면서 출판업에 종사하는 분들이 수익성에 쫓기면서도 독자들에게 도움이 되는 좋은 책에 대한 열정을 가지고 있음을 알고 무척 기뻤습니다.

마지막으로 가족에 대한 고마움을 적는 걸로 마무리할까 합니다. 여러 책들을 읽으면서 왜 저자들이 가족에 대한 감사를 강조할까 하는 생각을 할 때가 있었는데, 제가 직접 이런 글을 쓰면서 왜 그런지 알게 되었습니다.

대학 1학년 때 만나서 8년간 연애하고 18년째 같이 살아준 아내 박윤희에게 이루 말할 수 없는 사랑과 감사를 전합니다. 그 1998년 7월 외환위기의 한복판에서 남편이 인생의 축을 틀겠다고 갑자기 현대차에 사표를 낼 때, 1999년 1월 생면부지인 여의도에 처음 들어올 때, 남들이 들으면 다 황당한 계획처럼 보이는 것들인데도 한결같이 남편을 믿어주었습니다. 늘 따뜻한 미소로 격려해주는 아내에게 금액이 오른 월급봉투를 가져다주는 재미와 보람이 있어서 저의 여의도 생활은 힘든지도 모르고 벌써 13년이 흘렀습니다. 이 책을 마무리할 즈음 제가 새롭게 꺼내든 15년 계획을 저만큼이나 믿어주는 아내가 더욱 고맙습니다. 황당하게 사는 남편과 살다 보니 아내도 황당해졌나 봅니다.

제게는 아이가 둘 있습니다. 1995년생인 아들 용재민은 평생 우리 부부와 같이 살게 될 효자입니다. 아들 덕분에 인생을 더욱 열심히 살게 됩니다. 아버지로서 사랑한다는 표현이 모자랄 정도로 무한한 사랑을 전합니다. 1998년생인 딸 용혜민은 제가 한국에서 제일 마음에 드는 중학교라고 생각하는 다산학교에 올해 입학했습니다. 책 많이 읽고 토론 많이 하고 "착한 사람이 공부도 잘한다"는 모토로 운영되는 학교입니다. 제가 중학교에 다시 입학하고 싶은 마음이 들 정도입니다. 눈에 넣어도 아프지 않은 제 딸이 커서 애널리스트가 되는 것을 꼭 보고 싶은데 강요는 하지 않으려고 합니다. "학교생활이 너무 즐겁다"고 하니 몇 년 더 지켜보다가 아빠가 쓴 이 책을 보여주려고 합니다.

마지막으로 시골 고향에 계신 칠순의 두 부모님께 드리는 감사의 마음은 어떻게 표현해야 좋을지 모르겠습니다. 자식한테 돈이 없는 것도 아닌데 해달라는 것도 없으십니다. 뭘 해드리려 해도, 어디 좋은 데 여행을 보내드리려 해도 '됐다'고만 하시는 부모님입니다. 손자손녀에게 사랑을 주시는 것 말고는 관심이 통 없으시니……. 연세가 부담스러워 해외여행은 가지 않으시겠다는 부모님께서 "날 좋을 때 아이들과 경주 구경이나 한번 하자"시던 말씀이 생각납니다. 올해 5월 어버이날 무렵에 온 가족이 경주 여행이나 한번 다녀와야겠습니다. 아들이 책 냈다고 하면 아주 기뻐하실 것 같습니다. 환하게 웃으실 표정이 벌써 떠오릅니다. 아버지, 어머니 오래오래 건강하세요.

애널리스트
세상에서 제일 좋은 직업

초판 1쇄 발행 2011년 4월 15일
초판 5쇄 발행 2014년 2월 7일

지 은 이 용대인

펴 낸 이 최용범
펴 낸 곳 페이퍼로드
출판등록 제10-2427호(2002년 8월 7일)
　　　　　서울시 마포구 연남동 563-10번지 2층

기획·편집 이송원, 김남희
마 케 팅 고경문, 윤성환
경영지원 임필교

이 메 일 book@paperroad.net
홈페이지 www.paperroad.net
커뮤니티 blog.naver.com/paperroad
Tel (02)326-0328, 6387-2341 | Fax (02)335-0334

I S B N 978-89-92920-55-1 13320